INICIAÇÃO AO DESENVOLVIMENTO DA CRIANÇA

INICIAÇÃO AO DESENVOLVIMENTO DA CRIANÇA

Kathy Sylva e Ingrid Lunt

TRADUÇÃO
MARCELO BRANDÃO CIPOLLA

REVISÃO TÉCNICA DA TRADUÇÃO
CLAUDIA BERLINER

Martins Fontes
São Paulo 1999

Título original: *CHILD DEVELOPMENT, A FIRST COURSE,*
publicado por Basil Blackwell Ltd., Londres, 1982.
Copyright © Kathy Sylva e Ingrid Lunt, 1982.
Copyright © Livraria Martins Fontes Editora Ltda.,
São Paulo, 1994, para a presente edição.

1ª edição
julho de 1994
2ª edição
setembro de 1999

Tradução
MARCELO CIPOLLA

Revisão técnica e da tradução
Claudia Beliner
Revisão gráfica
Maurício Balthazar Leal
Fábio Maximiliano Alberti
Produção gráfica
Geraldo Alves
Composição
Renato C. Carbone
Capa
Alexandre Martins Fontes
Katia Harumi Terasaka

Dados Internacionais de Catalogação na Publicação (CIP)
(Câmara Brasileira do Livro, SP, Brasil)

Sylva, Kathy
  Iniciação ao desenvolvimento da criança / Kathy Sylva, Ingrid Lunt ; tradução Marcelo Cipolla ; revisão técnica e da tradução Claudia Berliner. – 2ª ed. – São Paulo : Martins Fontes, 1999. – (Psicologia e pedagogia)

  Título original: Child development, a first course.
  ISBN 85-336-1121-8

  1. Crianças – Desenvolvimento I. Lunt, Ingrid. II. Título. III. Série.

99-3539   CDD-155.4

Índices para catálogo sistemático:
1. Crianças : Desenvolvimento : Psicologia infantil   155.4
2. Desenvolvimento da criança : Psicologia infantil   155.4

Todos os direitos para o Brasil reservados à
Livraria Martins Fontes Editora Ltda.
*Rua Conselheiro Ramalho, 330/340
01325-000 São Paulo SP Brasil
Tel. (11) 239-3677 Fax (11) 3105-6687
e-mail: info@martinsfontes.com
http://www.martinsfontes.com*

ÍNDICE

Prefácio VII
Agradecimentos XI

    Parte I. A psicologia do desenvolvimento 1

Capítulo 1. Senso comum e ciência 3
Capítulo 2. Os bebês precisam mesmo de mães? 13
Capítulo 3. O instinto que une 37
Capítulo 4. Maternagem 57
Capítulo 5. Freud: o amor no drama familiar 73
Capítulo 6. Desenvolvimento perceptivo 101
Capítulo 7. As pesquisas de Piaget sobre a mente infantil 125
Capítulo 8. Como as crianças aprendem? 161
Capítulo 9. A aquisição da linguagem 175

    Parte II. Da teoria à prática 193

Capítulo 10. Primeira infância: mães substitutas 199
Capítulo 11. Primeira infância: brincadeira 217
Capítulo 12. Primeira infância: socialização na pré-escola 237
Capítulo 13. Os anos escolares: aprendizagem 253
Capítulo 14. Infância: problemas 269
Capítulo 15. Os anos escolares: inteligência 291

Parte III. Método 311
Capítulo 16. Métodos usados em psicologia 313
Glossário 339
Bibliografia 351

PREFÁCIO

Neste livro, procuramos apresentar o estudo científico do desenvolvimento infantil a estudantes sem nenhum conhecimento de psicologia. A literatura especializada relativa ao tema é muito extensa, e travamos um longo e árduo debate para decidir qual seria o melhor modo de apresentá-lo a estudantes universitários ou de cursos profissionalizantes. Talvez a melhor maneira de descrever nosso dilema seja relatar as experiências de dois viajantes imaginários.

Os viajantes A e B programaram uma viagem a uma terra estrangeira, desejando conhecê-la inteira nos 100 dias que tinham disponíveis para viajar. "A" visitou 100 pólos turísticos — cidades, vilas, paisagens de rara beleza —, passando um dia em cada lugar. "B" programou um itinerário diferente, visitando apenas dez lugares, mas passando dez dias em cada lugar.

Quem aprendeu mais a respeito do país? É quase certo que foi "B", e foi com base em seus conselhos que planejamos este livro. Em vez de "cobrir" uma grande variedade de tópicos num ritmo superficial e esbaforido, concentramo-nos num conjunto menor de temas e tratamos cada um deles em profundidade. O capítulo 5, por exemplo, trata em certo detalhe da obra de Sigmund Freud, descrevendo como ele aos poucos desenvolveu sua teoria, e contendo até mesmo fragmentos de um estudo de caso referente a uma criança, seu paciente. Infelizmente, *não* foi possível fazer com que o capítulo 5 tratasse também dos importantes trabalhos de psicanalistas posteriores que ampliaram ou modificaram a teoria original. Demos um tratamento semelhante ao tema do desenvolvimento intelectual. Embora o capítulo 7 seja um amplo relato da obra de Jean Piaget, não houve espaço para que examinássemos as obras de outros psicólogos que estudam o desenvolvimento intelectual, ou, nem mesmo, para que tratássemos em qualquer medida do tema das deficiências mentais. Este livro trata, em primeiro lugar, das teorias do desenvolvimento infantil e dos métodos científicos que constituem sua base (capítulos 1 a 9). A segunda parte do livro (capítulos 10 a 15) mostra como a compreensão científica da criança contribuiu para o cuidado, a educação e o apoio prestado aos problemas infantis. A primeira metade do livro se organiza por tópicos — *percepção*, por exemplo —, ao passo que a parte aplicada se organiza de acordo com a idade da criança — primeira infância, digamos —, enfocando uma diversidade de métodos fornecidos pela psicologia à prática com aquela faixa etária. É evidente que esta subdivisão entre "pesquisa" e "prática" não significa que não haja pesquisas sobre as aplicações práticas da psicologia do desenvolvimento. Esse tipo de pesquisa, na verdade, tem ocorrido em larga escala, e a segunda parte do livro traz relatos de algumas delas. Tampouco significa que as aplicações práticas não possam contribuir para a teoria. Nós só imaginamos que um tal arranjo tornaria o livro mais inteligível e conveniente para o uso.

O que orientou nossas decisões a respeito de o que incluir e o que deixar de lado? Queríamos, acima de tudo, transmitir aos leitores a natureza das questões psicológicas e a abordagem geral com que se procede à sua solução. Isto exigiu um tratamento profundo dos estudos clássicos, em vez de uma catalogação das obras mais recentes. Em outras palavras, procuramos apontar os marcos mais importantes do novo terreno, e não os detalhes de sua geografia. Dotado de uma compreensão firme das idéias e métodos mais importantes da psicologia do desenvolvimento, o estudante se acha preparado para empreender, sozinho, explorações posteriores.

Devido ao fato de os métodos de investigação psicológica serem essenciais para a disciplina, tais métodos são debatidos em todos os capítulos. Os métodos são sumariados em quadros destacados. Quando o nome de um método aparece em VERSALETE, isto indica que em alguma outra parte do livro (e, provavelmente, daí a uma ou duas páginas) há um quadro que o coloca em destaque. A parte final do livro, Parte III, reúne num sumário mais discursivo tudo o que já havia sido dito sobre métodos.

PREFÁCIO

Quando uma palavra é impressa em **negrito,** a intenção é lembrar o leitor de que tal palavra encontra-se definida no glossário da página 339, junto com outros termos que, numa releitura, serão úteis. O livro examina o desenvolvimento das crianças desde o nascimento até a idade de dez anos. Embora a adolescência seja um fascinante campo de estudos, não pudemos incluí-la por questões de espaço. Concentramos nosso foco nas crianças pequenas e nos métodos criados pelos psicólogos para estudá-las. Sem dúvida, deixamos de fora muitas coisas interessantes e novas. Esperamos que, assim que terminarem este livro, os leitores corram às bibliotecas e livrarias para preencher as lacunas que nós, conscientemente, deixamos.

Kathy Sylva
Ingrid Lunt
Agosto de 1981

AGRADECIMENTOS

Muitos amigos e colegas passaram em revista os primeiros rascunhos deste livro. Somos especialmente gratas pelas sugestões de Derek Blackman, Richard Cromer, Judy Dunn, Tim Horder, Eduard Marbach e David Wood. As fotografias, com poucas exceções, foram tiradas por Gavin Park, que abandonou os estratos superiores da física para percorrer pacientemente vários lares, escolas e berçários com uma câmera na mão. Por fim, temos o prazer de agradecer também a Jacky Evans, por sua competência e bom-humor na tarefa de datilografar inúmeras versões do manuscrito.

Manifestamos também nossos agradecimentos às seguintes pessoas e/ou instituições pela permissão de reproduzir textos e figuras: Routledge & Kegan Paul Ltd. por numerosos trechos de *Play, Dreams and Imitation* de Jean Piaget; as autoras e a International Universities Press Inc. pelo extrato, nas pp. 16-20, de "An experiment in group upbringing", de Anna Freud e Sophie Dann, tirado de *The Psychoanalitic Study of the Child*; os autores e a Macmillan Press Ltd. pelo extrato, nas pp. 276-281, de *Childhood Behaviour Problems*, de R. e P. McAuley; a autora e Victor Gollancz Ltd. pelo extrato, nas pp. 283-287, de *Dibs: In Search of Self*, de Virginia Axline; o Ladoca Publishing Project, William K. Frankenberg e Josiah P. Dodds, junto com Harcourt Brace Jovanovich Inc., pela figura 1.2, adaptada do *Denver Developmental Screening Test*; Gordon Coster pelas figuras 2.2, 2.4, 2.6, 2.7 e 2.8; o *Radio Times* pela figura 3.2; Michael Rutter e a Open Books Publishing Inc. pela figura 3.5, tirada de "Parent-child separation: psychological effects on the children", em *Early Experience: Myth and Evidence*, editado por A. M. e A. D. B. Clarke; copyrights Mary Evans/Sigmund Freud pela figura 4.2. A figura 6.3 é adaptada de S. W. Kuffler e J. G. Nicholls, *From Brain to Neuron*, publicado por Sinauer Associates Inc. A figura 6.4 é reproduzida de *Eye and Camera*, de George Wald, © 1950 por Scientific American Inc.; todos os direitos reservados. A figura 6.5 é adaptada de Ernest R. Hilgard, Rita L. Atkinson e Richard C. Atkinson, *Introduction to Psychology*, © 1979 por Harcourt Brace Jovanovich Inc.; reproduzida com a permissão dos editores. Devemos nossa gratidão a David Linton pelas figuras 6.8 e 6.9. A figura 6.10 é adaptada de *The Origin of Form Perception*, de Robert L. Fantz, © 1961 por Scientific American Inc.; todos os direitos reservados. Agradecemos à autora e a George Alleh & Unwin Ltd. pelas figuras 6.13 e 6.14, de *The Visual World of the Child*, de Eliane Vurpillot; Routledge & Kegan Paul Ltd. pela figura 7.1. A figura 8.3 é adaptada de B. F. Skinner, *The Behaviour of Organisms*, © 1966; reimpressa com a permissão de Prentice Hall Inc., Englewood Cliffs, N. J. Agradecemos ao autor e à Oxford University Press pela figura 9.3, de J. S. Bruner, "Learning how to do things with words", em *Human Growth and Development*, editado por J. S. Bruner e A. Garton; e à American Psychological Association pela figura 12.3, do *Journal of Abnormal Psychology 66*, © 1963; reimpressa com a permissão dos editores.

PARTE I

A PSICOLOGIA DO DESENVOLVIMENTO

CAPÍTULO 1
SENSO COMUM E CIÊNCIA

Este livro trata dos modos pelos quais as crianças crescem e se desenvolvem. Desde o momento da concepção, muitas das características da criança já estão solidamente estabelecidas. Uma dessas características é o sexo, outra é a cor dos olhos. Características tais como a estatura na idade adulta, embora já estejam fortemente determinadas desde a concepção, não estão estabelecidas, pois a dieta alimentar e o meio-ambiente físico também interferem. A maioria das características que fazem de cada indivíduo um ser único são resultantes da interação entre o "modelo" biológico já presente no óvulo fertilizado e as vivências da criança em crescimento.

Em todas as partes do mundo, as crianças crescem, *grosso modo*, segundo uma mesma seqüência. Algumas parecem voar rapidamente em direção a certos "marcos" do desenvolvimento, enquanto outras caminham com mais vagar. Ainda assim, a **herança genética** de todos os bebês humanos faz com que a seqüência de desenvolvimento seja bastante parecida. A figura 1.2 mostra que todos os bebês aprendem a rolar antes de sentar, e aprendem a sentar antes de ficar de pé.

Nessa figura, as barras verticais indicam o ponto no qual metade de todas as crianças já atingiram cada um dos marcos. A extremidade esquerda da barra indica a idade com que 25 por cento dos bebês são capazes de realizar a atividade, e a extremidade direita indica a idade com que 90 por cento dos bebês já a realizaram. O diagrama mostra, por exemplo, que 25 por cento dos bebês são capazes de sentar-se sem apoio aos quatro meses e meio

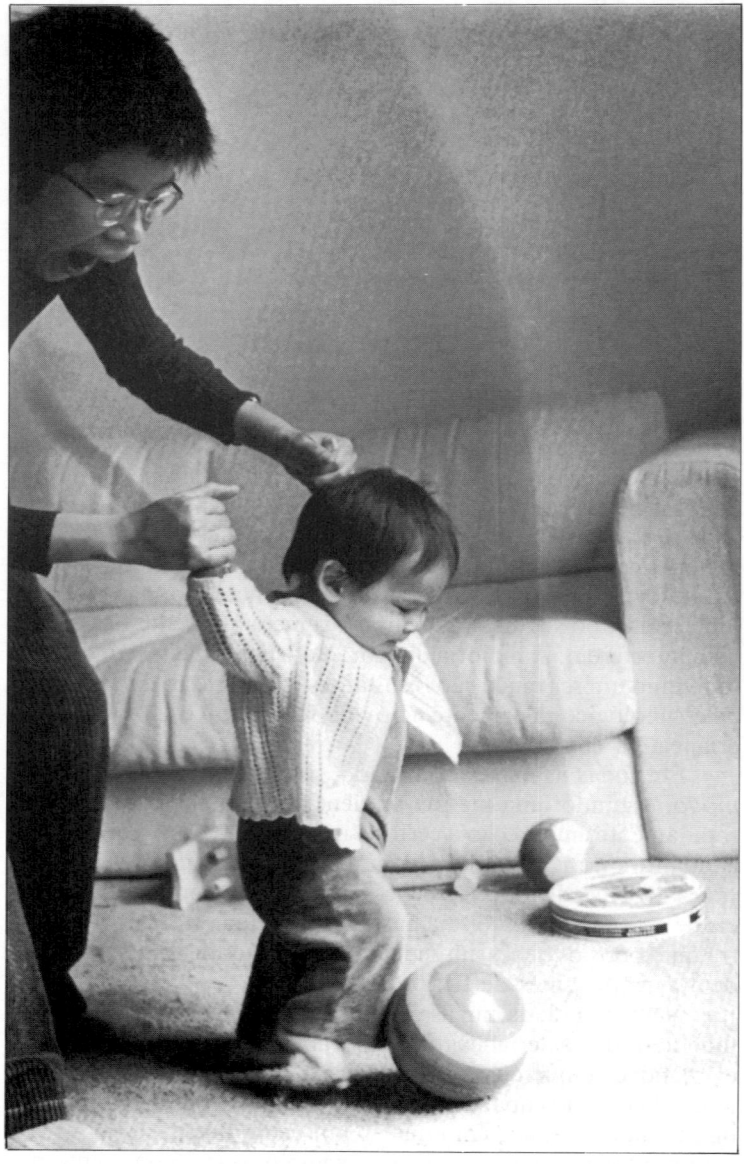

Figura 1.1 *Aos onze meses, este bebê já quase consegue andar sozinho.*

A PSICOLOGIA DO DESENVOLVIMENTO 5

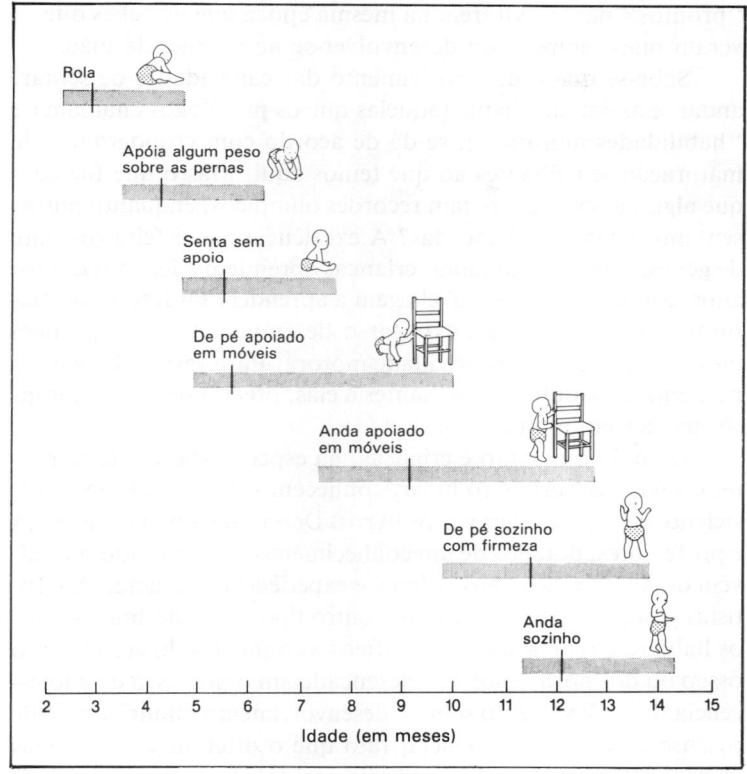

Figura 1.2 *Marcos no desenvolvimento do movimento.*

de idade; metade deles o faz aos cinco anos e meio; e a vasta maioria (90 por cento) já é capaz aos sete meses e três quartos.

A figura 1.2 é um diagrama de **maturação**, o crescimento natural e a expansão das habilidades de acordo com uma seqüência biologicamente determinada. O processo de maturação começa quando o óvulo é fertilizado e prossegue pela idade adulta adentro. Mesmo antes de nascer, o feto se desenvolve segundo um cronograma fixo. É por isso que os bebês prematuros são deixados para trás pelos bebês normais no que toca ao desenvolvimento durante os primeiros meses; seu relógio biológico foi colocado em movimento no momento da concepção, e eles ainda não estão "prontos" para se virarem na mesma época que os bebês que tiveram mais tempo para desenvolver-se na barriga da mãe.

Sabe-se que o desenvolvimento das capacidades de sentar, andar, e assim por diante (aquelas que os psicólogos chamam de "habilidades motoras"), se dá de acordo com cronogramas de maturação semelhantes ao que temos aqui. Mas o que faz com que algumas crianças batam recordes olímpicos, enquanto outras sentam-se nas arquibancadas? A excelência não é feita somente de genes. E por que algumas crianças aprendem a ler com quatro anos, enquanto outras mal chegam a aprender? Os fatores de maturação não conseguem explicar o desempenho escolar, e nem mesmo a excelência na atividade motora. Para responder a estas perguntas, e a outras semelhantes a elas, precisamos ir buscar informações em muitas fontes.

Quando o assunto é crianças, há especialistas em toda parte. Os pais, em primeiro lugar, conhecem sobre seus filhos o suficiente para preencher vários livros. Depois há ainda os médicos e professores, dotados de um conhecimento especializado que advém de sua formação profissional e experiência cotidiana. Os cientistas pesquisadores possuem um outro tipo de conhecimento, que os habilita a representar em gráficos as minúcias do crescimento ósseo ou dos hormônios que desencadeiam o processo de adolescência. O conhecimento sobre o desenvolvimento infantil vai desde o senso comum até a ciência, fato que o diferencia de ciências como a astrofísica, onde a vivência pessoal já não tem contribuições significativas a dar para o estudo sério.

E o que dizer do senso comum? O senso comum é um vasto armazém de conhecimentos sobre crianças, toda uma biblioteca de anedotas, fatos, explicações e curas. Toda mãe sabe que uma "careta de monstro" fará sua criança nova gargalhar quando é a mãe quem a faz, mas que a mesma criança irromperá em gritos de terror quando um estranho faz a mesma coisa. Todo professor sabe que seus alunos são capazes de detectar qual o colega menos experiente e fazer de sua vida uma agonia. Infelizmente, o senso comum não nos diz por que o bebê acha tão divertida a sua mãe-monstro, ou qual o tipo de lógica de que se valem os tirânicos alunos para fazerem sua avaliação do desaventurado aluno novo. Essas são questões que cabe à ciência investigar.

Uma das sérias desvantagens do senso comum é que ele contém muitas contradições. "Vara guardada, criança mimada", eis um dos cursos de ação sugeridos aos pais; ao mesmo tempo, "um cachorro muitas vezes espancado volta-se contra seu dono" nos alerta contra aquele curso de ação. Há outras versões conflitantes do que seja a infância. Por exemplo, o senso comum nos diz que todos os seres humanos são moldados por aquilo que lhes acontece; ainda assim, quando certos indivíduos atingem posições de grandeza na arte, na ciência ou no esporte, damos-lhes um crédito *individual*, e não aos meios em que se formaram. Do mesmo modo, achamos que os indivíduos merecem ser louvados por seu bom caráter moral, ao passo que tendemos a desculpar o hipócrita ou o desonesto porque tiveram seu caráter moldado por circunstâncias adversas. Se o senso comum nos quer fazer acreditar em opiniões conflitantes, como decidir qual a certa e qual a errada?

Uma das razões pelas quais as "verdades" opostas continuam a coexistir lado a lado é a de que elas nunca são submetidas a verificações formais. Considerem-se os remédios para verrugas. Já em 1627, Francis Bacon advogava a seguinte cura[1]:

> Tive, desde a infância, uma Verruga em um de meus Dedos: Depois, tendo por volta de Dezesseis Anos de idade, e habitando então em Paris, cresceram-me em ambas as Mãos uma Quantidade de Verrugas, (pelo menos uma centena) num Período de um Mês. Disse-me, um dia, a Senhora do Embaixador de Inglaterra, que era Mulher pouco dada à Superstição: Ela me ajudaria com minhas Verrugas: Com que tomou uma Porção de Toucinho, com a Pele, e esfregou-me sobre as Verrugas com o Lado da Banha; e, entre as outras, aquela Verruga, que possuía desde a Infância; Então pregou a Porção de Toucinho, com a Banha voltada para o Sol, sobre uma Ombreira da Janela de seu Quarto, que dava para o Sul. E sucedeu que, num período de cinco semanas, as Verrugas foram-se silenciosamente embora: e com elas aquela, que por tanto tempo eu carregara. Quanto às outras, pouco me maravilhei, pois surgiram em Pouco tempo, e em Pouco Tempo podiam ir-se embora: Mas a Partida daquela, que tanto tempo ficara, é coisa que ainda me confunde.

E segue-se o relato de um menino de nossos dias, de idade escolar, escrito em suas próprias palavras[1]; você verá que pouca coisa mudou.

Tive verrugas faz mais ou menos cinco meses e me disseram para cortar um ramo de aveleira de mais ou menos meia polegada de grossura, e fazer tantos entalhes quantas verrugas eu tivesse. Depois embrulhar o pau em papel marrom, amarrar com barbante, sair para dar uma volta de bicicleta e deixar ele cair em algum lugar da rua. Não falar para ninguém sobre isso. Não falei para ninguém até agora. A pessoa que pegar o pacote ficará com as minhas verrugas. Depois de mais ou menos duas semanas, minhas verrugas desapareceram.

Será que essas curas antigas fizeram as verrugas desaparecer? Não há dúvida de que algumas verrugas desapareceram, e não há dúvida de que os afortunados pacientes estavam confiantes de que o mau espírito ou substância diabólica fora atraído para fora das verrugas e para dentro do toucinho ou do pau. A moderna medicina hoje nos diz que quem causa as verrugas é um vírus, e não os maus espíritos, e nenhum médico jamais prescreveria os remédios acima descritos.

Devemos concluir que as pessoas que usaram esses remédios eram deficientes mentais? Não; pode ser que a crença firme ajude a efetuar uma cura (mas como? — eis um outro tema fascinante a ser investigado). Às vezes, também, as verrugas desaparecem espontaneamente, e não há dúvida de que todas as pessoas que fizeram uso de um desses remédios prescritos pelo senso comum tinham conhecimento de casos tais como esses. Cada um, então, transmitiu a história a outro indivíduo. "Você sabe como o Fred curou as suas verrugas? Ele fez assim-e-assim." O senso comum continuou a ser transmitido de geração em geração porque ninguém notou os fracassos dos remédios (e deve ter havido muitos) e nem comparou as taxas de êxito das diferentes curas.

Não podemos confiar no senso comum com qualquer grau de certeza. Precisamos de outras maneiras, mais científicas, de investigar como as crianças crescem e se desenvolvem, e o que é o melhor para elas — especialmente se esse conhecimento deve ser usado como o fundamento de nossas políticas de educação ou de cuidados com as crianças.

PSICOLOGIA DO DESENVOLVIMENTO

Os capítulos que se seguem foram escritos a partir do ponto de vista da psicologia do desenvolvimento. A psicologia é a ciência do comportamento, dos pensamentos e dos sentimentos humanos. E a psicologia do desenvolvimento é o ramo da psicologia que estuda como essas coisas se desenvolvem nos seres humanos.

Todos os leitores deste livro já terão tido algum contato com a psicologia. Embora as crianças poucas vezes encontrem um psicólogo, toda criança que se submete a um teste de aptidão ou de inteligência tem um contato indireto com a disciplina, assim como toda mãe que lê artigos sobre o cuidado de crianças na revista *Woman's Own*. Os professores aprendem sobre psicologia quando se preparam profissionalmente; os médicos e enfermeiras lêem sobre as suas descobertas para lidar melhor com as crianças. Naturalmente, o modo pelo qual eles ensinam ou curam os jovens terá sido influenciado por este estudo. A psicologia do desenvolvimento já influencia você; aprendendo mais sobre ela, você será capaz de compreender mais a respeito das crianças. (Em sua maior parte, essa compreensão se refere às crianças *em geral*. "Noventa por cento das crianças fazem isto e aquilo..." — Mas isso não nos diz se uma criança *em particular* faz parte, ou não, desses noventa por cento. Por isso, nem sempre a psicologia do desenvolvimento poderá afirmar algo com certeza sobre determinadas crianças que você conhece, ou sobre você mesmo quando criança.)

Embora os indivíduos sejam capazes de agir com sabedoria mesmo sem conhecer nada de psicologia, esta é um dos meios que temos para julgar entre várias recomendações ou sugestões do senso comum. Empreendendo um estudo sério e científico a respeito das crianças, você pode pôr à prova os fatos, as falácias e as falsas concepções. As pessoas que se valem de curas mágicas para as verrugas não publicam a taxa de êxito de seus remédios, e nem sequer revelam qual é exatamente o tratamento que empregam. A busca da compreensão requer distanciamento, precisão de descrição e disposição para aceitar os resultados da investigação, por mais que estes contrariem a intuição ou aquilo em que *gostaríamos* de acreditar.

OS MÉTODOS DA CIÊNCIA

> A ciência é mais do que a mera descrição dos acontecimentos à medida que ocorrem. É uma tentativa de descobrir ordem, de mostrar que certos acontecimentos se relacionam com outros acontecimentos segundo determinadas leis.
> Os métodos da ciência são concebidos para lançar luz sobre essas uniformidades e torná-las explícitas.
>
> B. F. Skinner[2]

Os fundamentos do método científico são a *observação* e o *relato*. Em vez de fiar-se na intuição ou naquilo de que ouviu falar, o investigador científico observa o fenômeno que lhe interessa, mede-o, se possível, avalia suas hipóteses a seu respeito e depois torna públicas as suas observações e os métodos que usou para obtê-las. Os outros têm então a liberdade de discordar das investigações, reinterpretá-las, repeti-las ou ampliá-las. Deste modo, cada investigação científica constrói sobre as investigações que a precederam. Os cientistas atuantes no campo da medicina seguiram exatamente este programa ao investigarem a causa e a cura das verrugas. Formularam-se várias hipóteses sobre sua causa, e cada uma delas foi investigada. Do mesmo modo, propuseram-se vários remédios, e empreenderam-se experimentos formais para verificar quais deles funcionavam.

A ESTRUTURA DESTE LIVRO

Alguns livros destinados aos principiantes concentram-se nas descobertas da psicologia, mas não dão muita importância aos métodos usados para chegar a essas descobertas. Embora transmitam fatos e teorias, não dão ao estudante os meios de criticar o trabalho dos psicólogos ou de realizar suas próprias investigações. Nós adotamos outra linha de ação.

Há inumeráveis meios de se estudar o desenvolvimento infantil, alguns melhores do que outros no que se refere a questões específicas de pesquisa. Alguns desses meios vêm descritos nos quadros destacados que aparecem ao longo de todo o texto. O leitor aprenderá a criticar cada um dos métodos. Para quais questões de pesquisa ele é mais apropriado? Quais são suas limitações? Qual a certeza que podemos ter a respeito das descobertas por ele produzidas? A Parte III dedica-se exatamente a estas e outras questões de metodologia. Traça um sumário dos métodos básicos de investigação psicológica que vêm descritos nos quadros destacados, comentando seus pontos fortes e fracos. A maior parte dos livros sofre algum viés, e este não faz exceção à regra. Concentramo-nos sobre as técnicas desenvolvidas pelos psicólogos para estudar o desenvolvimento intelectual, emocional e social das crianças. Outros temas, talvez de importância equivalente, tiveram de ser deixados de lado. Lamentamos o fato de não havermos debatido o desenvolvimento físico, ou o aspecto médico da assistência à infância. Os capítulos 5 e 14 mostram onde é que a psicologia tangencia a psiquiatria (o ramo da medicina que trata as crianças cujo desenvolvimento mental e emocional não vai bem). Os capítulos 7, 13 e 15 referem-se à interseção entre educação e psicologia. Muitas são as disciplinas que contribuem para nossa compreensão da infância, e, infelizmente, este livro deixa de fora muitas delas. Mas, por outro lado, ele não afirma ser uma refeição completa — só um "prato de entrada".

Agora, uma última confissão. Há algumas perguntas a que os métodos científicos da psicologia jamais darão resposta. *"O que é certo e errado do ponto de vista moral?" "Como será que minha amiga Jane vai se comportar amanhã?" "Será que eu vou ser um bom pai (ou mãe)?"* A primeira pergunta está fora do campo de ação da psicologia, pertencendo antes à ética ou à religião. A ciência pode dar alguma contribuição à pergunta referente ao comportamento de Jane, mas se sai melhor ao fazer previsões gerais, e não específicas, sobre o comportamento das pessoas. Quanto à última pergunta: a psicologia do desenvolvimento não pode fazer de você um bom pai. Para isso concorrem a cordialidade, a generosidade, e até mesmo a sorte. Mas é certo que o conhecimento objetivo sobre o modo pelo qual as crianças se desenvolvem também pode ajudar.

CAPÍTULO 2
OS BEBÊS PRECISAM MESMO DE MÃES?

É de conhecimento universal o fato de que os bebês precisam mesmo de mães. Em *Songs of Experience*, William Blake nos diz que conheceu essa verdade simples no momento de seu nascimento.

Minha mãe gemeu: Meu pai chorou.
Lancei-me neste mundo perigoso:
Desamparado, nu, chorando alto:
Como um demônio escondido numa nuvem.

Debatendo-me nas mãos de meu pai:
Lutando contra as ataduras que me enfaixavam:
Atado e cansado, achei melhor
Ficar amuado no seio de minha mãe.

Os romancistas e poetas escrevem sobre as crianças "a partir de dentro", isto é, a partir de sua própria vivência. As pessoas que escrevem para a televisão ou para histórias em quadrinhos fazem a mesma coisa; freqüentemente, inspiram-se em pessoas que conhecem para criar personagens como o "menino maldoso" ou o "bêbado bonachão". Os escritores de ficção não se preocupam com a caracterização ou verdade geral. Sua meta é descrever indivíduos específicos em situações determinadas. Às vezes os autores tentam falar a seu público a respeito das crianças em geral, mas o fazem descrevendo o particular.

Já os cientistas não correm atrás de compreensões imaginativas desse modo. Interessam-se por fatos objetivos, por maneiras "exteriores" de descrever as crianças e a infância. Também

14 INICIAÇÃO AO DESENVOLVIMENTO DA CRIANÇA

Figura 2.1 *Este bebê precisa de uma mãe?*

A PSICOLOGIA DO DESENVOLVIMENTO 15

tentam ultrapassar os fatos observáveis para descobrir as leis científicas que há por trás deles. Assim, enquanto a maioria das pessoas simplesmente têm por certo que as mães de fato sejam necessárias, e talvez observem com interesse qual o tipo de relacionamento que acontece entre mães e crianças que conhecem, os psicólogos voltam aos primeiros princípios e perguntam-se quanto de cuidado materno é *necessário* que os bebês tenham, e de que tipo, e quando. Qual é a *exata* contribuição que as mães têm a dar, e como isso afeta o modo pelo qual as crianças se desenvolvem? As respostas a estas perguntas são importantes: elas ajudam os pais a proporcionar um cuidado melhor e mais humano às suas crianças. E se, por alguma razão, alguns pais não podem cuidar de suas crianças, tais respostas ajudam outras pessoas a tomar seu lugar com mais competência. A pesquisa também é importante por razões puramente científicas. Nos fala sobre as necessidades emocionais humanas e contribui para nosso conhecimento do desenvolvimento.

A resposta à pergunta "os bebês precisam mesmo de mães?" é mais sutil do que se poderia imaginar. Existe uma coisa — que pode, convenientemente, ser chamada "maternagem" — de que os bebês e as crianças certamente necessitam. Mas as questões referentes ao que é essa coisa e quem deve proporcioná-la acabam por revelar-se assuntos muito complexos e interessantes. O lugar lógico pelo qual a investigação deve ser iniciada são os bebês (raros, felizmente) que não têm mães. Como enfrentaram a situação? Que tipo de pessoas se tornaram? Como se saem, estando eles mesmos no papel de pais?

Este capítulo trata, portanto, de dois estudos sobre bebês sem mãe. O primeiro é um estudo de órfãos de guerra; o segundo é um estudo, muito mais rigoroso e exato, de macacos sem mãe. Ambos são um pouco tristes, mas esse inauspicioso assunto nos revela muitas coisas que virão a beneficiar outras crianças no futuro.

UM ESTUDO DE ÓRFÃOS DE GUERRA

Ana Freud e Sophie Dann estudaram seis órfãos resgatados de um campo de concentração na Monróvia depois da Segunda Guerra Mundial. Eis um extrato de seu ESTUDO DE CASO[1].

> **ESTUDO DE CASO**
>
> O estudo de caso é uma investigação detalhada sobre um indivíduo ou um grupo pequeno, valendo-se de registros cuidadosos da história passada para reconstruir uma descrição do passado e do presente. O investigador faz uso das lembranças que seu sujeito de experiência possui dos acontecimentos de sua vida passada, além de fontes tais como relatos feitos por médicos ou parentes e registros escritos. Assim, muitas fontes de informação contribuem para o estudo de caso, e às vezes novas fontes são descobertas durante o desenrolar das investigações.
>
> O estudo de Freud e Dann valeu-se deste método numa tentativa de documentar as histórias e as vivências passadas das seis crianças pequenas que chegaram em Bulldogs Bank. Alguns fatos tiveram de ser supostos ou reconstituídos a partir das informações disponíveis, embora as vivências das crianças depois da chegada pudessem ser documentadas de modo mais preciso (ver página 17).

As seis criancinhas envolvidas neste [estudo] são judeus alemães, órfãos, vítimas do regime de Hitler... Durante o primeiro ano de vida, as vivências das crianças foram diferentes; passaram de um refúgio para outro até chegarem individualmente, com idades que variavam de cerca de seis meses a um ano, ao campo de Tereszin. Lá tornaram-se internos da Ala de Crianças sem Mãe, e receberam cuidados conscienciosos e supervisão médica, dentro dos limites das restrições vigentes de alimento e espaço vital. Não tinham brinquedos, e a única instalação de que dispunham para a vida ao ar livre era um quintal vazio. A Ala era servida por enfermeiras e auxiliares que eram elas mesmas prisioneiras do campo e, como tal, subnutridas e sobrecarregadas de trabalho. Como Tereszin era um campo de trânsito, as deportações eram freqüentes. Aproximadamente dois ou três anos depois de sua chegada, na primavera de 1945, quando libertadas pelos russos, as seis crianças, ao lado de outras, foram levadas a um castelo tcheco onde receberam cuidados especiais e foram alimentadas com prodigalidade. Depois de um mês, as seis ... voaram para a Inglaterra em bombardeiros e chegaram, em agosto de 1945, num campo de recepção especialmente montado em Windermere, Westmoreland, onde permaneceram por dois meses. Quando este campo de recepção foi desmontado e as crianças mais velhas foram distribuídas entre vários abrigos e escolas, achou-se por bem deixar as seis crianças juntas, para poupá-las de toda a comoção que é inseparável da vida de um grande centro. As crianças chegaram em Bulldogs Bank em 15 de outubro de 1945. Os dados pessoais das seis, na medida em que puderam ser apurados, [eram] os seguintes:

Nome	Idade quando da chegada a Tereszin	Idade quando da chegada em Bulldogs Bank
John	Provavelmente menos de 12 meses	3 anos e 10 meses
Ruth	Vários meses	3 anos e 6 meses
Leah	Vários meses	3 anos e 5 meses Chegou 6 semanas depois dos outros, devido a uma infecção por porrigem.
Paul	12 meses	3 anos e 5 meses
Miriam	6 meses	3 anos e 2 meses
Peter	Menos de 12 meses	3 anos

Como as crianças se comportaram ao chegar

Ao deixarem o campo de recepção de Windermere, as crianças reagiram mal à nova mudança de ambiente. Não manifestaram agrado pelos preparativos que haviam sido feitos para elas e comportaram-se de maneira violenta, inquieta e incontrolavelmente barulhenta. No decorrer dos primeiros dias após a chegada, destruíram todos os brinquedos e estragaram a maior parte dos móveis. Com relação ao pessoal, comportavam-se ou com fria indiferença ou com uma hostilidade ativa, não fazendo exceção para a jovem assistente Maureen, que viera com eles de Windermere e era seu único elo com o passado recente. Às vezes ignoravam os adultos de modo tão completo que sequer olhavam quando um adulto entrava na sala. Voltavam-se para um adulto quando presas de alguma necessidade imediata, mas tratavam a mesma pessoa como desprovida de existência assim que a necessidade era suprida. Quando com raiva, batiam, mordiam ou cuspiam nos adultos. Acima de tudo, gritavam, choravam muito alto e falavam palavrões. Sua fala, na época, era em língua alemã com uma mistura de palavras tchecas e uma quantidade crescente de palavras inglesas. De bom humor, chamavam todas as assistentes indiscriminadamente de *Tante* (titia), como faziam em Tereszin; de mau humor, isso mudava para *blöde Tante* (titia boba, burra). Seu xingamento predileto era *blöder Ochs* (equivalente a "bobalhão, besta"), termo alemão que conservaram na memória por mais tempo do que qualquer outro.

Agarrando-se ao grupo

Os sentimentos positivos das crianças centravam-se exclusivamente em seu próprio grupo. Era evidente que se preocupavam muito umas com as outras, e nem um pouco com as outras pessoas ou coisas. Não tinham outro desejo que não o de estarem juntas, e ficavam aborrecidas quando eram separadas, mesmo por curtos momentos. Nenhuma criança consentiria em permanecer no andar de cima enquanto as outras estivessem no andar de baixo, ou vice-versa, e nenhuma criança saía para um passeio ou para cumprir alguma tarefa sem as outras. Se qualquer coisa desse tipo acontecia, a criança sozinha perguntava constantemente pelas outras, enquanto o grupo ficava aflito pela criança ausente.

Esta insistência em não se separarem tornou impossível, no começo, que se tratassem as crianças como indivíduos ou que se variasse suas vidas de acordo com suas necessidades específicas. Ruth, por exemplo, não gostava de sair para passear a pé, enquanto as outras preferiam muito mais os passeios à brincadeira dentro de casa. Mas era muito difícil induzir as outras a saírem e deixarem Ruth em casa. Um dia chegaram a sair sem ela, mas ficaram pedindo a presença dela até que, depois de mais ou menos 20 minutos, John não agüentou e voltou para buscá-la. Os outros juntaram-se a ele, voltaram todos para casa, saudaram Ruth como se estivessem separados há longo tempo e depois levaram-na para passear, dando-lhe muita atenção especial.

À noite, todas as crianças eram inquietas para dormir, Ruth era incapaz de adormecer, Paul e Peter acordavam chorando à noite. Aquele que estava acordado naturalmente perturbava o sono dos demais. Os aborrecimentos devidos à separação eram tão grandes que, por fim, as crianças resfriadas não eram mais mantidas no andar de cima.

Quando juntas, as crianças formavam um grupo muito unido de membros de igual *status*, sem que qualquer criança assumisse a liderança por qualquer período de tempo, mas cada uma exercendo uma forte influência sobre as outras em virtude de qualidades e peculiaridades individuais, ou pelo mero fato de pertencer ao grupo. No início, John, sendo o mais velho, parecia ser o líder inconteste à hora das refeições. Ele só precisava empurrar o seu prato para que todos parassem de comer. Peter, embora sendo o mais novo, era o mais imaginativo e assumia a liderança nos jogos, os quais inventava e organizava. Também Miriam desempenhava um papel de primeira grandeza, de um modo peculiar. Era uma criança bonitinha, roliça, com cabelos ruivos e sardas e sempre pronta a sorrir. Comportava-se, em relação às outras crianças, como se fosse um ser superior, e deixava que as outras a servissem e mimassem como se isso fosse a coisa mais natural. Às vezes sorria para os meninos em reconhecimento aos seus serviços, ao passo que aceitava as solicitudes de Leah sem agradecimentos. Mas ela também não guiava ou governava o grupo. Antes, sua posição era a de quem necessita de um tipo especial de atenção, e as outras crianças percebiam essa necessidade e faziam o possível para supri-la.

Atividades dentro de casa e ao ar livre

Durante as primeiras semanas que passaram em Bulldogs Bank, as crianças foram incapazes de usar objetos para brincadeiras. Os únicos brinquedos que desde o começo atraíram sua atenção foram os brinquedos macios, bonecas e ursinhos que foram adotados como propriedades pessoais. Todas as crianças, sem exceção, levavam suas bonecas ou ursinhos para a cama. Quando uma criança deixava de fazer isso à noite, invariavelmente acordava chorando no meio da noite, pedindo aos gritos pelo objeto ausente.

A primeira atividade lúdica que as crianças empreenderam com ânsia apaixonada foi a de empurrar móveis, atividade que em geral é a ocupação favorita dos bebês que acabaram de aprender a andar. De manhã, começavam o dia empurrando cadeiras no quarto, e retornavam a esta atividade a intervalos ao longo do dia, sempre que estavam livres para fazê-lo. Depois de aprenderem a brincar no tanque de areia, usavam a areia para o mesmo propósito, empurrando certa quantidade do material por toda a varanda, sobre uma cadeira virada. Voltavam a dedicar-se à empurração de móveis até mesmo quando voltavam para casa de um longo passeio, ou quando estavam cansadas.

Conclusões

O material de que dispomos nos mostra que as relações mútuas das crianças de Bulldogs Bank eram totalmente diferentes das atitudes normalmente assumidas por crianças pequenas aparentadas. As crianças não tinham pais no sentido mais pleno dessa expressão, isto é, não haviam meramente se tornado órfãs na época da observação, mas a maioria delas não tinha em suas mentes a imagem inicial de uma mãe ou um pai. Conseqüentemente, seus companheiros de mesma idade eram seus verdadeiros objetos de amor. Isto explica por que os sentimentos das seis crianças umas pelas outras revelavam um calor e uma espontaneidade de que jamais se ouviu falar no que se refere às relações normais entre crianças pequenas na época contemporânea.

Não há dúvida de que as seis crianças de Bulldogs Bank tenham sido, neste sentido da palavra, bebês "rejeitados". Foram privados do amor materno e de uma estabilidade em seus relacionamentos e em seu meio-ambiente. Foram passados de uma mão para outra no decorrer de seu primeiro ano de vida, viveram num grupo de crianças de mesma idade, e não numa família, durante seu segundo e terceiro anos de vida, e foram desarraigadas mais três vezes durante o quarto ano.

Embora o caso dos seis órfãos mostre que as crianças são capazes de sobreviver sem mães ou mesmo mães-substitutas, os especialistas discordam quanto às conclusões que podem ser tiradas daí. Por um lado, as crianças passavam admiravelmente bem pela proteção e cuidado que davam umas às outras. Além disso, chegaram a adaptar-se a uma nova língua, novos costumes, e começaram a formar relacionamentos emocionais com o pessoal adulto. Mas que dizer de seus acessos de cólera? Da preferência que tinham umas pelas outras, acima de todos os adultos? Da pobreza de suas brincadeiras e da má qualidade de seu sono? Aquelas crianças estavam se encaminhando em direção a levar uma vida normal? Infelizmente, não há informação sobre a vida adulta de tais crianças ou de outras como elas, de modo que passamos a considerar um outro estudo, de tipo diferente. É um estudo de macacos sem mãe, cuja vida foi completamente registrada da infância à idade adulta. É certo que os estudos sobre animais não podem ser diretamente generalizados de modo a aplicarem-se aos seres humanos, mas a história evolucionária comum que compartilhamos com os macacos é suficiente para que eles lancem alguma luz sobre a vida humana. O fato de os bebês macacos seguirem o mesmo padrão de desenvolvimento dos bebês humanos, embora um pouco mais rápido, também justifica que estudemos suas vivências do ponto de vista do desenvolvimento, para daí tirar indícios sobre as nossas próprias vivências.

EXPERIMENTOS COM ANIMAIS
Os cientistas que se interessam por animais utilizam animais para seus experimentos, o que é bastante sensato. No entanto, os psicólogos que se interessam pelos seres humanos muitas vezes estudam os animais, porque estes podem lançar alguma luz sobre as pessoas. É freqüente que isso se faça naqueles casos em que a manipulação de vidas humanas seria contrária à ética. Embora seja necessário cuidado ao se *generalizar* para as pessoas os resultados obtidos com animais, as semelhanças existentes entre as espécies às vezes permitem que isso seja feito. Os procedimentos formais de experimentação são os mesmos, qualquer que seja o sujeito experimental — ser humano ou animal.

UM EXPERIMENTO COM MACACOS

Enquanto cada um dos seis órfãos teve vivências diferentes de perda e subseqüente acolhimento, Harry Harlow[2,3] cuidadosamente fez com que alguns macacos Rhesus passassem por vivências idênticas em seu primeiro período de vida. Logo que cada bebê macaco nascia, era tirado da gaiola de sua mãe e colocado num "berçário" especial. Aí havia duas mães "substitutas". Ambas eram feitas de arame e madeira, embora uma fosse revestida com uma toalha. Quatro macacos foram colocados em gaiolas

Figura 2.2 *As mães substitutas que Harry Harlow providenciou para seus macacos Rhesus.*

em que havia uma mamadeira fixada à mãe de pano, ao passo que outro grupo de quatro, correlato ao primeiro, foi colocado em gaiolas onde a mamadeira era fixada à mãe de arame. A figura 2.2 é uma fotografia de ambas as mães substitutas.

A PSICOLOGIA DO DESENVOLVIMENTO   23

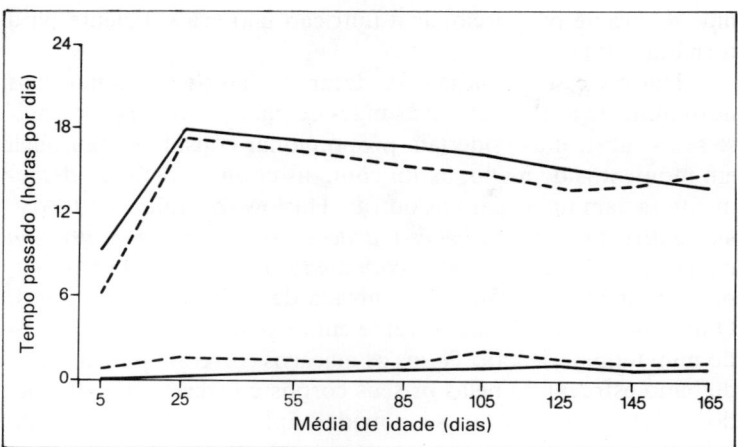

Figura 2.3 *A preferência dos macacos pela mãe de pano.*

A escala vertical (números de 0 a 24) mostra o número de horas passadas a cada dia em contato com a mãe. A escala horizontal mostra a idade (em dias) dos jovens macacos.

As linhas tracejadas representam os macacos alimentados pelas mães de arame, e as linhas cheias, aqueles alimentados pelas de tecido. As linhas de cima mostram a quantidade de tempo que os macacos passaram com as mães de pano, e as linhas de baixo, o tempo passado com as mães de arame.

A figura 2.3 mostra claramente que ambos os grupos passaram mais tempo em contato com a mãe de pano, não importando qual fosse a mãe que os "alimentasse". Por exemplo: aos 25 dias de idade, os macacos alimentados pelas mães de pano passavam (em média) 18 horas por dia com as mães de pano.

Harlow estava interessado na maneira pela qual os bebês reagiriam. Logo notou que os oito macacos agiam do mesmo modo, passando a maior parte do dia agarrados à mãe de pano. Quando famintos, aqueles cuja mamadeira estava fixada à mãe de arame pulavam para lá rapidamente a fim de beber, mas corriam de volta à figura felpuda assim que acabavam.

A figura 2.3 mostra o tempo médio que os macacos de cada grupo passavam agarrados às duas substitutas. Harlow concluiu que os bebês macacos buscam algo macio e aconchegante a que se agarrar. É evidente que precisavam de leite, mas o fato de a mãe de arame proporcionar a nutrição não era suficiente para torná-la "amável".

Harlow e seus colegas constataram que os bebês macacos normalmente agarravam-se às mães de pano, mas perguntaram-se se as substitutas poderiam proporcionar consolo e segurança em momentos de medo, assim como as crianças órfãs evidentemente faziam umas para as outras. Harlow formulou a HIPÓTESE científica de que *os bebês macacos procuram o contato com a mãe de pano quando estão com medo.* Para colocá-la à prova, pôs um ursinho mecânico na entrada de cada uma das gaiolas. O ursinho se movia para a frente em direção ao macaco, batendo num tambor de lata. Todos os macacos correram para as mães de pano esfregando nelas os seus corpos e fazendo sons de medo. Harlow diz: "Com seus medos aplacados em virtude do contato próximo com a mãe, o macaco se voltava para olhar sem o menor sinal de susto para aquele urso que antes era aterrorizante. Com efeito, o bebê chegava às vezes a deixar a proteção da mãe e aproximar-se do objeto que, poucos minutos antes, o reduzira a um estado de miserável terror." A figura 2.4 mostra o bebê fugindo de início até a mãe, e depois voltando-se para examinar o brinquedo mecânico. A figura 2.5 mostra a quantidade de tempo passado com cada uma das substitutas quando o ursinho se aproximava. Estes resultados confirmam a hipótese de Harlow.

HIPÓTESE

Hipótese é uma formulação verificável que um psicólogo pretende confirmar (ou refutar) por meio de um exame objetivo, isto é, "se a situação tal e tal for criada, o resultado será x". A hipótese é o germe de uma premonição científica traduzida em forma verificável. No estudo desta página sobre o ursinho de pelúcia, a hipótese de Harlow era de que os macacos correriam para as mães de pano quando assustados. Para conduzir esta hipótese, ele conduziu um EXPERIMENTO FORMAL.

A PSICOLOGIA DO DESENVOLVIMENTO 25

Figura 2.4 *Primeiro a fuga, depois um exame curioso.*

Depois de passar sua infância isolados em gaiolas e tendo por companhia apenas dois objetos de arame, todos os macacos foram colocados num grande cercado junto com macacos nor-

26 INICIAÇÃO AO DESENVOLVIMENTO DA CRIANÇA

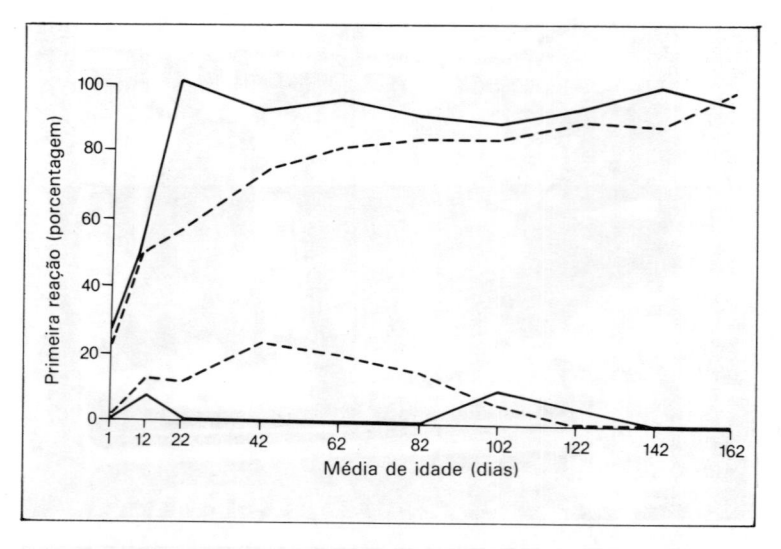

Figura 2.5 *Os resultados do teste do brinquedo mecânico.*

O eixo vertical mostra a porcentagem de reações que consistiram numa "fuga" inicial em direção a uma mãe. O eixo horizontal é a idade do macaco no momento de cada um dos testes do ursinho.

As linhas de cima representam o tempo passado por cada grupo com a mãe de pano, e as linhas de baixo, o tempo passado com a mãe de arame. As linhas tracejadas indicam os macacos alimentados por mães de arame, e as linhas cheias, aqueles alimentados pelas de pano.

A figura 2.5 mostra que ambos os grupos de macacos fugiam em direção à mãe de pano, qualquer que fosse a mãe que os "alimentasse". Por exemplo: aos 22 dias, 100 por cento das reações iniciais dos macacos alimentados por mães de pano consistiram em fugir para a mãe de pano.

mais. Seus novos colegas haviam sido criados com suas mães em gaiolas familiares, e havia-lhes sido permitido que brincassem com outros macacos de sua idade. As mães substitutas haviam proporcionado um cuidado materno adequado? Infelizmente, os macacos órfãos foram incapazes de conviver com seus novos companheiros, mais sociáveis. Assustavam-se com os animados jogos de pega-pega e não estavam acostumados com os complexos sons e gestos pelos quais os demais se comunicavam. Em sua maior parte, os macacos sem mãe retiravam-se para os cantos do grande cercado ao ar livre e envolviam-se em contorções nervosas.

A PSICOLOGIA DO DESENVOLVIMENTO 27

Com um pouco mais de idade, os machos sem mãe foram incapazes de acasalar-se com êxito. Embora as fêmeas tenham se saído um pouco melhor e conseguido acasalar-se e dar à luz, foram mães insatisfatórias para seus filhotes. Não se preocupa-

Figura 2.6 *O cuidado materno normal, afetivo, proporcionado por uma mãe que foi ela mesma criada de maneira normal.*

Figura 2.7 *A macaca criada por uma mãe substituta não cuida de seus filhotes como o fazem as macacas normais.*

vam em cuidar dos pequenos, e chegavam a esbofeteá-los sem piedade.

A figura 2.6 mostra o cuidado materno normal e a 2.7 o cuidado materno anormal, proporcionado respectivamente por macacas criadas por mães reais e substitutas.

É evidente que algo dera errado, mas o que fora? Os macacos inadequados haviam sido cuidadosamente alimentados e mantidos livres de doenças, e permitira-se-lhes que fizessem algum exercício. Os macacos adequados haviam sido criados em gaiolas idênticas, eram de mesma linhagem genética e, depois de desmamados, foram alimentados com a mesma dieta. A diferença decisiva entre os macacos normais e anormais parecia ser a presença da mãe do bebê. Harlow concluiu que os bebês macacos são incapazes de crescer e se tornar "normais" sem terem mães vivas.

A fim de comparar os órfãos humanos de Bulldogs Bank com os macacos sem mãe, é necessário traçar uma distinção entre dois tipos de investigação. Um deles é o EXPERIMENTO FORMAL, consubstanciado no trabalho de Harlow. Nele, o cientista manipula deliberadamente os fenômenos que deseja estudar, antes de tirar conclusões quanto à causa. Harlow fez com que dois grupos de macacos tivessem experiências de vida diferentes — um grupo com mães substitutas, outro com mães verdadeiras. Todos os macacos tinham genealogias semelhantes, foram abrigados em gaiolas semelhantes e receberam cuidados idênticos quanto à saúde. Um dos grupos cresceu e tornou-se tão normal quanto podem ser os animais de laboratório; o outro desenvolveu um comportamento certamente peculiar e foi ou incapaz de acasalar-se ou irremediavelmente insatisfatório no papel de mãe. O que distinguia os dois grupos era exatamente o fator que Harlow manipulara — a presença ou a ausência de mães verdadeiras. A condição antecedente, que no caso é a presença ou ausência da mãe, é chamada VARIÁVEL independente: esta é deliberadamente manipulada. A condição conseqüente, o comportamento social normal ou anormal, é chamada VARIÁVEL dependente, pois sua natureza *depende* da variável independente.

EXPERIMENTO FORMAL
    Num experimento formal, o psicólogo examina como duas coisas se relacionam, variando uma delas e observando como isso afeta a outra. Essas "coisas" são chamadas VARIÁVEIS.
    É a manipulação de variáveis que caracteriza o método *experimental*, por oposição aos vários métodos não-experimentais de investigação.

No estudo do grupo de macacos descrito na p. 32, por exemplo, Harlow queria descobrir quais são os efeitos da ausência da mãe sobre os bebês macacos. Para isso, fez com que alguns macacos tivessem diferentes experiências de vida. Um grupo possuía mães de verdade; outro possuía mães substitutas; e um terceiro possuía mães substitutas e, além disso, outros bebês para brincar durante períodos fixos a cada dia. A variável que ele modificou (ou manipulou) foi a natureza da companhia do bebê (mãe verdadeira, substituta, etc.). A outra variável foi o comportamento resultante.

Os experimentos formais normalmente são realizados no laboratório, onde o psicólogo pode controlar o ambiente e as condições que deseja criar. Pode, pelo menos, controlá-las com maior facilidade do que num ambiente natural. Neste experimento, Harlow controlou a herança genética, a saúde, a alimentação, o tipo de gaiola e assim por diante, fazendo com que, na medida do possível, tais condições fossem iguais para todos os macacos. Assim fazendo, pôde ter certeza de que nenhuma dessas foi a causa real de qualquer diferença no comportamento ulterior.

VARIÁVEIS

Leia novamente o quadro EXPERIMENTO FORMAL, na página anterior. A *variável independente* (ou VI) é aquela que o psicólogo manipula. A *variável dependente* (VD) é aquela cuja mudança ele depois observa. Assim, no experimento de Harlow, a variável independente foi a natureza da companhia dos bebês macacos, e a variável dependente foi o seu comportamento. No experimento de Hess, na p. 41, a variável independente foi a idade com a qual o patinho foi exposto ao modelo de um pato, e a variável dependente foi o quanto o patinho seguiu esse aparelho.

Falando com precisão, Harlow manipulou a variável independente (presença ou ausência de mãe) para investigar o seu efeito sobre a variável dependente (normalidade do comportamento social) numa época posterior da vida. Concluiu que a relação entre as variáveis independente e dependente podia ser isolada e formulada com exatidão. Por meio de um cuidadoso controle de laboratório, excluiu a influência de outros fatores, tais como a diferença de linhagem genética, diferenças de saúde e variações no ambiente físico. Como estas condições eram iguais, ele concluiu que a falta de cuidado materno produziu as anormalidades posteriores.

COMPARANDO DOIS MÉTODOS DE PESQUISA

Compare isto com o estudo de Anna Freud e Sophie Dann. Estas investigadoras também descreveram as condições antecedentes e conseqüentes das seis crianças. Coletaram informações relativas às particularidades de cada órfão e ao tratamento posteriormente recebido das autoridades. Registraram com muito detalhe o modo pelo qual as crianças agiam umas em relação às outras quando finalmente chegaram à casa de Bulldogs Bank. Também documentaram o tratamento terapêutico que receberam na Inglaterra e o modo pelo qual a ele reagiram.

O trabalho de Anna Freud e Sophie Dann constitui um experimento? A resposta é não. O que distingue um experimento formal de um estudo informal é a quantidde de controle sobre as variáveis independente e dependente. Freud e Dann não sabiam quais dos órfãos haviam recebido cuidados afetuosos (se é que algum havia) enquanto viviam na Ala de Crianças sem Mãe. É possível que as prisioneiras que cuidavam das crianças tenham dado uma atenção especial a uma ou duas dentre elas. E, como as crianças chegaram no campo com quase um ano de idade, algumas podem ter vivido por certo tempo com suas mães naturais. Por estas razões, é impossível definir qual foi o grau de "presença" ou de "ausência" de cada uma das mães (ou mães-substitutas) na vida de cada bebê.

Além do mistério relativo à quantidade de cuidados maternos que cada órfão recebeu, nada se sabe acerca de sua saúde ou particularidades físicas antes da chegada ao campo. Um ou dois deles podem ter sofrido doenças ou um ferimento, possivelmente na cabeça. Fatores como estes explicariam os acessos de cólera vistos em Bulldogs Bank, bem como a falta de interesse pelos brinquedos.

Em suma, o estudo de Freud e Dann é insuficiente enquanto experimento formal porque a variável dependente, o comportamento social das crianças, não pode ser relacionada facilmente à variável independente, a perda da mãe. Simplesmente não sabemos o suficiente a respeito das crianças. Há muitos fatores além da falta de cuidados maternos que podem ter causado seus problemas emocionais. Mais decepcionante é o fato de não sabermos o que ocorreu com os órfãos quando cresceram.

Por que incluir o estudo de Freud e Dann? Em primeiro lugar, porque ele prova diversas asserções. Sabe-se ao certo que as crianças passaram por uma série variável de cuidadores, várias viagens aterrorizantes e uma completa mudança de língua e cultura. Apesar destas dificuldades, elas eram afeiçoadas umas às outras e protegiam-se, e conseguiram, quando chegou a hora, reagir com cordialidade aos novos adultos que cuidavam delas. Além disso, sua capacidade intelectual estava suficientemente intacta para que elas pudessem aprender uma nova língua e novos costumes. Isto sabemos com certeza. O que não sabemos é o grau exato de sua "falta de mãe". O estudo demonstra que as experiências adversas tidas no começo da vida podem ser "superadas" ao menos em certa medida.

Há uma segunda razão pela qual o estudo de Anna Freud é interessante. Embora lhe falte o controle experimental rigoroso, ele é detalhado o suficiente para servir como base de *hipóteses científicas*. Durante seu primeiro ano de vida, os órfãos foram colocados juntos num pequeno berçário de um campo de concentração. Em meio ao medo e à pobreza do campo, desenvolveram um profundo amor uns pelos outros. Nestas seis crianças, o cuidado materno reduzido pareceu fazer transferir para as outras crianças os sentimentos normalmente reservados para os pais. Esta sugestiva descoberta feita em Bulldogs Bank permite que se faça uma previsão passível de ser posta à prova, pelo menos com macacos. Se estes são tirados de suas mães, a presença de outros macacos jovens talvez possa fazer com que eles não desenvolvam o comportamento anormal visto nos outros bebês sem mãe de Harlow.

CONTROLE

A exatidão é a meta de toda investigação científica e pressupõe o controle, especialmente nestas três áreas:

(a) *Controle sobre a coleta de informações.* O investigador define com precisão os pormenores de seu estudo. Se for um experimento formal, define o procedimento com detalhes e certifica-se de segui-lo toda vez que repete o experimento com um novo sujeito. Se está realizando um LEVANTAMENTO, deve padronizar a ENTREVISTA (ou questionário, etc.) para garantir que toda a informação seja coletada da mesma forma.

(b) *Controle sobre as condições do experimento.* Às vezes, os experimentadores querem descobrir qual aspecto de uma situação é responsável por um determinado efeito. Bower, por exemplo (p. 119), queria descobrir se — quando os bebês se retraem frente a um objeto que se avulta — é a visão do objeto ou o deslocamento do ar que é responsável. Assim, eliminou o deslocamento do ar, mostrando para alguns bebês um objeto que se avulta *numa tela de cinema.*

(c) *Grupo de controle.* Para ter certeza de que é um fator *determinado* que está sendo posto à prova, um experimentador pode dividir seus sujeitos em dois grupos e dar a ambos os grupos as mesmas vivências, *com exceção do fator essencial.* Por exemplo: ao testar uma nova forma de remédio, o experimentador daria o medicamento para um dos grupos, e daria a mesma pílula (mas sem medicamento) para o outro grupo. Pode então testar o efeito do medicamento, em vez de testar o efeito de *se tomar algum remédio.* O grupo a quem foi dado o medicamento seria o grupo experimental, e o outro seria o grupo de controle.

Num experimento subseqüente, Harlow colocou esta hipótese à prova. Desta vez, a variável independente era a presença ou a ausência de macacos de mesma idade, conjugada com a ausência total de uma mãe. Mais uma vez, a variável dependente era o comportamento social adulto do macaco. Como antes, os bebês macacos foram tirados de suas mães no momento do nascimento e colocados nas gaiolas-berçário com as mães substitutas de arame e pano. Desta vez, porém, permitia-se-lhes que passassem 20 minutos a cada dia brincando com outros macacos sem mãe de mesma idade (ver a figura 2.8)

Ao ficarem mais velhos, esses macacos sem mãe, mas providos de amigos, foram colocados num grande cercado com macacos que haviam sido criados por suas mães naturais. Em contraposição ao do primeiro experimento, este novo grupo de macacos conseguiu sair-se bem com seus novos companheiros, apesar do fato de estes lhes serem totalmente estranhos. Os macacos com mães de pano levaram algum tempo para aprender os jogos agitados e confusos dos outros, e poucas vezes eram líderes dos grupos de adolescentes. Ainda assim, não eram isolados como o primeiro grupo de macacos, e logo adquiriram habilidades normais tais como as de acasalar-se e cuidar dos filhotes. A brincadeira com macacos da mesma idade substituíra de algum modo o cuidado materno natural. Por quê? Uma das razões é que os macacos vivos reagem ao bebê. Embora os colegas e mães naturais às vezes lhe dêem safanões, ao menos percebem suas ações e respondem a elas com uma certa afinidade. Além disso, os parceiros vivos podem comunicar-se por gestos e pelo som, sinalizando intenções, sentimentos e avisos. As mães substitutas, embora sempre estejam presentes e com freqüência proporcionem alimento, nem reagem nem se comunicam. Este experimento nos dá indícios do que seja importante para um bom cuidado materno — tema que será revisitado no capítulo 4.

A psicologia, como as outras ciências, progride de modo intermitente. Mostramos aqui como as descobertas de um estudo informal feito com órfãos de guerra podem ser relacionadas a um experimento mais formal feito com macacos. O trabalho de Freud e Dann emprega o método científico conhecido como ESTUDO DE CASO. Este tipo de investigação faz uso de cuidadosos registros de comportamento e nos fornece muitos detalhes. É muitas vezes associado com a terapia ou o auxílio terapêutico. A abordagem de estudo de caso pode ser feita com muitos indivíduos ou com apenas um. Há muitos problemas envolvidos na interpretação de estudos de caso, devido à falta de controle sobre as variáveis independentes e dependentes. Ainda assim, os estudos de caso tais como o que aqui relatamos são um terreno fértil para a formulação de hipóteses acerca do comportamento humano, e podem conduzir a trabalhos mais rigorosos.

Figura 2.8 *Harlow fez um experimento para verificar como se desenvolveriam macacos jovens dotados de uma mãe substituta, se pudessem passar algum tempo a cada dia com outros macacos da mesma idade.*

Podemos agora retornar à questão de abertura: as crianças precisam de mães? Os experimentos mostram que os macacos jovens não conseguem viver satisfatoriamente como adultos se não tiveram mães vivas quando novos. Não obstante, aqueles que foram privados de mães parecem conseguir "se virar" com vinte minutos por dia de brincadeira com colegas. Embora se saiba menos acerca de bebês humanos privados de cuidados maternos, o estudo de caso feito por Freud e Dann indica que os bebês que tiveram um cuidado materno insuficiente (e não totalmente inexistente) podem voltar seus sentimentos em direção a outros indivíduos de sua idade. O capítulo 2 examinou as exigências mínimas de cuidado materno. Felizmente, a maior parte das crianças têm mães, ou outras pessoas que desempenhem essa função. O capítulo 3 examinará uma teoria que explica as necessidades emocionais dos bebês, tanto dos que têm quanto dos que não têm mães.

CAPÍTULO 3
O INSTINTO QUE UNE

Os filósofos e os cientistas — bem como os pais, como é evidente — têm ponderado por séculos sobre as raízes do amor dos bebês. Qual é, do ponto de vista biológico, o sentido do amor? Os experimentos de Harlow mostram que os bebês macacos passam mais tempo agarrados a "mães" com tecitura macia, mesmo quando são as mães de arame que têm mamadeiras acopladas. Ainda assim, não se pode identificar a preferência por um boneco com o amor humano, ou mesmo com o amor dos macacos. É possível que os macacos não amassem nenhuma das substitutas. O trabalho de Harlow prova que os macaquinhos escolhem as superfícies macias de preferência às duras, mas essa preferência pode ter muito pouco a ver com o "amor" de que falam os pais e os poetas. Do mesmo modo, o amor mútuo dos órfãos de guerra não nos dá uma visão clara do amor em bebês normais, criados em circunstâncias mais tranquilas e comuns. Para uma melhor compreensão desse amor, precisamos voltar nossa atenção para a obra de John Bowlby, que fornece uma teoria complexa do desenvolvimento das emoções[1].

OS FATOS A SEREM EXPLICADOS

Em vez de estudar bebês sem mães, os quais felizmente são raros, Bowlby voltou-se para crianças de famílias normais que estavam separadas de suas mães por razões tais como uma enfermidade. A angústia por que passavam essas crianças, especialmente quando a separação ocorria antes dos cinco anos de idade, era bem conheci-

38 INICIAÇÃO AO DESENVOLVIMENTO DA CRIANÇA

Figura 3.1 *O amor e a presença de sua mãe seriam insubstituíveis?*

da das enfermeiras de hospitais e instituições de internação. Mesmo quando eram hospitalizadas para observação ou para um tratamento muito sumário, as crianças pareciam sofrer deveras. Não havia bons cuidados, brinquedos ou boa comida que parecessem fazer alguma diferença. Bowlby quis identificar qual a causa exata dessa angústia evidente. Não parecia ser falta de cuidados. Teria algo a ver com a enfermidade? Ou consistiria, na verdade, em que a perda de suas mães fosse mais inquietante que qualquer problema médico?

À primeira vista, pode parecer estranho que uma pessoa interessada pelo desenvolvimento emocional em crianças normais tenha estudado crianças que tiveram a infelicidade de se separar da mãe. Segundo o raciocínio de Bowlby, a importância da mãe se tornaria patente em casos em que houvesse separação. Do mesmo modo, os médicos descobrem qual é a função do fígado em pessoas normais através do estudo de pacientes que sofrem de um funcionamento anormal do fígado.

A fim de provar conclusivamente que *não eram* a doença ou os procedimentos médicos dolorosos que causavam a angústia de separação, era necessário que se estudassem crianças cujas mães estivessem ausentes, mas cujas outras condições permanecessem inalteradas. Bowlby encontrou as provas que procurava num estudo feito por René Spitz e Katherine Wolf[2]. Estes haviam examinado 123 bebês cujas mães estavam na prisão. Neste contexto particular, as mulheres cuidavam de seus bebês desde o nascimento até os oito ou nove meses de idade; brincavam com eles, alimentavam-nos e davam-lhes cuidados de rotina quando não precisavam dedicar-se a outras atividades da prisão. Mas, por alguma razão administrativa, as mães eram transferidas para outro lugar por um período de três meses quando os bebês se aproximavam de seu primeiro aniversário, e os bebês permaneciam em seu berçário especial, onde outras pessoas lhes davam cuidados. Apesar do alto padrão dos cuidados físicos, a maior parte dava mostras de angústia, tais como perda de apetite, choro e ausência de ganho de peso. Spitz e Wolf concluíram que os bebês precisavam do amor e da presença de suas mães tanto quanto precisavam de comida.

John Bowlby impressionou-se com os dados coletados por Spitz e Wolf, pois coincidiam de perto com certas observações médicas feitas por James Robertson. Robertson observara crianças de menos de cinco anos que eram separadas de suas mães por terem de ir para o hospital. Descreveu, no decorrer da permanência das crianças no hospital, a seguinte seqüência de reações. Primeiro, as crianças *protestavam* com choradeiras e manifestações de raiva. Depois desse estágio, que durava menos de uma semana, tornavam-se quietas e pareciam *desesperar*, chorando intermitentemente, mas sem a mesma força de antes. Por fim, tornavam-se mais alegres, emocionalmente *desapegadas*, e pareciam não ter preferências por nenhum de seus cuidadores em particular.

Qualquer que fosse a enfermidade e a rotina da enfermaria, esta seqüência permanecia a mesma. Além disso, Robertson constatou um padrão idêntico em crianças que ingressavam em berçários residenciais devido a doenças ou mortes em família. A causa, segundo ele, seria a perda da mãe, e não o ambiente estranho.

Fundamentando-se nos dados colhidos por Spitz, Robertson e seus colegas, Bowlby formulou a hipótese de que a angústia aguda da criança diante da separação de sua mãe é uma constante da espécie humana, e que a seqüência característica de protesto, desespero e desapego não sofre a menor variação no que diz respeito aos bebês de menos de cinco anos.

Em seguida, Bowlby foi procurar o processo psicológico que pudesse explicar o sofrimento de um bebê quando separado de sua mãe. Estudos de pesquisa o convenceram de que a "ansiedade de separação", nome pelo qual ficou conhecida, não era um medo de perder a fonte do alimento. Qual o motivo, então, da angústia quando as mães se ausentam por curtos períodos, e da apatia quando a separação se prolonga? A investigação que Bowlby fez acerca das necessidades emocionais dos bebês conduziu-o ao campo da etologia. Trata-se de uma ciência que lida com o comportamento dos animais — com os padrões de atividade que permitem que eles sobrevivam no ambiente físico e social específico de sua espécie. Descreveremos as descobertas dessa ciência com algum detalhe, pois Bowlby utilizou-as para elaborar uma teoria acerca das necessidades emocionais das crianças.

ESTAMPAGEM

A etologia é o estudo do comportamento animal a partir da perspectiva da biologia, e especialmente das obras sobre a evolução. É uma ciência mais nova que a psiquiatria e a psicologia, e Bowlby utilizou-se de suas descobertas recentes quando desenvolveu a teoria do vínculo que une o bebê à sua mãe.

Ele deduziu que as reações de um bebê em relação à separação de sua mãe eram uma constante da espécie humana. Mas será que as crianças *nascem* com uma necessidade biológica de suas mães, ou *adquirem* essa necessidade depois de nascer? Bowlby voltou-se para a obra de Konrad Lorenz, pioneiro da etologia que

Figura 3.2 *Konrad Lorenz e seus gansos selvagens.*

investigara as origens do apego dos bebês animais por seus progenitores³. Ocorre que o interesse de Lorenz fora desencadeado por uma descoberta acidental que se deu em sua estação de pesquisa, na Áustria. Um dia ele notou que vários gansos selvagens o seguiam para cá e para lá, fazendo os barulhos e os movimentos que os gansinhos geralmente fazem quando seguem seus pais. Lorenz logo adivinhou que algo saíra fora dos trilhos em seu desenvolvimento. Os gansinhos pareciam ter a reação instintiva de seguir um ser vivo que se movimentasse. E ele — e não a mãe gansa — fora o ser vivo a desencadeá-la.

Por quê? A impressão que se tinha era a de que os gansos selvagens não herdavam por via genética qualquer informação acerca de qual seria o aspecto de seus pais. Para verificar se isso realmente era assim, Lorenz esperou até que uma nova leva de gansinhos quebrasse a casca dos ovos. Cuidadosamente tirou-os de suas mães e fez com que eles só pudessem ver seres humanos, e não gansos adultos. Com efeito, eles começaram a seguir os cientistas exatamente como os outros haviam feito.

Procedendo em seguida a uma série de novos experimentos, Lorenz constatou a existência de um **período sensível** na vida do ganso, durante o qual ele "fixaria" uma figura em movimento. A esta fixação ele deu o nome de "estampagem". Além disso, constatou que um ganso estampado para um ser humano viria a ignorar outros gansos adultos quando chegasse a hora de escolher um par e acasalar-se.

É comum que as pessoas suponham que os animais nasçam dotados de todos os instintos de que precisam para sobreviver. Mas os etologistas mostraram que, muitas vezes, o que ocorre é uma aprendizagem muito precisa e permanente. Essa aprendizagem surge com acontecimentos muito determinados, em momentos muito específicos da vida. Um ganso, por exemplo, nasce sem a menor idéia de como são os gansos. Mas ele é dotado do instinto de seguir, e o que quer que siga logo após sair da casca é aquilo que vai formar sua imagem de mãe e companheiro de acasalamento. Na natureza, isto normalmente ocorre sem nenhum transtorno. É só numa estação de pesquisa que um ganso pode ficar apegado a um cientista, ou a uma bola de tênis!

Demonstrou-se a existência da estampagem, ou de algo muito semelhante, em várias espécies de aves e também em cachorros, carneiros e vários outros mamíferos. Trata-se, provavelmente, de um fenômeno muito disseminado na natureza. Será examinado detalhadamente em apenas uma espécie — o pato selvagem —, estudada por Eckhard Hess[4].

Em busca da exatidão científica, Hess construiu o aparelho mostrado na figura 3.3, para que pudesse controlar com precisão o ambiente ao redor dos patinhos. Tomou patinhos cuja idade conhecia com exatidão e colocou-os na pista, onde se fazia com que o boneco de um pato macho se movimentasse em várias velocidades. O boneco tinha um alto-falante embutido, e emitia sons de pato. Permitiu-se que os patinhos seguissem o boneco por uma hora; depois, voltavam à escuridão por algum tempo, e voltavam para o aparelho. Desta vez, porém, havia bonecos de patos macho e fêmea, cada um dotado de um alto-falante. A fêmea

A PSICOLOGIA DO DESENVOLVIMENTO 43

Figura 3.3 *O aparelho para* imprinting *de Eckhard Hess.*

emitia gravações dos sons naturais das mães-patas, ao passo que o macho emitia um som de "góc-góc", um pouco diferente dos sons de pato que emitira antes. Expondo os patinhos aos dois bonecos, Hess pôde comparar suas reações ao objeto que haviam estampado em primeiro lugar (o boneco macho) e ao objeto de som e aparência mais "naturais" (o boneco fêmea).

Os resultados foram claros e confirmaram as alegações originais de Lorenz. A maior parte dos patinhos seguiu o boneco macho que haviam visto primeiro, recusando-se a trocá-lo por um boneco mais "natural". E, o que é ainda mais interessante, Hess comparou os comportamentos de patinhos de diferentes idades e constatou que o vigor da reação de seguir era variável; na verdade, os patinhos recém-nascidos pareciam não estampar nada. Havia uma "idade correta" para a estampagem, que era de 13 a 16 horas após a saída do ovo (ver figura 3.4). Falando na linguagem técnica usada no capítulo anterior, a VARIÁVEL dependente (isto é, o número de atitudes de seguir o boneco macho) varia segundo a VARIÁVEL independente (isto é, a idade do patinho). Uma vez tendo um modelo estampado, o patinho não "revertia seu apego".

44 INICIAÇÃO AO DESENVOLVIMENTO DA CRIANÇA

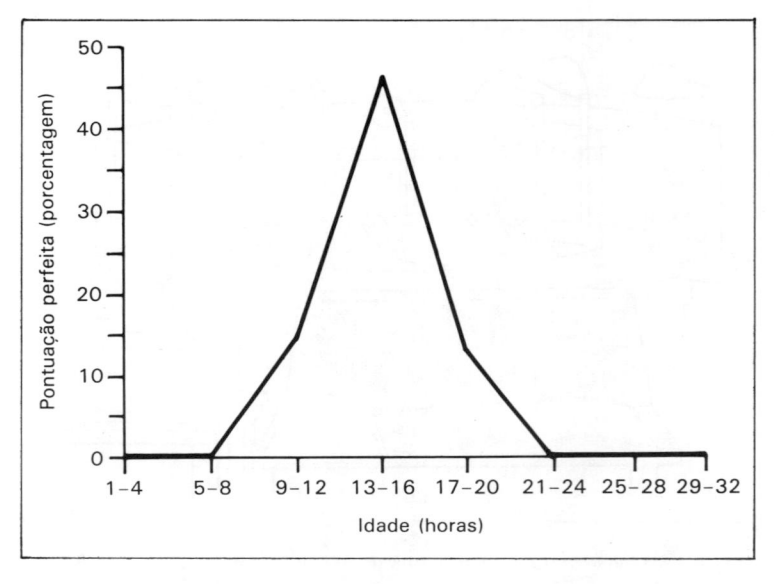

[Gráfico: Pontuação perfeita (porcentagem) vs. Idade (horas), com pico em 13-16 horas atingindo cerca de 45%]

Figura 3.4 *O período de* imprinting *para patinhos selvagens (a pontuação perfeita representa uma ação completa de seguir).*

A estampagem é um fenômeno fascinante por várias razões. Por séculos, os naturalistas e fazendeiros têm notado que os patinhos e gansinhos seguem suas mães logo após saírem do ovo. Supunha-se que as jovens aves nascessem dotadas de um instinto que as vinculava a seus pais, uma concepção errônea que persistiu até o momento em que alguns gansinhos começaram a seguir Konrad Lorenz. Ele teve a intuição criativa de investigar a questão mais a fundo, e encontrou um mundo muito diferente do que o senso comum faria supor. As conclusões de Lorenz inspiraram estudos mais formais, como os de Hess; e, no fim, foram descobertas relações precisas entre a idade em que o fenômeno começa, o quanto de movimento é necessário, e muitos outros fatores. Aquilo que começou como uma observação fortuita converteu-se numa série de experimentos em que as variáveis independentes foram deliberadamente alteradas para se ver como afetavam algumas variáveis dependentes... uma passagem do palpite científico para um fato experimental bem estabelecido. Este é um caso notável a demonstrar como funciona a ciência, e como ela toma caminhos surpreendentes.

O APEGO EM BEBÊS HUMANOS

É claro que John Bowlby não estava interessado no modo pelo qual se estudava a estampagem, mas na contribuição que isso poderia dar à nossa compreensão dos bebês humanos. Perguntou-se se os filhotes de nossa espécie não nasceriam dotados de uma predisposição a algo semelhante à estampagem. Naturalmente, os bebês humanos são incapazes de *seguir* suas mães logo após o nascimento, embora sejam capazes de chorar, estender os braços e, mais tarde, acompanhá-las com os olhos. E é evidente que, quando mais velhos, são capazes de rastejar ou andar em direção à mãe de um modo bastante semelhante ao de um patinho ou gansinho.

Bowlby refletiu sobre a longa história da raça humana. Parecia provável que, ao longo da evolução da espécie, os bebês que estivessem sempre junto às mães tivessem sido aqueles que conseguiram escapar às hordas predadoras e crescer de modo a deixar seus próprios descendentes. Bowlby formulou a hipótese de que tanto os bebês quanto as mães teriam desenvolvido uma necessidade biológica de ficar em constante contato uns com as outras. O bebê não seria estampado exatamente como o são os pássaros, mas Bowlby acreditava haver uma época favorável (chamou-a de **período sensível**) para que eles formassem um vínculo com suas mães. Eles revelam esse vínculo (chamado *apego*) por meio do comportamento destinado a atrair a mãe para *eles* (quando recém-nascidos) — ou levá-los (quando um pouquinho mais velhos) em direção a suas mães.

De acordo com Bowlby, as mães também têm uma necessidade biológica de estarem perto de seus bebês, e é por isso que reagem rapidamente tanto a seus sorrisos como a seus sinais de sofrimento. Concentrando-se no *par*, Bowlby realizou um avanço significativo em relação às teorias anteriores acerca da relação entre o bebê e a mãe. Todas eram teorias parciais que só viam a parte do bebê; a teoria de Bowlby era uma teoria do apego que enxergava ambas as partes. Ela supunha que, para que o bebê tivesse sido conservado livre de predadores naqueles dias distantes, teria sido necessário também que a mãe quisesse ficar junto ao bebê, e não apenas o contrário. Este apego recíproco é diferente do apego dos patos estudado por Hess, mas Bowlby *acre-*

ditava na existência de um tipo de estampagem humano. Os seres humanos, segundo ele, passavam por um período sensível (dos 0 aos 5 anos), ligavam-se a uma pessoa (geralmente a mãe) e, uma vez ligados, permaneciam ligados.

Além disso, Bowlby afirmava energicamente que as crianças novas que não vivessem um apego caloroso e contínuo não conseguiriam desenvolver relacionamentos sadios quando mais velhas. "O amor materno na infância é tão importante para a saúde mental quanto são as vitaminas e proteínas para a saúde física", asseverou. Supôs que o processo de ligação (*bonding* — assim o chamou) constituísse o fundamento para o apego na vida adulta. Ai da criança que não tivesse oportunidade de constituir um apego seguro. Para os casos em que essa necessidade biológica não fosse satisfeita, Bowlby previa, para a idade adulta, problemas não só emocionais como também intelectuais.

A teoria de Bowlby gerou muito entusiasmo porque parecia explicar fatos de que os pais amorosos, médicos preocupados e cientistas já pareciam ter consciência há muito tempo. Mas será que ela explica os fatos relatados antes?

(1) Considere-se o caso dos órfãos de Bulldogs Bank. Embora nada se saiba ao certo acerca da história do período inicial de suas vidas, é possível que nenhum deles tenha tido uma experiência de cuidado materno tal como este normalmente é conferido. Durante o "período sensível", as crianças ficaram apegadas umas às outras. As conseqüências a longo prazo destes apegos peculiares não foram relatadas aqui, de modo que a questão do apego entre crianças como substituto do cuidado materno deve ficar pendente. Mas o fato de as crianças terem se apegado *a outras crianças* não condiz com a teoria de Bowlby.

(2) No estudo de Robertson acerca de crianças separadas de suas mães e internadas em hospitais, os mesmos três estágios de desapego foram observados em todas as crianças. Depois de terem recebido alta do hospital, as crianças permaneceram adversamente afetadas. A seqüência invariável de estágios de desapego, observada em todas as crianças, corrobora a afirmação de Bowlby de que o processo de apego seja uma parte inata do patrimônio biológico de *todos* os seres humanos. Como

tal, poderia ser qualificado como uma predisposição inata, tal como a estampagem nos animais, e dar apoio a uma teoria que afirma que o bebê possui uma necessidade instintiva da mãe.

(3) E por último havia os filhos de presidiárias, descritos por Spitz e Wolf. Enquanto suas mães cuidaram deles todos os dias, eles se desenvolveram. Mas quando suas mães foram embora, e apesar dos bons cuidados, sofreram grande angústia. Embora isto pareça, à primeira vista, corroborar a afirmação de Bowlby de que a perda da mãe num período próximo ao começo da vida leva a disfunções, o estudo não pode decidir a questão, uma vez que não há informações sobre essas crianças quando mais velhas.

NOVAS PROVAS EM FAVOR DA TEORIA DO APEGO

Alguns dos fatos acima corroboram a asserção de Bowlby, mas outros não condizem com ela. Bowlby percebeu que, para provar que o rompimento do vínculo primordial produzia efeitos danosos *mais tarde* na vida, precisava de evidências tiradas de investigações de longo prazo. Os macacos sem mãe, de Harlow, davam algumas pistas, mas os estudos com animais não podem nunca provar os fatos do desenvolvimento humano. Bowlby voltou-se para a obra de Goldfarb[5], estudioso norte-americano que comparou dois grupos de adolescentes — quinze deles criados por pais adotivos e quinze criados numa instituição até terem mais do que três anos.

As crianças de ambos os grupos haviam sido separadas de suas mães, por várias razões. Goldfarb acreditava que a única diferença entre elas fosse que as de um grupo haviam sido entregues imediatamente a lares adotivos, ao passo que as outras viveram por três anos ou mais em internatos, sendo depois adotadas por famílias. Quando avaliadas em idades que iam de 10 a 14 anos, as crianças institucionalizadas se saíram pior em contagens de inteligência, maturidade social, fala e capacidade de formar relacionamentos sociais. Goldfarb excluiu como causa das diferenças o fato de as crianças mais velhas terem sido dadas a famílias adotivas inadequadas, pois a investigação revelou poucas diferenças entre a qualidade do cuidado oferecido pelos pais que pegaram os bebês e os que adotaram as crianças mais velhas.

À primeira vista pode parecer que o estudo de Goldfarb confirma a teoria de Bowlby de que as crianças precisam formar um vínculo com uma pessoa, de preferência nos três primeiros anos de vida. É como se as crianças que cresceram no berçário *realmente* se tenham tornado desapegadas e incapazes de formar bons relacionamentos com seus pais adotivos. Mas há certeza quanto a isso? Alguns críticos fazem notar que as crianças podem ter sido diferentes desde o começo. Goldfarb não tinha meios de saber ao certo se as crianças dos dois grupos eram realmente semelhantes. É possível que aquelas que não foram dadas em adoção imediatamente fossem diferentes das outras — mais sujeitas a doenças, talvez, ou socialmente retraídas.

O estudo de Goldfarb padece de uma imperfeição clássica nas concepções de pesquisa: uma imperfeição de AMOSTRAGEM. Como o estudo de Freud e Dann, não se tratou de um experimento. A inclusão das crianças em uma ou outra das condições de pesquisa (isto é, família adotiva *versus* internato) não pôde ser cuidadosamente controlada — como deveria ter sido, sob condições ideais. Há poucas dúvidas quanto ao fato de as crianças *serem* diferentes na adolescência, mas está longe de estar provado que essa diferença tenha sido causada por três anos de vida institucional (sem mãe). Pode ter ocorrido que as crianças menos inteligentes tenham sido mandadas a berçários, e que as mais espertas tenham sido entregues a famílias. Assim, é possível que as descobertas de Goldfarb não tenham demonstrado o efeito pernicioso da impossibilidade de se apegar; podem ter demonstrado, em vez disso, que as crianças menos inteligentes ou atraentes com um ano de idade continuarão a estar em desvantagem mais tarde na vida.

AMOSTRAS

Por razões óbvias, é geralmente impossível fazer um estudo de todos os membros de uma ''população'', tais como todos os bebês de uma semana de idade ou todos os gerentes de banco. É necessário tomar-se uma amostra. Mas a amostra precisa ser representativa da população como um todo, e não pode ser escolhida por qualquer método parcial. Para tomar um exemplo fictício, suponha-se que alguém quisesse medir o grau de satisfação das pessoas com os prefeitos de suas cidades; o pesquisador poderia examinar todas as cartas recebidas pelos prefeitos. A amostra teria sido, então, todas aquelas pessoas que haviam escrito cartas. Mas poderia tratar-se de uma amostra parcial, pois seria possível que o tipo de pessoas que se animam a escrever cartas ficasse satisfeito com mais (ou menos) facilidade que aquela maioria que não se anima a fazer tal coisa. Geralmente, a melhor maneira de eliminar a parcialidade é escolher a amostra aleatoriamente dentre a população.

O mesmo problema de possível parcialidade surge quando uma amostra é dividida em dois grupos. Digamos por exemplo que um pesquisador quisesse descobrir se o que influenciava mais a capacidade de jogar fliperama era uma xícara de café ou um copo de cerveja. Seria necessário garantir que não houvesse diferenças sistemáticas entre aqueles que tomassem café e aqueles que bebessem cerveja. O pesquisador, assim, distribuiria as pessoas aleatoriamente entre os dois grupos. Todas as diferenças tendem então a equilibrar-se.

Em seu estudo, apresentado na p. 45, Goldfarb estava examinando os efeitos de ter sido criado numa instituição, por comparação a ter sido adotado.

Mas é evidente que seus dois grupos — os adotados e os criados em instituição — não podiam ser designados pelo acaso. É possível, assim, que todas as diferenças entre eles tenham sido devidas a uma parcialidade.

A pesquisa com seres humanos mostra claramente as dificuldades que rodeiam a investigação dos efeitos a longo prazo das vivências dos primeiros tempos de vida. Tomemos como exemplo adequado o estudo de Goldfarb. Cientificamente, teria sido muito melhor se Goldfarb houvesse decidido por sorteio quais bebês deviam ser adotados imediatamente e quais deviam permanecer na instituição. Mas isso, é óbvio, teria sido nada menos que impossível. Não se poderia submeter um bebê sadio e sociável a três anos de vida institucional só porque ele teve azar no sorteio. E tampouco poderia alguém promover a adoção irrefletida de uma criança só porque seu número foi "tirado" naquele dia. As necessidades das pessoas devem naturalmente preceder às da ciência.

Certamente, é mais fácil trabalhar com animais, pois a maioria das pessoas sente haver menos restrições éticas a fazer pesquisa com eles. Harlow concluiu com razoável grau de certeza que os bebês macacos que puderam passar algum tempo com outros bebês macacos não foram afetados por não terem tido mãe, ao passo que os macacos que só tiveram "mães" de arame decididamente o foram. Foi um experimento adequadamente controlado, e não houve diferença entre o tipo de macacos distribuídos entre os dois grupos; a distribuição se deu aleatoriamente. Assim, é seguro concluir que as diferenças observadas nas variáveis dependentes (reações sociais maduras, por exemplo) tenham sido causadas pelas diferenças na variável independente (acesso a pares ou a bonecos de arame).

Há outras vantagens em se trabalhar com animais. Uma delas é que eles crescem mais rápido — não é necessário se esperar tanto para ver como se desenvolvem. Sabemos com certeza como os macacos de Harlow se comportaram enquanto pais porque eles fizeram parte de um ESTUDO LONGITUDINAL realizado no decorrer de muitos anos.

A TEORIA DE BOWLBY ESTÁ CERTA?

Já faz agora mais de 20 anos que John Bowlby vem afirmando que até mesmo separações de quinze dias produzirão danos severos. Embora as primeiras pesquisas corroborassem sua asserção, certos estudos posteriores, controlados de modo mais cuidadoso, não o fizeram. Michael Rutter[6], por exemplo, estudou um grande número de meninos de 9 a 12 anos de idade, residentes na Ilha de Wight e em Londres. Encontrou, para surpresa de muitos, um bom número de meninos que haviam estado separados de sua mãe quando novos mas que pareciam muito bem ajustados ao adentrar na adolescência.

ESTUDO LONGITUDINAL
   Num estudo longitudinal, o pesquisador estuda um único grupo de sujeitos, a intervalos regulares, no decorrer de um longo período de tempo — por exemplo, uma vez por ano ao longo de dez anos. Está claro que este método leva bastante tempo para produzir resultados, em contraposição a um ESTUDO TRANSVERSAL, que toma amostras de diversos grupos de diferentes idades.
   Barbara Tizard realizou um estudo longitudinal quando acompanhou um grupo de crianças institucionalizadas para ver quais os efeitos que a permanência na instituição, a adoção ou a volta a seus pais tinha sobre elas. Isto aparece na p. 203.

ESTUDO TRANSVERSAL
   Num estudo transversal, o pesquisador toma amostras de vários grupos de sujeitos, cada grupo sendo de uma idade diferente. A vantagem deste método é permitir que os dados sejam coletados com rapidez muito maior. Por outro lado, não permite ao investigador estudar mudanças em qualquer indivíduo em particular.

   Pense sobre as muitas razões pelas quais uma criança pode sofrer separação. Sua mãe pode ficar seriamente doente, e é possível que não haja parentes próximos que possam cuidar da criança enquanto o pai está no trabalho. Mas, quando a mãe voltar para casa do hospital, a criança volta também, e a vida familiar se refaz. Mas outra criança pode ser confiada a uma instituição porque o casamento de seus pais está indo por água abaixo e nem mãe nem pai podem agüentar as exigências de um bebê. Ou sua mãe é uma alcoólatra, uma viciada em heroína, e simplesmente não é capaz de cuidar dela.

É fácil imaginar que a primeira criança possa recuperar-se e crescer para uma vida adulta normal e feliz, porque a separação fora algo de extraordinário na vida familiar. Mas as outras crianças podem muito bem estar se encaminhando em direção a problemas na formação de relacionamentos, dificuldades na escola, ou mesmo conflitos com a lei. Mas, nesse caso, pode alguém dizer que a causa foi a separação no começo da vida? Ou não seria a separação apenas um elo de uma cadeia de adversidades que podem ter incluído lares adotivos, reuniões temporárias da família, seguidas de um ulterior cuidado adotivo ou institucional? Se a causa da separação fosse algum problema crônico, é muito possível que a insegurança e a tensão familiar continuassem ao longo de toda a infância. Podem ser essas as causas da dificuldade posterior. Ou o problema crônico — que poderia ser, por exemplo, problemas de moradia, desemprego, pobreza ou baixo rendimento escolar — poderia ser ele mesmo a causa. Na vida real, é difícil distinguir o efeito de uma variável — como, por exemplo, a separação materna — sobre o comportamento posterior. Outros fatores adversos (tais como moradia, educação, incessantes brigas familiares) podem contribuir para, ou mesmo causar, o resultado final.

O levantamento de Rutter é aqui muito esclarecedor, pois localizou muitos meninos que sofreram uma separação de suas mães no primeiro período de suas vidas mas que não tiveram problemas ulteriores. Rutter crê que essas crianças sofreram problemas temporários na época da separação, mas superaram essas dificuldades quando a vida da família voltou ao normal. Havia algumas outras crianças nessa amostra, entretanto, que haviam estado separadas de suas mães no começo da vida e que *eram* mal ajustadas (segundo o relato de seus professores) posteriormente. Qual era a diferença entre os dois grupos? As crianças do segundo grupo haviam sido separadas devido a discórdias na família ou a doenças psiquiátricas, condições essas que impõem um fardo pesado e contínuo sobre a vida familiar. As crianças bemafortunadas, aquelas que se recuperaram da separação, foram separadas devido a doenças físicas, dificuldades de moradia e outros problemas que não são distorções dos relacionamentos sociais em si.

> ESTUDO DE CORRELAÇÃO
> Correlação é uma medida de associação entre duas características ou acontecimentos. Alguns estudos de correlação investigam a associação entre acontecimentos em dois períodos diferentes das vidas de muitos indivíduos. A pergunta que se faz é: ''Quais acontecimentos anteriores estão associados com quais acontecimentos posteriores?'' Michael Rutter e seus colegas realizaram um estudo de correlação quando investigaram a relação entre comportamento anti-social em meninos adolescentes e a incidência de separação entre a criança e os pais no começo da infância (ver p. 48). Em seu estudo, encontraram pouca associação entre as duas medidas, e a correlação, assim, foi baixa. Se houvessem constatado uma associação forte, a correlação teria sido alta.
> Os estudos de correlação podem nos dizer quais fatores estão associados entre si. Mas nada nos podem falar acerca das causas desses acontecimentos.

Rutter usou um padrão de ESTUDO DE CORRELAÇÃO no qual o pesquisador descobre se há, ou não, uma associação entre duas medidas. A figura 3.5 compara a incidência de comportamento anti-social em meninos com separações devidas a doenças físicas e aquelas devidas à discórdia em família ou a problemas psiquiátricos. A figura mostra claramente que alguns tipos de separação

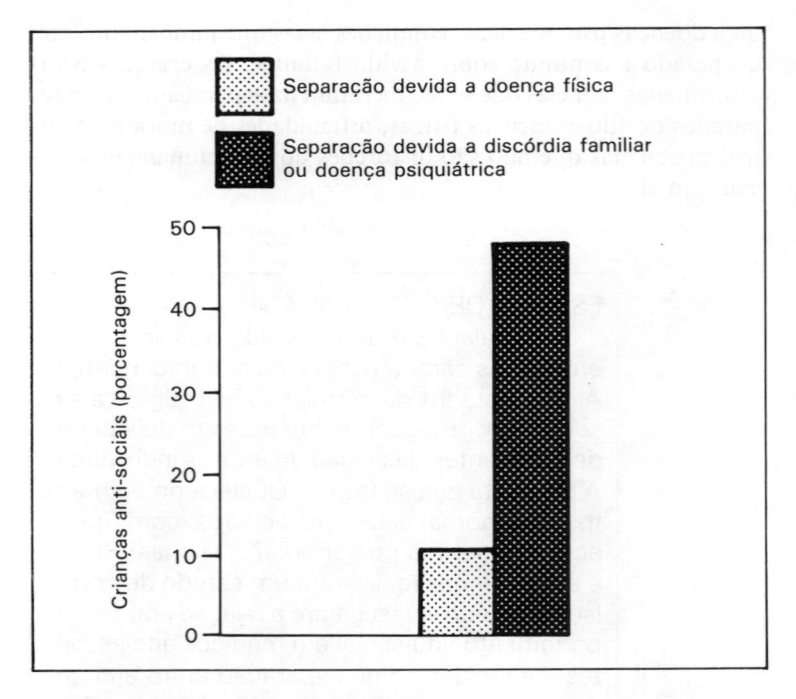

Figura 3.5 *Como as* razões *de separação entre pais e filhos estão relacionadas com o comportamento anti-social posterior.*

estão associados a distúrbios posteriores, enquanto outros tipos não tornam a criança mais suscetível ao comportamento anti-social do que crianças que não sofreram qualquer rompimento dos vínculos de apego.

Embora Rutter esteja convencido de que a separação no primeiro período da vida não acarrete necessariamente efeitos adversos permanentes, ele tem menos esperanças no que se refere ao futuro de crianças que *nunca* formaram vínculos afetivos. "... os dados parecem dar a entender que os efeitos de rompimento de vínculo (separação da mãe) e de uma impossibilidade de formar vínculos (ausência de mãe) sejam diferentes. Parece haver chances de que uma impossibilidade de formar vínculos na primeira infância acarrete uma propensão particular à ocorrência de uma primeira fase de comportamento 'agarrado' e dependente,

seguida por procura de atenção, amizade desenfreada e indiscriminada e, por fim, uma personalidade caracterizada pela ausência de culpa, por uma incapacidade de ater-se a regras e uma incapacidade de formar relacionamentos duráveis."
Bowlby tem muitos outros adversários, mas Ann e Alan Clarke são, de longe, os mais enérgicos: "Há uns vinte anos somos muito céticos quanto à sua [de Bowlby] opinião, e de quando em quando o afirmamos. Mas, até pouco tempo atrás, vigorava uma relativa escassez de dados. Achamos que chegou a hora de reunir os dados e repensar os argumentos." Clarke e Clarke[7] fizeram exatamente isso, coligindo vários estudos que refutem as asserções de Bowlby acerca da importância decisiva do apego nos primeiros tempos de vida... Em geral, esses estudos dividem-se em quatro grandes grupos:

(1) Estudos com animais que mostram que a estampagem pode ser revertida. Com efeito, alguns dos macacos de Harlow beneficiaram-se da "terapia" proporcionada por seus colegas e foram funcionalmente normais enquanto adultos. (Tendo isto em mente, não é de surpreender que o capítulo 10 apresente casos de adoção bem-sucedida de crianças que haviam vivido em instituições quando novas.)
(2) Estudos de crianças a quem faltou um apego seguro e continuado no primeiro período de vida, mas que não obstante chegam, mais tarde, a um "funcionamento" normal. Incluem-se aqui as crianças de Bulldogs Bank, que de algum modo recuperaram-se depois de terem sido resgatadas e colocadas num ambiente caloroso e estimulador.
(3) Estudos de crianças que viveram o rompimento temporário de um apego seguro e que não carregaram disso quaisquer conseqüências negativas, como, por exemplo, os meninos da Ilha de Wight.
(4) Estudos como o de Freud e Dann, que mostram que os bebês conseguem apegar-se a várias pessoas. Isto refuta a alegação de Bowlby de que os bebês apegam-se invariavelmente a uma pessoa só.

De longe, o golpe mais duro que se abate sobre a teoria do apego é disparado pelos estudos de "reversão", as investigações que apresentam um rompimento precoce seguido de uma recuperação completa. Embora Bowlby nunca tenha baseado suas opiniões por inteiro na estampagem em animais, ele usou, *implicitamente*, a estrutura dos primeiros estudos etológicos para desenvolver suas visões sobre o fundamento instintivo do amor. Os estudos de "reversão" em filhotes animais e humanos mostram que esses filhotes são mais flexíveis do que Bowlby gostaria de nos fazer acreditar.

RECAPITULANDO

    Discutimos aqui alguns fatos, bem como algumas teorias um pouco grandiosas, devido à luz que lançam sobre as origens do amor humano.

    A teoria de Bowlby, concentrando-se na necessidade biológica, por parte tanto da mãe como do bebê, de permanecerem juntos, dá ênfase ao vínculo com uma única fêmea. Bowlby via esse vínculo como uma adaptação comportamental aos perigos representados pelos predadores em nosso distante passado evolutivo. Embora alguns estudos pareçam corroborar esta teoria, a maioria das pesquisas demonstram que ela é simplista e insuficiente. O bebê humano *não* se liga à sua mãe com uma irreversibilidade semelhante à da estampagem animal. Felizmente, os bebês são criaturas mais flexíveis e elásticas, capazes de formar laços emocionais com vários adultos — e, em alguns casos, com outras crianças. Felizmente, também, a mãe humana não é biologicamente coagida a ficar com seu bebê o tempo inteiro. Muitas mães providenciam um cuidado substituto durante parte do tempo para que possam sair para trabalhar. Não há provas científicas de que elas estejam fadando suas crianças a sofrerem das anomalias de desenvolvimento previstas por Bowlby.

CAPÍTULO 4
MATERNAGEM

O que é maternagem? Os dois capítulos anteriores passaram em revista a necessidade que os bebês têm de mães, e o modo pelo qual um recém-nascido se fixa àquela que é sua mãe e se torna apegado. Este capítulo trata daquilo que o processo de maternagem efetivamente é, e de como também isso influi sobre o apego. Para que servem as mães, e quem são elas? O que há de especial no vínculo que une a mãe e seu bebê? Em certo sentido, todos conhecem a resposta elementar a esta pergunta: o que é maternagem? Amar e cuidar do filho. Isso pode aparecer bastante fácil de compreender; mas, num exame mais atento, nada há de simples aí. As mães, num só dia, fazem toda espécie de coisas: trocam fraldas, balançam os bebês para que durmam, falam e abraçam, brincam, oferecem o seio, repreendem, assoam o nariz, amam as crianças apesar de tudo ou por causa de tudo isso. Não obstante, muitas dessas atividades podem ser realizadas, e cada vez mais o são, por outros adultos, os pais, por exemplos. Então, o que as mães têm de tão especial?

As revistas semanais e os livros sobre bebês estão repletos de conselhos sobre maternagem e sobre como criar crianças. As modas vêm e vão, e os especialistas passam do "alimente-o quando ele quiser" para o "alimente-o a intervalos de quatro horas", do "sempre o pegue no colo quando chorar" para o "deixe-o chorar e ele aprenderá a parar de chorar". O senso comum e os preconceitos pessoais contribuem muito para os escritos sobre o cuidado de crianças, mas é só por meio de estudos científicos que podemos aprender verdades objetivas acerca da maternagem, e

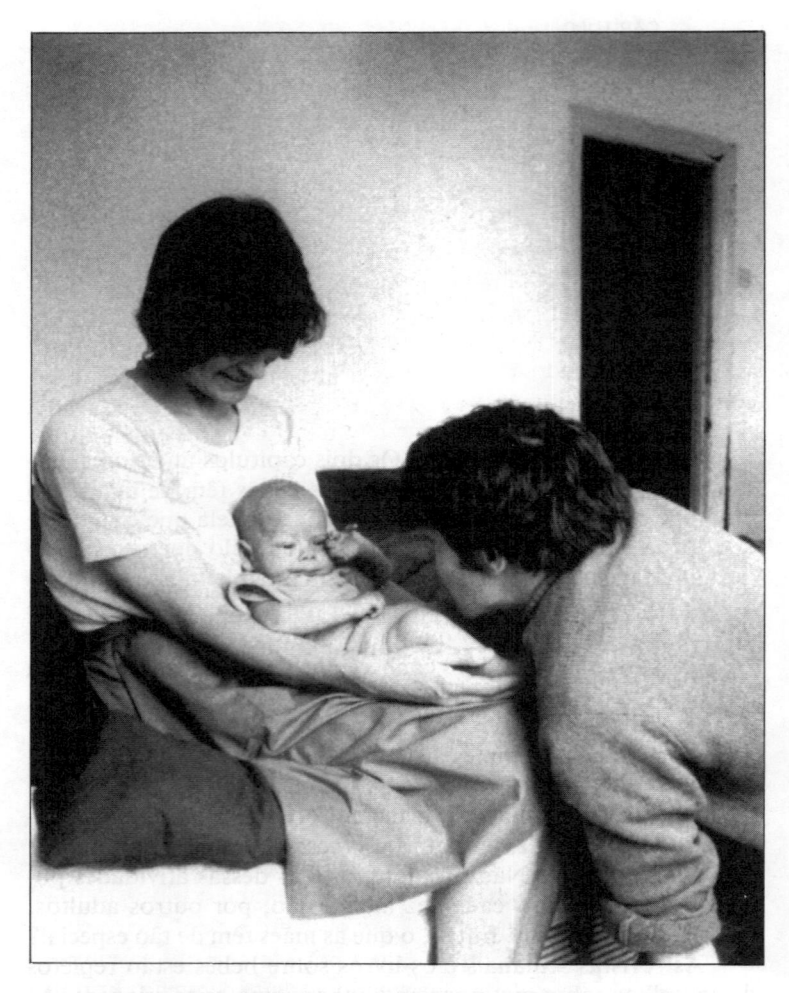

Figura 4.1 *Maternagem* de *ambos os pais com seu filho de três meses.*

escolher o melhor caminho em meio a manifestações contrastantes do senso comum. Desse modo, os psicólogos têm cada vez mais voltado suas pesquisas para estudos detalhados do par mãe-bebê, a fim de determinar o que há de tão especial no modo pelo qual se relacionam um com o outro.

APEGO

No capítulo 3 examinamos a noção de apego e concluímos que o bebê humano não se liga irreversivelmente à sua mãe, e que é capaz de apegar-se a vários adultos. No entanto, embora exista uma predisposição e tendência universais (alguns diriam: instinto) para que a mãe e seu bebê tornem-se apegados uma ao outro, os indivíduos diferem muito quanto ao modo pelo qual isso se realiza. Um dos principais objetivos da pesquisa é, portanto, estudar os fatores que afetam a formação do apego, a fim de dar melhores informações aos pais e a outros que se dedicam a dar os primeiros cuidados ao bebê. Um dos aspectos mais interessantes do relacionamento é a sua mútua reciprocidade, desde uma idade muito tenra. (Reciprocidade é o termo usado por Rudolf Schaffer para designar o modo pelo qual a mãe reage ao comportamento do bebê e por ele é influenciada, enquanto o bebê, por seu lado, é influenciado pelo comportamento de sua mãe[1]. As idéias de Schaffer aparecem na página 65.)

A RECIPROCIDADE ENTRE A MÃE E A CRIANÇA

Recentemente, vários pesquisadores dedicaram centenas de horas a empreender detalhados estudos de OBSERVAÇÃO NATURALISTA de mães e seus bebês novos, e registraram em videoteipe os "diálogos" mudos que acontecem desde os princípios da vida do bebê: pode-se ver que a mãe e o bebê são atraídos um ao outro e respondem às necessidades e atividades um do outro. Colwyn Trevarthen e Martin Richards fizeram estudos naturalistas das "conversas" de bebês novos[2]. Num dos primeiros estudos, filmaram cinco bebês uma vez por semana, do nascimento até os seis meses de idade, quer tendo à frente pequenos brinquedos pendurados, quer com suas mães. Pedia-se a cada mãe que simplesmente "conversasse com seu bebê". Trevarthen e Richards constataram uma "atividade altamente elaborada" e "indícios de que bebês de poucas semanas de idade estivessem dando sinais de ter a intenção de falar, e de que, logo depois disso, estivessem entabulando, com adultos, intercâmbios semelhantes à conversação, bem organizados, e às vezes até espirituosos e bem-humorados". Esses bebezinhos reagiam à estimulação e à conversação dos adultos de modo muito sensível, e pareciam, nessa tenra idade, ter muita consciência do "diálogo". Suas reações, por sua vez, influenciavam a conversa de suas mães e conservavam-lhes o interesse, de modo que cada um reagia ao outro de maneira sensível. É a "reciprocidade" em plena operação.

Daniel Stern também analisou centenas de horas de videoteipe, com grande minúcia, a fim de demonstrar o padrão de interação entre mãe e criança[3]. Descobriu que bebês de três meses e suas mães, olhando-se face a face, mexem suas cabeças em sincronia um com o outro. Quando a mãe se aproxima, o bebê desvia sua cabeça para o lado por uma fração de segundo, e depois volta-se de novo para ela quando ela desvia seu olhar. (O olhar direto, olhos-nos-olhos, é muito estimulante, e mesmo os adultos tendem a não se olhar nos olhos quando estão muito próximos.) "O bebê é um virtuose em suas tentativas de regular tanto o nível de estimulação dado pela pessoa que lhe dá cuidados quanto o nível interior de estimulação nele próprio. A mãe também é uma virtuose em sua regulação da interação a cada momento. Juntos, ambos desenvolvem certos padrões diádicos [isto é, em par] apuradamente intricados. São necessárias duas pessoas para criar esses padrões." Daniel Stern salienta que essa maternagem é *puramente* social. "O objetivo imediato de uma interação face a face é a diversão, o interesse, o deleite e o estar um com o outro. Durante esses períodos de brincadeira puramente social entre mãe e bebê, não há tarefas a serem cumpridas, a agenda imediata não inclui horários de alimentação, trocar ou dar banho... Estamos lidando com um acontecimento humano conduzido somente com 'movimentos' interpessoais, sem ter em mente outra finalidade que não a de estar junto e gozar da presença de outra pessoa. Não há como salientar suficientemente a importância dessa atividade aparentemente tão sem esforço... É preciso primeiro que o bebê aprenda a estar com alguém, a criar e compartilhar as vivências sobre as quais se baseia um relacionamento. Além das gratificações da alimentação e calor, essas vivências envolvem a criação mútua e compartilhada de prazer, alegria, interesse, curiosidade, suspense, pasmo, medo, tédio, risos, surpresas, deleite, momentos de paz, silêncios que vêm resolver uma angústia, e muitos outros fenômenos e experiências igualmente impalpáveis que constituem a substância da amizade e do amor."

> OBSERVAÇÃO NATURALISTA
> Método de descrição e análise do comportamento de pessoas ou animais em seu ambiente natural. É derivado da obra etológica de Konrad Lorenz. O pesquisador intervém tão pouco quanto possível, e pode tentar permanecer oculto. Sua principal tarefa é registrar de modo tão objetivo quanto possível, restringindo-se àquilo que vê, e não àquilo que infere: assim, ''X gargalha por 8,4 segundos'', e não ''X gostou muito da piada''.

AS COMUNICAÇÕES DA CRIANÇA NOVA

Já temos hoje indícios suficientes que dão a entender que o bebê busca o apego tão logo nasce, de que é potencialmente "social" desde o nascimento. Já no começo ele é mais atraído pela figura e pelo som de seres humanos do que por outros objetos e barulhos (e o capítulo 6 mostrará a preferência do bebê muito novo pela complexidade visual e, em particular, pela face humana). Desde uma tenra idade ele emite fortes sinais (em particular o choro e o riso, mas também os agarrões e o olhar) que atraem a ele os adultos, em especial a mãe, e os fazem reagir. Um dos primeiros observadores de bebês foi Charles Darwin, que observou com respeito a um de seus filhos: "Este bebê sorriu com 45 dias de idade, um segundo bebê, com 46; e foram sorrisos verdadeiros, indicativos de prazer, pois seus olhos brilhavam e as pálpebras quase se fecharam. Os sorrisos surgiram principalmente quando olhavam para sua mãe, de modo que provavelmente tiveram origem mental". Estudos mais recentes têm demonstrado que o bebê sorri desde a primeira semana de vida (embora esses sorrisos provavelmente não sejam dirigidos a ninguém). Quando Aidan Macfarlane fez a mães de bebês de dois meses a seguinte pergunta: "O que você mais gosta em seu bebê?", 75 por cento das mães incluíram o "sorriso" em suas respostas[4]. Claramente, o sorriso é um poderoso sinal social para a criança.

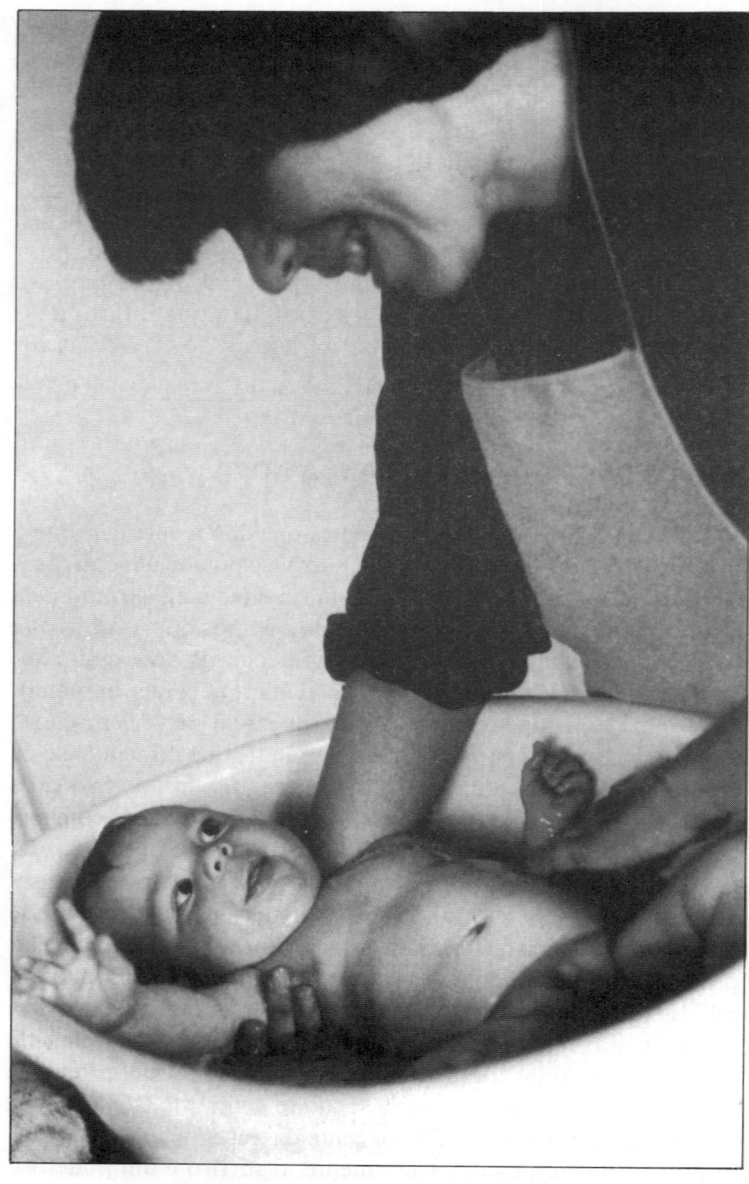

Figura 4.2 *O diálogo entre mãe e bebê continua na banheira.*

O outro sinal poderoso dentre os primeiros sinais, o choro, foi estudado por Silvia Bell e Mary Ainsworth[5]. Elas estavam interessadas em investigar a relação entre a reação das mães ao choro de seus bebês (isto é, o número de choros que a mãe ignorava; o período de tempo que o bebê chorava antes de obter dela uma reação; e que, por fim, acabava com o choro) e as mudanças ocorridas no choro dos bebês durante o primeiro ano de vida. Observaram 26 mães e bebês em suas próprias casas por períodos de quatro horas a intervalos de três semanas ao longo de todo o primeiro ano de vida, e constataram ser a responsividade materna o principal fator a afetar a quantidade de choro de um bebê. Durante os três primeiros meses de vida, era mais provável que um bebê chorasse quando estivesse sozinho do que quando perto de sua mãe, e era menos provável que chorasse quando estava efetivamente nos braços dela. Na verdade, o único fator importante a reduzir o choro no primeiro ano de vida era a prontidão com que uma mãe reagia (geralmente pegando ou acariciando o bebê). A responsividade rápida e a sensibilidade da mãe para com as necessidades de seu bebê pareciam lançar as fundações do desenvolvimento social e emocional posterior da criança.

A SENSIBILIDADE DA MÃE

Mary Ainsworth descreveu a mãe sensível como uma mãe que

é capaz de ver as coisas a partir do ponto de vista de seu bebê. Está sintonizada de modo a receber os sinais de seu bebê: interpreta-os corretamente, e reage a eles pronta e adequadamente. Embora quase sempre dê ao bebê aquilo que ele parece querer, quando não o faz ela usa de tato ao manifestar que reconhece sua comunicação e ao propor uma alternativa aceitável. Faz suas respostas serem temporalmente contingentes em relação aos sinais e comunicações do bebê. A mãe sensível, por definição, não pode ser do tipo que rejeita, interfere ou ignora.
    A mãe insensível, por outro lado, engrena suas intervenções e inícios de interações quase exclusivamente com base em seus próprios desejos, humores e atividades. Tende a distorcer o conteúdo implícito das comunicações de seu bebê, interpretando-as à luz de seus próprios desejos ou defesas, ou a deixar de responder a elas por completo.

A responsividade da mãe sensível se parece bastante com uma prontidão à reciprocidade descrita no começo deste capítulo. Mary Ainsworth constatou que as mães que reagiam desse modo sensível tendiam a ter filhos que choravam menos, eram mais alegres na exploração de novas situações e ficavam menos abalados quando brevemente separados da mãe. Além disso, elas constataram que as mães que davam a suas crianças um contato físico (afagos, pegar no colo) relativamente maior nos primeiros meses tinham filhos que apreciavam a interação com adultos e também ficavam felizes ao serem postos no chão para voltar-se alegremente para a exploração ou a brincadeira.

O fato de um bebê ter recebido o contato que ele parece ser programado para produzir não o torna uma criança de um ano agarrada e dependente; pelo contrário, facilita o crescimento gradual da independência. São os bebês que eram pegos no colo por tempo relativamente breve que tendem a protestar quando são postos no chão, e que não se voltam de bom grado para a brincadeira independente; com efeito, parecem ser altamente ambivalentes quanto ao contato físico — talvez o busquem, mas não reagem positivamente quando o obtêm, e, ainda assim, protestam quando são colocados no chão.

A importância do contato físico entre mãe e criança também transparece, ainda que de modo menos evidente, na obra de Marshall Klaus e John Kennel[6]. Eles examinaram bebês no hospital imediatamente após o nascimento, e compararam as mães que recebiam atendimento hospitalar de rotina com aquelas que tinham com seus bebês um contato suplementar. Eles designaram aleatoriamente 14 mães para o grupo de CONTROLE e 14 para o grupo experimental; as mães do grupo de controle receberam o atendimento hospitalar de rotina, no qual o bebê era separado de sua mãe imediatamente após o nascimento, era visto para uma breve inspeção de seis a oito horas depois, e depois voltava para uma mamada de 20 minutos a cada quatro horas. Por outro lado, as mães experimentais de "alto contato" ficavam junto de seus bebês a maior parte do tempo desde o nascimento, exceto por períodos muito breves; recebiam assim a oportunidade de terem um contato íntimo, de acariciar e tocar pela maior parte do tempo. Klaus e Kennel constataram diferenças interessantes entre os grupos de mães; as mães do grupo experimental olhavam mais nos olhos de seus bebês, beijavam-nos e acariciavam-nos bem mais do que o grupo de controle, e tinham maior probabilidade de ter vontade de ficar em casa com eles. Mas, ao cabo de um ano, ficou claro que os bebês que haviam recebido o atendimento hospitalar de rotina haviam "alcançado" os outros, o que mostra que o efeito, embora marcante, foi de curta duração.

No todo, parece que o vínculo emocional e o desenvolvimento da criança dependem de certas qualidades na reciprocidade e na sensibilidade primeiras do relacionamento entre mãe e criança. Mas é necessariamente a mãe biológica a pessoa com quem o bebê forma esse apego ou relacionamento? A primeira teoria de Bowlby afirmava não só que o bebê necessitava da presença contínua de uma mãe, mas também que, de início, ele seria incapaz de formar apegos com mais de uma pessoa. Entretanto, alguns estudos recentes demonstraram que não é isso que ocorre.

MAIS DE UM APEGO

Rudolph Schaffer e Peggy Emerson[7] estudaram uma amostra de 60 crianças de Glasgow ao longo dos primeiros 12 meses de suas vidas a fim de examinar alguns dos modos pelos quais o bebê constitui seu primeiro apego a outra pessoa. Mais uma vez, valeram-se do método de OBSERVAÇÃO NATURALISTA e fizeram visitas aos bebês e a suas famílias a cada quatro semanas durante o primeiro ano de vida. Desta vez o critério de apego era o "desgosto da separação" (por exemplo: protestos feitos quando o bebê era deixado sozinho num quarto, deixado com outras pessoas, posto no chão depois de ter estado sentado nos joelhos da mãe, ou deixado fora de casa num carrinho), e Schaffer e Emerson constataram que o apego a uma pessoa específica tendia a aparecer por volta dos sete meses de idade. Constataram também que a maior parte dos bebês constituía apegos a diversas pessoas, incluindo os pais, irmãos e irmãs, avós e, às vezes, até vizinhos; na verdade, três meses depois do aparecimento do comportamento de apego (por volta dos 10 meses de idade), só 41 por cento da amostra possuíam apenas um "objeto de apego", enquanto aos 18 meses essa porcentagem já caíra para somente

13 por cento da amostra. Aos 18 meses, 75 por cento dos bebês já haviam desenvolvido também um apego por seus pais. Parecia haver uma hierarquia de objetos de apego, com a mãe geralmente no primeiro lugar e várias outras pessoas que também provocavam reações de apego.

Schaffer escreve: "Não há nada... a indicar que a maternagem não possa ser compartilhada por diversas pessoas... um apego dirigido a diversas pessoas não acarreta um sentimento menos intenso em relação a cada uma, pois a capacidade que o bebê tem de apegar-se não se assemelha a um bolo que precisa ser dividido. O amor, mesmo no bebê, não possui limites." Estas descobertas são importantes porque "a natureza cambiante da vida familiar vem forçando-nos a prestar atenção a outros personagens que tem um papel a desempenhar até mesmo bem no começo, particularmente os pais, cujo envolvimento com o cuidado das crianças vem aos poucos tornando-se muito maior do que costumava ser. E, uma vez que estejamos dispostos a levar em conta esses personagens, e a perceber que os bebês podem desenvolver apego a eles também, torna-se muito mais fácil distinguir aqueles fatores que, ao fim das contas, desempenham na formação do vínculo um papel muito pequeno (se tanto) — o parentesco "de sangue", a disponibilidade boa e constante —, e concentrarnos naquelas qualidades particulares do comportamento dos adultos que resultam num relacionamento amoroso".

Quais são essas qualidades particulares? O estudo de Schaffer e Emerson produziu uma descoberta importante. A força do "apego" de um bebê não parece estar relacionada com a quantidade de tempo passada a seu lado e nem com as funções básicas de cuidado (alimentar, dar banho, vestir), mas antes com a quantidade e a intensidade da interação entre adulto e criança. Os bebês cujas mães brincam muito com eles, e concedem-lhes estimulação e atenção exclusiva em abundância, desenvolvem um apego mais forte do que aqueles cujas mães dão simplesmente o cuidado físico básico; do mesmo modo, os bebês cujos pais são particularmente atenciosos e estimulantes podem desenvolver um apego mais forte ao pai do que à mãe, se esta limita-se a "alimentá-los". De novo, o apego é um "processo bidirecional", e depende da qualidade da interação e da sensibilidade e responsividade entre adulto e criança; tanto para a mãe como para a criança, há um equilíbrio sutil de sensibilidade às necessidades um do outro; a criança é influenciada pela mãe, que, por sua vez, é influenciada pela criança. No princípio, a mãe segue a criança e é guiada por seus movimentos e inclinações; os elabora, repete e expande. Mais tarde, a criança segue o adulto, e assim se desenvolve um relacionamento satisfatório para os dois lados.

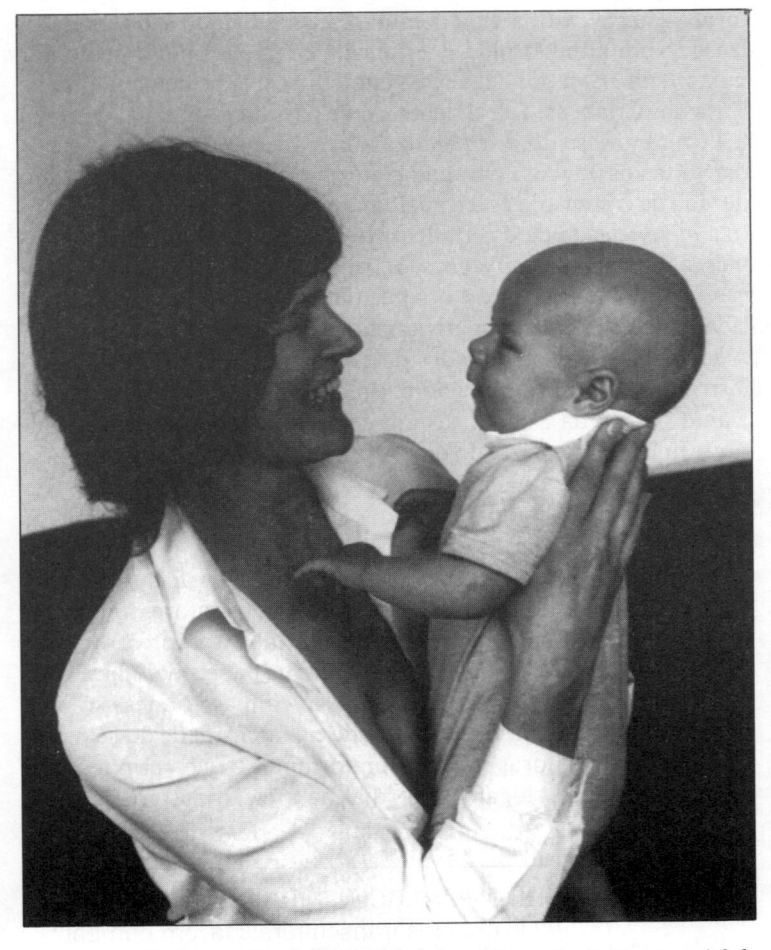

Figura 4.3 *A mamada termina com uma brincadeira — parte tão essencial da maternagem como a própria mamada.*

ESTUDOS TRANSCULTURAIS

Os ESTUDOS TRANSCULTURAIS (tais como a comparação de bebês em Israel com bebês na Inglaterra) podem nos dizer algo sobre os bebês humanos e seu potencial de relacionamento; no entanto, é preciso que tenhamos o cuidado de separar o que é comum à primeira infância daquilo que é específico à situação cultural — neste caso, a vida comunal ou coletiva do *kibbutz* israelense. Num kibutz típico, a criança é criada conjuntamente por uma *metapelet* e por seus pais, enquanto vive principalmente na Casa das Crianças. Geralmente a mãe passa seis semanas com seu bebê recém-nascido, formando assim o apego primário, e a partir daí volta aos poucos ao trabalho até que, ao final do primeiro ano de vida da criança, já está trabalhando em tempo integral, enquanto a *metapelet* cuida da criança. No começo da noite, na casa dos pais, as crianças passam com seus pais uma longa "Hora das Crianças" cotidiana, durante a qual os pais têm tempo e energia suficiente para se dedicarem ativamente e de modo total às crianças. A *metapelet*, por outro lado, desempenha um papel de cuidado instruído e afetuoso que não chega a romper o apego primário, e ainda assim dá às crianças um cuidado físico e emocional durante uma grande parte do dia. A prática dos *kibbutzim* baseia-se em indicações de que as crianças são capazes de se desenvolver com múltiplos cuidadores sem que percam o apego primário às suas próprias famílias, e de que sejam a qualidade e a responsividade mútua da interação entre pais e crianças, e não sua duração e continuidade ao longo das 24 horas do dia, os fatores importantes para a manutenção do relacionamento de apego entre pais e filhos. Na verdade, os pais conservam seus papéis de figuras primárias de apego, muito embora passem com as crianças só uma pequena parte do dia. É a quantidade e a intensidade desse período (duas ou três horas) que são importantes e que permitem aos pais conservar seu lugar primordial na afeição das crianças.

ESTUDO TRANSCULTURAL
    Os estudos transculturais fazem comparações entre sociedades ou culturas. São postas

> à prova as diferenças culturais de comportamento — físico, intelectual, emocional ou social. Os estudos transculturais podem valer-se de diferentes tipos de métodos de pesquisa. EXPERIMENTOS FORMAIS, OBSERVAÇÃO NATURALISTA, ESTUDOS DE CASO, ou o que quer que seja mais adequado.

Um outro estudo transcultural foi realizado por Mary Ainsworth, que interessou-se pelos relacionamentos entre mães e bebês do povo ganda, em Uganda, África oriental[8]. Ela quis comparar o "comportamento de apego" de duas culturas, a ganda e a norte-americana. Ainsworth fez, ao longo de nove meses, um ESTUDO LONGITUDINAL de 28 bebês tendo entre 0 e 24 meses, fazendo a cada casa uma visita de duas horas uma vez a cada quinze dias, entrevistando a mãe com sua criança (por meio de um intérprete) e observando a mãe com a criança. Evidentemente, é difícil medir o "apego", e Ainsworth concebeu uma série de fatores de que se valia para determinar a força daquele. Eram fatores tais como sorrir para a mãe, chorar quando ela saía da sala, voltar-se para ela, agarrar-se a ela, bater palmas quando ela entrava. As crianças tinham contato regular com vários outros adultos, e a maior parte delas parecia ser capaz de apegar-se simultaneamente a vários; seu comportamento não era afetado pelo número de adultos a que reagiam.

Não obstante, é preciso cuidado ao se tirar conclusões de estudos transculturais. Alguns dos escritos transculturais mais importantes são apresentados na forma de descrições detalhadas. A formulação de questões de pesquisa, o isolamento de variáveis e a designação de controles adequados são tarefas que impõem problemas tão formidáveis que os pesquisadores voltaram seus esforços para outras direções. Os relatos da vida nos *kibbutzim*, por exemplo, são em grande parte anedóticos e descritivos, pois como seria possível realizar um estudo controlado? Quais aspectos são importantes nessa sociedade tão diferente? Qual é a variável independente? O tipo de maternagem, o tipo de cuidado em geral ou a extensão da vida comunal? Quais são as medidas dependentes? Apego, inteligência, independência, adaptação social? Um grande número de variáveis no meio ambiente contribuem para um grande número de efeitos diferentes, e é impossível isolá-los. Desse modo, o pesquisador transcultural busca proporcionar uma descrição detalhada e estruturada, versando geralmente sobre aspectos selecionados da cultura em questão, e busca traçar comparações e tirar conclusões interculturais e dentro de determinadas culturas.

Os estudos como estes, que mostram que os bebês novos são capazes de desenvolver apego a vários adultos, têm decorrências importantes, sobretudo numa sociedade em que existe uma tendência crescente a que as mães saiam para trabalhar (e assim tenham de compartilhar a maternagem) e a que os pais desempenhem um papel importante, ou às vezes exclusivo, no relacionamento de maternagem. Não há fundamento científico para o mito do "vínculo de sangue" ou a crença de que só a mãe biológica é capaz de tomar conta de sua criança. Este relacionamento amoroso pode ser assumido ou compartilhado por um ou vários outros adultos, desde que possuam certas qualidades. Quais são estas? Sensibilidade, coerência, estimulação e responsividade são algumas das qualidades importantes para os primeiros relacionamentos na vida de um bebê.

Na verdade, a capacidade que a criança tem de desenvolver-se tendo vários "cuidadores" pode ser uma vantagem, na medida em que ela obtém estimulações sociais e intelectuais adicionais, e passa por menos sofrimento nos períodos em que sua mãe está ausente. Há, além disso, o fato de haver hoje uma crescente consciência de que pode também fazer bem à mãe que obtenha algum descanso de sua criança (e de seus trabalhos), e assim retire dela um renovado prazer.

PARA RESUMIR

Os bebês precisam de mães ou de maternagem? Precisam de cuidados físicos e de um relacionamento amoroso. Estes geralmente são dados pela mãe, mas na verdade poderiam ser dados por outra pessoa — não a mãe, e nem necessariamente mulher. Não é nem mesmo necessário que seja uma única pessoa — poderiam ser várias. Não obstante, como escreve Rudolph Schaffer, não há dúvida de que as mães se acham em excelente posição (e, geralmente, na melhor das posições) para influenciar o desenvolvimento de seus filhos, mas é bem possível que o irmão mais velho ou a vizinha deixem também a sua marca... as mães saem para trabalhar, os pais dão banho em bebês, as pessoas decidem ir viver em comunas ou em *kibbutzim*, e a participação da sociedade no processo de criação das crianças — por meio da assistência e da educação — se amplia cada vez mais. Mas as crianças sempre precisarão de maternagem, qualquer que seja o meio social em que vivam, e o entendimento detalhado das emoções, das funções e dos efeitos envolvidos neste processo permanece sendo uma das tarefas mais urgentes que temos a realizar para melhorar as condições sob as quais se dá o desenvolvimento inicial do bebê[9].

As pesquisas descritas neste capítulo são muito recentes, e apontam para vários caminhos animadores. Voltamo-nos a seguir para outra teoria do desenvolvimento emocional: a obra de Freud. As idéias de Freud pertencem a uma tradição um pouco diferente do tipo de ciência que até aqui descrevemos. Na verdade, ficará claro que um dos problemas que envolvem as teorias de Freud é o fato de não se poder verificar se são verdadeiras, e nem compará-las diretamente com outras teorias. Não obstante, elas continuam a influenciar o pensamento de todos, e não só dos psicólogos, a tal ponto que dedicaremos a elas todo o capítulo seguinte.

CAPÍTULO 5
FREUD: O AMOR NO DRAMA FAMILIAR

Em Viena, antes da virada do século, um médico sério, quase puritano, espantou o mundo acadêmico ao proclamar que a origem do amor nas crianças era a atração sexual. Imaginem a cena. Ante um público venerável, composto de médicos vitorianos, o jovem Sigmund Freud defende uma complicada teoria segundo a qual as crianças, em famílias normais, seriam freqüentemente seduzidas por seus pais. O presidente do encontro qualificou a teoria como "um conto de fadas científico", e Freud, vários dias depois, escreveu a um amigo descrevendo a palestra: "os burros receberam-na com frieza".

Os acontecimentos que levaram à palestra de Freud, em 1896, se parecem com uma história de detetives, e serão relembrados aqui. O que motivou uma concepção tão chocante?

Como jovem neurologista (médico especializado no sistema nervoso), Freud, ao lado de seu colega Josef Breuer, deparou com muitos pacientes que sofriam de um mal que não tinha causa aparente. Os pacientes portadores desse mal, conhecido como histeria, eram atacados de vários sintomas, incluindo a cegueira, a amnésia e a paralisia. Pouco se sabia a respeito da doença, exceto o fato de suas tribulações, ainda que reais, não serem compatíveis com os indícios neurológicos. Uma paciente, por exemplo, poderia relatar um padrão de paralisia corporal que fosse fisiologicamente impossível. Quando isto acontecia, a forma da misteriosa doença coadunava-se com a visão que um leigo tem do funcionamento corporal, mas não com a visão de um médico. Como afirmou Freud, a histeria "comporta-se como se a anatomia

Figura 5.1 *Sigmund Freud, perto da idade com a qual proferiu sua famosa palestra acerca da sedução das crianças por seus pais.*

Figura 5.2 *Bertha Pappenheim, a verdadeira "Anna O".*

não existisse, ou como se dela não tomasse conhecimento". A aflição histérica é diferente de algo fingido, pois os sintomas de alguém que finge desaparecem quando ele acha que não está sendo observado, ao passo que os sintomas da pessoa histérica permanecem.

Ao procurar as causas da histeria, Freud e seus colegas começaram a investigar formalmente aquele domínio da mente humana que de ordinário não é acessível — o **inconsciente**.

INVESTIGANDO O INCONSCIENTE

Freud e seu colega Josef Breuer acreditavam que os sintomas histéricos eram freqüentemente precedidos de grande terror. Um dos pacientes que os convenceu disso foi uma mulher chamada senhorita Anna O, que começou o tratamento com Breuer aos 21 anos. Imediatamente antes de começar o tratamento, assumira a tarefa de cuidar de seu pai, que padecia de uma grave enfermidade. Um dos sintomas de Anna era uma paralisia do braço direito, e Breuer acreditou ter encontrado sua causa. Era um medo de que ela não se lembrava. Breuer descreveu o caso como segue. Certa noite, bem tarde, quando cuidava de seu pai, Anna estava sentada numa cadeira ao lado da cama com o braço direito por sobre o espaldar da cadeira. Esperava ansiosamente o médico, mas, exausta, "viu" uma grande serpente negra que avançava para morder o enfermo. Tentou salvá-lo do "ataque", mas o braço que tentou usar, o direito, havia "dormido" e não se mexia. Breuer descobriu esta seqüência de acontecimentos enquanto realizava com Anna aquilo que ela chamava de "cura pela conversa". Nesta, ela contava para Breuer seus pensamentos, sonhos e imaginações. Para cada sintoma, e ela tinha muitos, Breuer foi capaz de encontrar a origem em um medo ou alguma outra emoção forte que não foi expressa quando surgiu pela primeira vez. Quando o acontecimento desencadeador era identificado e o sentimento reprimido era liberado, os sintomas desapareciam.

Breuer e Freud publicaram sua teoria em *Estudos sobre a histeria*, afirmando que a histeria era sempre conseqüência de emoções intoleráveis que não haviam podido ser expressas quando foram provocadas pela primeira vez. Permaneciam depois num estado interior, quase estrangulado. A terapia consistia em ajudar a paciente a trazer o acontecimento para a consciência e expressar o sentimento em toda a sua força. A paralisia do braço de Anna O, por exemplo, desapareceu no consultório quando ela expressou o terror que não pôde manifestar no quarto de seu pai enfermo.

Embora a oportunidade dada aos pacientes para falarem sobre uma emoção reprimida muitas vezes tivesse efeitos terapêuticos, como no caso de Anna, haviam outros pacientes que não conseguiam lembrar-se com facilidade do trauma (literalmente: "ferida") precipitante que causara o problema, e foi para estes pacientes que Freud voltou-se em seguida.

De início, valeu-se da hipnose para ajudar o paciente a lembrar-se de acontecimentos anteriores que estivessem associados a seu sintoma histérico. Em muitos casos, mas não em todos, a lembrança de uma crise há muito esquecida apagava completamente o sintoma. Freud separou-se de Breuer e continuou a elaborar uma técnica para redescobrir o passado, técnica a que chamou "associação livre". Nela, o paciente descansava confortável, muitas vezes deitado no já tradicional divã, e deixava que seus pensamentos fluíssem espontaneamente por qualquer caminho mediante o qual viessem à mente. A regra fundamental consistia em deixar que cada pensamento produzisse o seguinte de modo natural, por mais surpreendente ou repugnante que fosse. Freud logo percebeu que os pensamentos não se organizam de maneira aleatória, e nem surgem em ordem estritamente lógica. Embora os padrões de associação sejam específicos para cada indivíduo, Freud encontrou muitos **símbolos** universais, bem como **cadeias de pensamento**. (Aqui, a palavra símbolo significa palavras, imagens ou acontecimentos que representam alguma outra coisa.) Valendo-se dos símbolos e das cadeias de pensamento, Freud começou a conceber uma teoria sobre o funcionamento da mente.

Muitos pacientes passaram pelos consultórios de Freud, e ele escutou inumeráveis horas de fala. Muitas vezes o fluxo de idéias e acontecimentos levava de volta ao passado do paciente, e foi aí que Freud fez sua surpreendente descoberta. Muitas das memórias antigas estavam relacionadas com atividades sexuais que chocavam o desafortunado paciente, e parece provável que chocassem a Freud também. Na maior parte dos casos, Freud constatou que adultos respeitáveis traziam dentro de si memórias de volúpias e incestos infantis, e foi o relato acadêmico deste fato que aturdiu a grave platéia de Freud em 1896. A partir de dados coletados dos pensamentos e sonhos de seus pacientes, Freud concluiu que a origem dos distúrbios histéricos era a sedução incestuosa das crianças pequenas. Além disso, afirmava que um tal crime era coisa comum na Áustria de sua época. As emoções das crianças congelavam-se e assim tornavam-se sintomas histéricos na idade adulta. Por meio da nova técnica terapêutica de Freud, de análise dos pensamentos e dos sonhos, muitos pacientes surpreendiam-se em descobrir o quanto haviam desejado e gozado as relações incestuosas. E, além de tudo, Freud disse a sua platéia que os sintomas histéricos evaporavam-se magicamente quando os sentimentos infantis de prazer sensual (e medo de descoberta) podiam ser expressos livremente durante a terapia.

Por algum tempo, Freud sustentou essa teoria. Em seqüência, as vivências de dezoito entre seus primeiros pacientes pareciam confirmá-la. Apesar das manifestações de descrença por parte de todos os seus distintos colegas, ele não abandonou aquela que pensava ser a desagradável verdade acerca da vida em família na Áustria.

Mas, de súbito, mudou de opinião. Há muita especulação em torno do porquê de Freud ter renunciado à sua teoria da sedução infantil, mas uma conjectura provável é a de que as investigações de Freud sobre sua própria infância o tenham levado a alterar a teoria. No verão de 1897, confidenciou a um colega estar "torturado por severas dúvidas" quanto à teoria da sedução como explicação para a histeria. Foi nessa mesma época que ele mesmo entrou numa "cura pela conversa", usando sonhos e associações livres para explorar o próprio inconsciente. Não há dúvida de que Freud tenha feito vir à tona memórias de sentimentos voluptuosos relacionados à mãe, e talvez mesmo imagens de sedução infantil. Não obstante, Freud estava convencido de que em sua infância não ocorrera nenhuma *sedução de fato*. Talvez os pacientes que revelassem seduções infantis por meio de suas memórias e sonhos fossem na verdade inocentes.

Através da análise de seus próprios sonhos e de seu próprio padrão de associação de pensamento, Freud chegou à conclusão de que a sexualidade na infância consiste no *desejo* de possuir sexualmente um dos pais — e não no ato propriamente dito. Acreditava que esse desejo erótico estava presente em todas as crianças, e não somente naquelas destinadas a se tornar histéricas mais tarde na vida.

> Uma das características da visão popular do instinto sexual é a idéia de que ele esteja ausente na infância e só desperte naquele período da vida descrito como puberdade. Este, porém, não é um erro simples, mas um erro que tem produzido graves conseqüências, pois é sobretudo a esta idéia que devemos nossa presente ignorância das condições fundamentais da vida sexual.

Por que os adultos não têm consciência dos fortes desejos sexuais que sentiram quando crianças? Em *Três ensaios sobre a teoria da sexualidade*[1], Freud descreveu a amnésia peculiar que, no caso da maioria das pessoas... esconde os princípios mais recuados de sua infância, até o sexto ou oitavo ano de idade... durante esses anos, dos quais, mais tarde, nada retemos na memória com exceção de algumas lembranças fragmentárias e ininteligíveis, nós reagíamos de maneira vívida a impressões... éramos capazes de expressar dor e alegria de modo humano,... dávamos mostras de amor, ciúme e outros sentimentos apaixonados...

PESQUISA "CLÍNICA"

Começaram então várias décadas de trabalho clínico, durante as quais Freud continuou a desenvolver suas teorias relativas à origem do amor nas crianças. Ao passo que as evidências demonstradas pelas pesquisas descritas nos capítulos de 1 a 3 derivaram do estudo direto de animais e crianças novas, as investigações de Freud concentravam-se nos pensamentos e sonhos de pacientes adultos. Estes pacientes acorriam em grande número a seu consultório, portadores de uma variedade de distúrbios mentais, e a cada um deles Freud prescrevia a "cura pela conversa", assim apelidada por Anna O. Pouco a pouco, ele montava a história da infância de cada paciente, pois era ali que ele cria que seu desenvolvimento havia "saído dos trilhos", dando origem, na vida adulta, a seus problemas físicos e emocionais.

Ao investigar o processo de funcionamento normal por meio do exame de casos anormais, Freud estava seguindo procedimentos padronizados da ciência médica. Por séculos os médicos haviam feito descobertas importantes acerca do funcionamento de sistemas fisiológicos por meio do estudo de pessoas portadoras de anormalidades. O tratamento médico de pacientes portadores de, digamos, diabetes, lança luz sobre o funcionamento normal do pâncreas e do açúcar no sangue. Freud afirmava que as anormalidades mentais de seus pacientes eram meros exageros ou distorções das funções mentais normais. Estava bastante convicto em sua crença de que os sonhos e pensamentos de seus pacientes fossem evidências suficientes de uma teoria referente a pessoas normais vivendo em circunstâncias normais.

Portador da convicção de que muitos dos desejos e memórias dos seres humanos lhes são inacessíveis — de que desceram para o "subterrâneo" —, Freud foi buscar, em pessoas normais, indícios do inconsciente.

COMO O INCONSCIENTE SE MANIFESTA NA VIDA COTIDIANA

A nova fonte de dados de Freud foram os "lapsos de linguagem" cometidos por pessoas normais, inclusive ele próprio, sua família e seus conhecidos, ou registrados na imprensa. Apaixonadamente, ele coletou erros de fala e depois estudou sua lista com grande esforço e cuidado, usando cada um dos lapsos como um indício do funcionamento do inconsciente[2]:

> Uma substituição ocorre quando uma pobre mulher diz que padece de um "mal *inferno* incurável", ou na mente da sra. Malaprop quando diz, por exemplo, que "poucos cavalheiros sabem dar valor às qualidades *ineficazes* numa mulher".

Freud acreditava que tais lapsos se produziam quando o segundo significado, o significado inconsciente, vinha à tona.

> ... quando uma senhora, ao cumprimentar outra, diz "tenho certeza que foi você que misturou esse chapéu lindo", em vez de "*costurou* esse chapéu lindo", [nada] pode nos impedir de perceber em seu lapso o pensamento de que o chapéu é uma criação de segunda categoria. Ou, quando aquela senhora cujo temperamento resoluto é bem conhecido diz: "Meu marido perguntou ao médico qual o tipo de dieta que deveria seguir. Mas o médico disse que ele não precisa de nenhuma dieta especial, e pode comer e beber o que *eu* quiser", o lapso aparece de modo evidente como a expressão inconfundível de um esquema coerente.

Em cada um dos exemplos, a pessoa que falava ficava escandalizada quando se lhe dizia que suas intenções "reais" (isto é, inconscientes) haviam transparecido na superfície. Freud recorda o caso arrepiante de um famoso lapso de escrita.

> Talvez você se lembre do caso do assassino H., que, afirmando ser um bacteriologista, conseguia obter, em instituições científicas, cul-

turas de germes infecciosos altamente perigosos, os quais usava para eliminar, desta maneira muito moderna, pessoas a ele ligadas. Certa vez este homem reclamou com os responsáveis de uma dessas instituições acerca da ineficácia das culturas que lhe haviam sido enviadas, mas cometeu um lapso de escrita e, em lugar das palavras "em meus experimentos com ratos e cobaias" (*Mäusen und Meerschweichen*), liam-se claramente as palavras "em meus experimentos com pessoas" (*Menschen*). Este lapso chegou a chamar a atenção dos médicos do instituto, mas, segundo sei, eles não tiraram disso nenhuma conclusão. Agora, o que você acha? Não teria sido melhor se os médicos houvessem tomado o lapso de escrita como uma confissão e houvessem dado início a uma investigação para que as ações do criminoso fossem detidas a tempo? Neste caso, a ignorância de nossa concepção dos erros não resulta em uma negligência que, na realidade, pode ter muita importância?

Além dos lapsos da linguagem, Freud encontrou muitos aparentes erros motores que poderiam ser facilmente atribuídos à motivação subjacente do inconsciente. "Não se trata de acidentes, mas de atos mentais sérios, que possuem significado — eles surgem por meio da concordância — talvez, melhor, por meio da mútua interferência — de duas intenções diferentes."

Voltemo-nos para uma forma de erro particularmente ambígua e obscura, aquela que consiste em perder objetos ou largá-los no lugar errado. Certamente parecer-lhes-á incrível que a própria pessoa possa ter uma intenção de perder coisas que, tantas vezes, fazem tanta falta. Mas há inúmeros casos deste tipo: um jovem perde um lápis que lhe era bastante caro. Alguns dias antes ele recebera uma carta de seu cunhado, a qual terminava com estas palavras: "Atualmente, não tenho nem o tempo nem a disposição para encorajar-te em tua frivolidade e indolência." Bem, o lápis fora um presente de seu cunhado. Não fosse por esta coincidência, nós não poderíamos afirmar que a perda envolvesse uma intenção de livrar-se do presente.

O livro sobre os lapsos da linguagem e outros "lapsos freudianos" foi publicado em 1901. Foi a última obra de Freud sobre o comportamento normal, e o convenceu de que os pensamentos e sentimentos de que as pessoas normais têm consciência são apenas a ponta do *iceberg*. Por baixo fica o inconsciente com uma multidão de outros pensamentos, alguns repugnantes, alguns eróticos, alguns apenas apagados. Freud às vezes falava do "inconsciente" como se se tratasse de um lugar na mente, mas é evidente que não se trata disso. Ele usava a palavra como uma metáfora conveniente para significar tudo aquilo que não está em nossa consciência mas que, não obstante, influencia as emoções e ações cotidianas.

A TEORIA DE FREUD SOBRE A SEXUALIDADE INFANTIL

Segundo Freud, a personalidade é o padrão de pensamentos, emoções e habilidades intelectuais que torna uma pessoa única. Ele acreditava que grande parte da personalidade era inconsciente, e que essas partes escondidas fossem responsáveis pelos "erros" e "lapsos" já discutidos. Embora a personalidade seja aquilo que leva cada um de nós a agir de maneira característica, os cientistas não podem observá-la diretamente, pois é interna. Mas isso não desanimou Freud, que estava confiante em conseguir descobrir as personalidades dos pacientes ao ouvir seus sonhos e associações de pensamentos. Valendo-se desse tipo de indícios, Freud reconstituía aquilo que pensava serem as vivências infantis decisivas que moldavam as personalidades de seus pacientes.

Um conceito fundamental para o entendimento de como a personalidade se desenvolve é o de **libido**, uma fonte instintiva de energia. A libido está presente desde a primeiríssima infância, e motiva toda ação. A libido é energia sexual, mas isto não deve ser tomado num sentido estrito. A libido é uma força de vida, o tipo de energia que impulsiona os indivíduos a agirem de modo a reproduzir a espécie. Naturalmente, isto inclui a relação sexual e os acontecimentos a ela relacionados, mas também inclui a brincadeira afetiva entre membros de diferentes gerações. Quando Freud descreve os carinhos ternos trocados por mãe e criança como "sexuais", ele não quer dizer que eles incluem a excitação sexual de fato — mas apenas que a excitação que subjaz aos jogos corporais vem da mesma fonte que produz o amor adulto.

Esta definição mais ampla de atividade "sexual" pode abarcar os adultos também. Quem negaria a origem sexual do prazer que os casais românticos sentem quando bebem num mesmo copo? Nos adultos e nos adolescentes essas atividades produzem sensações genitais, mas, nas crianças, não são integradas num conjunto coerente de sentimentos sexuais; por isso, Freud chamou-as de impulsos sexuais pré-genitais. Quer se tratasse de adultos, quer de crianças, porém, Freud cria firmemente que a energia sexual fosse aquilo que impulsionava as pessoas a cuidarem umas das outras, mesmo que esse cuidado não parecesse ser "sexual" na superfície.

Enquanto crescem, as crianças aprendem a direcionar sua energia sexual para longe de seus pais e em direção a objetivos que são socialmente aceitáveis, tais como o esporte ou a escola. A unicidade da personalidade individual deriva do modo particular de canalização da energia sexual para longe dos pais, os primeiros objetos de amor sexual, e em direção a outras atividades não-reprodutivas.

Como as pulsões instintivas motivam a ação? Freud comparava a personalidade a uma máquina dotada de diversas partes interligadas. O vapor necessário para mover a máquina é comparado às pulsões instintivas da libido. A forma da máquina, e as relações funcionais entre suas partes, mudam à medida que a criança cresce. Freud sublinhava o fato de as pulsões instintivas serem as mesmas ao longo de toda a vida e serem sempre sexuais, enquanto seus objetivos mudam com a idade.

A teoria de Freud aparentemente compara os seres humanos a locomotivas, impulsionadas a tomar determinados cursos de ação por meio de pulsões quentes, fervilhantes. As pulsões surgem em algum lugar do corpo e seu objetivo é o de reduzir a tensão ou a pressão que criam. Ao longo de toda a vida, a fonte de todas as ações é a libido, e o objetivo é sempre o de aliviar a tensão. O modo pelo qual as pulsões instintivas se satisfazem muda à medida que a criança cresce, à medida que seus objetos de amor mudam, mas a fonte de energia é sempre a mesma.

Freud estava convencido de que a libido desenvolvera-se em nós para garantir a reprodução. Alguns eruditos crêem que o livro *A origem das espécies*, de Charles Darwin, levou Freud a insistir no papel do sexo como energia motivadora da vida. Outros apontam para a semelhança entre a tecnologia do vapor daquela época (Freud nasceu em 1856) e a teoria de Freud sobre a libido pulsionante, emergente, e a pressão que cria. De qualquer modo, a teoria freudiana da libido — fonte de toda atividade — deve muito aos pensamentos e à tecnologia do período histórico em que ele viveu.

TRÊS PARTES DA PERSONALIDADE

Freud pensava que a personalidade era composta de três partes. A parte mais primitiva, e a única que se acha presente no bebê recém-nascido, é o **id**. É este o centro da pulsão instintiva, a libido. A tarefa do id é encontrar uma maneira de satisfazer as necessidades instintivas *imediatamente*, e *custe o que custar*. Em outras palavras, a energia da libido torna o bebê inquieto, e o id precisa encontrar um modo de satisfação.

Um dos modos pelos quais o id pode satisfazer a pulsão instintiva é criando uma imagem de um objeto que alivie a tensão. São exemplo disto as fantasias do bebê relativas ao seio materno. Essa tática não satisfaz por muito tempo, é claro, mas o id não faz distinção entre os mundos interior e exterior, de modo que não pode saber que um devaneio é diferente da coisa na realidade. Freud afirma que o id é caracterizado pelo **princípio de prazer**, uma operação mental que alivia a tensão sem recorrer à realidade.

O id continua funcionando por toda a vida, e sua tarefa é sempre a satisfação imediata e irrealista de uma necessidade instintiva. Freud salienta que a satisfação de desejos nos sonhos (o menino que se torna um grande jogador de futebol da noite para o dia, o homem cujo rival morre inesperadamente de malária) é produzida pelo princípio de prazer.

À medida que a criança cresce, uma nova estrutura, conhecida como **ego**, toma forma em sua personalidade. O ego opera de acordo com o **princípio de realidade**, o qual consiste em atividades racionais direcionadas para a satisfação das necessidades dos instintos. A aprendizagem, o pensamento, a percepção e a avaliação, temas discutidos mais adiante neste livro, ocorrem todas no ego e operam segundo o princípio de realidade. Embora os bebês sejam capazes de sobreviver tendo o id como única parte ativa da personalidade, as crianças mais velhas necessitam das funções do ego para viver de um modo realista, no qual a fantasia seja distinguida da realidade.

O ego possui seus próprios instintos, cujo objetivo é a conservação cotidiana do corpo. Estes "instintos do ego" incluem a fome, a sede e a pulsão de fugir à dor. Freud nos dá poucas informações sobre essas pulsões, pois julgava que elas contribuíam pouco para a unicidade da personalidade. Acreditava que os instintos do ego eram iguais em todas as pessoas, ao contrário dos padrões da libido, que variavam de acordo com o indivíduo.

A terceira estrutura da personalidade a surgir no desenvolvimento é o **superego**, um vigia moral que vela sobre toda a personalidade. É este o centro da consciência individual, bem como um modelo daquilo que as pessoas *devem* ser (às vezes chamado de ideal do ego). Tanto a consciência quanto o ideal do ego são formados por ensinamentos dos pais. Embora o superego não seja dominado pela necessidade de satisfação aqui e agora, ele não é tão racional quanto o ego, e — por conservar uma rígida vigilância moral sobre o indivíduo — pode ser causa de muitas ansiedades e comportamentos irracionais.

A partir de anos de experiência clínica, Freud montou uma teoria do desenvolvimento da personalidade que mostra como as vivências da infância afetam a vida adulta. Sua teoria apontava para a importância de diferentes regiões do corpo, chamadas "zonas erógenas", à medida que a criança progredia através de estágios sucessivos de desenvolvimento. Além disso, o modo pelo qual cada criança lidasse com os estágios de desenvolvimento viria a determinar sua personalidade posterior.

FASES DO DESENVOLVIMENTO PSICOSSEXUAL

Ao longo dos primeiros dois anos de vida, os bebês têm grande prazer em sugar e colocar coisas na boca. Freud acreditava que o prazer sexual derivado do sugar, seguido depois pelo morder, era provado pelo evidente prazer que os bebês tiravam de sugar praticamente qualquer coisa que conseguissem levar à boca, e também pelo fato de que continuavam sugando quando não havia mais alimento a ser ingerido. Para reforçar ainda mais sua teoria da satisfação sexual pelo sugar, Freud valeu-se de memórias e fantasias de seus pacientes.

De acordo com Freud, a criança na **fase oral** (primeiros dois anos) não tem concepção do mundo exterior, nem faz distinção entre ela e sua mãe. É como se todo o seu ser estivesse centrado em sua boca, e a criança crê ser ela mesma que produz o prazer que advém do sugar. O bebê é incapaz de diferenciar os efeitos prazerosos que ele mesmo produz daqueles que sua mãe produz. Isto dá ao bebê um sentimento de onipotência infantil. Deve ser evidente, a partir das confusões que o bebê faz quanto à realidade, que o ego ainda não se faz presente. Até que se faça, o bebê depende totalmente do sustento e do cuidado de sua mãe. Embora *ele* possa sentir-se onipontente, requer um cuidado constante por não ser capaz de agir racionalmente no mundo real. Se sua mãe cuidar dele com ternura, adquirirá um sentido de confiança e otimismo que perdurará por toda a sua vida. Por outro lado, se suas necessidades não forem atendidas ou sua satisfação for constantemente deixada para depois, ele chorará e ficará bravo, sendo incapaz de produzir qualquer mudança real. Quando isto ocorre, avisa-nos Freud, a criança crescerá de modo a tornar-se pessimista e desconfiada na idade adulta.

Lembremos que o id opera de acordo com o princípio de prazer, o modo irracional de pensamento que é incapaz de distinguir o desejo da realidade, o interior do exterior do corpo ou a mãe do bebê. É fácil ver por que Freud acreditava que o bebê não ama a mãe de modo terno, *pessoal*. Em vez disso, o bebê ama o seio que lhe dá a maior satisfação para sua necessidade de prazer oral. Como o bebê não distingue o próprio corpo — suas próprias mãos, braços e pés — do corpo de sua mãe, é incapaz de amá-la como uma pessoa distinta. Além disso, se as crianças não forem satisfeitas ou obtiverem segurança durante a fase oral, não progredirão aos estágios mais maduros que se seguem. Quando isto ocorre, Freud diz que elas ficam "fixadas" ou presas no desenvolvimento psicológico. Apesar da maturidade sexual posterior, afirma ele, os indivíduos fixados serão incapazes de ter um amor *pessoal* por outras pessoas. Em vez disso, atravessarão a vida buscando satisfação e tratando as pessoas como objetos — e não como pessoas reais, distintas deles.

A fase oral é seguida por um deslocamento da fonte primária de prazer sensual para o ânus. A começar por volta dos dois anos de idade, Freud assevera que o bebê obtém sentimentos de

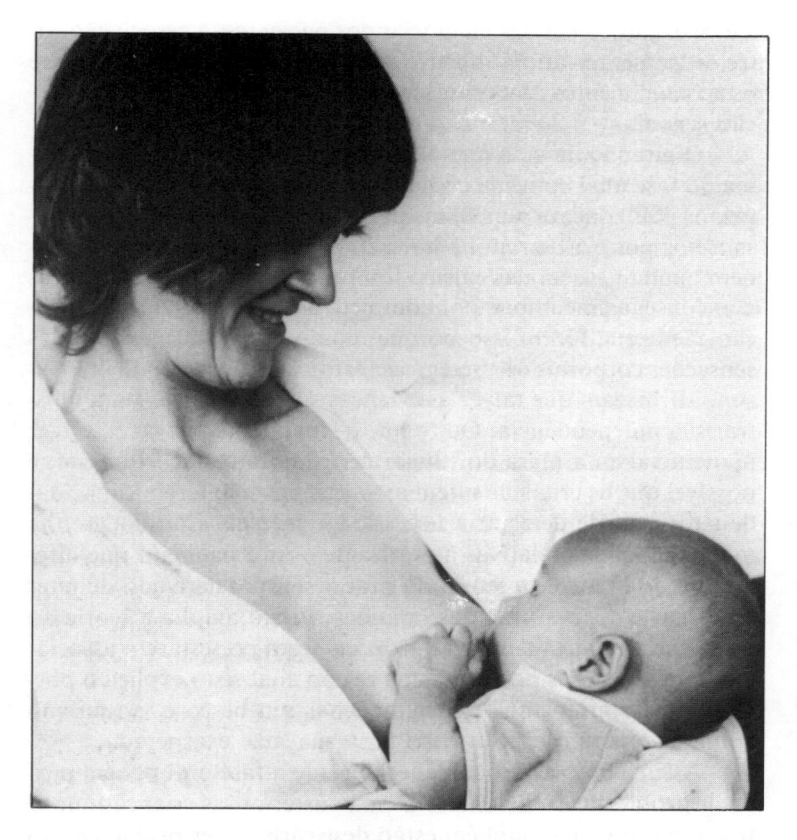

Figura 5.3 *Os bebês na "fase oral" de Freud obtêm grande prazer sensual da sucção.*

prazer da retenção das fezes e também da estimulação dos movimentos intestinais. É a **fase anal**.

À primeira vista, a teoria parece forçada. Embora o senso comum nos diga que os bebês obtêm prazer da sucção e de morder, não é imediatamente evidente que eles gostem das sensações associadas aos movimentos dos intestinos. O que levou Freud a esta opinião? Como sempre, a fonte de suas provas eram os sonhos e associações de pacientes adultos. Durante a psicoterapia (a terapia por meio da fala que ele inventou para tratar distúrbios psicológicos), eles recuperavam lembranças de prazer durante a evacuação. Além das memórias dos pacientes, a associação entre pensamentos atuais mostrava a íntima ligação existente entre os acontecimentos associados ao ânus e os sentimentos de excitação sexual.

O período da vida (dos dois aos três anos) a que Freud chama de fase anal coincide com a época em que, em muitas culturas, os pais educam seus filhos para usar o banheiro. Recompensam-nos por evacuarem na hora e no local adequados, e os punem quando fazem nas calças. Em todas as culturas, as crianças não conseguem cumprir por completo as exigências dessa educação. Será que fazem isso porque, como diz Freud, gostam das sensações corporais de "reter" as fezes? Outros, como Erik Erikson, afirmaram que talvez as crianças sujem as calças para mostrar sua independência. Ou, o que é igualmente provável, talvez não entendam a regra do "lugar certo, hora certa". Por fim, é possível que as crianças sujem as calças por não terem capacidade suficiente de detectar a necessidade interna. Claramente, há muitas hipóteses relativas à prática de usar o banheiro que diferem da de Freud, e a teoria do prazer sensual derivado de reter e defecar é apenas uma das opiniões. Freud amplia a teoria ao dizer que a criança ama suas próprias fezes por estarem associadas com sensações prazerosas na região anal. Isto explica o porquê de uma criancinha poder manchar seu berço e, ao mesmo tempo, abrir um largo sorriso para sua mãe exasperada.

Assim como as dificuldades durante a fase oral podem produzir problemas emocionais na vida posterior, as crianças que se fixam na fase anal também estão destinadas a ter problemas no futuro. Pelo fato de a criança amar suas fezes e ter prazer no ato de retê-las e eliminá-las, pode ter dificuldades, quando for mais velha, de reter e dar objetos tais como o dinheiro ou outras coisas de valor. A superpossessividade é uma conseqüência de os pais terem-no forçado a abrir mão de seu "tesouro" de modo muito violento. Ou, se os pais foram muito rígidos quanto à pontualidade no uso do banheiro, a pessoa pode, mais tarde na vida, tornar-se compulsiva no que diz respeito ao tempo e chegar a enfurecer os outros por ser muito apegada a seu relógio. Por fim, a criança que é educada de modo muito ríspido pode tornar-se ela mesma demasiado meticulosa, colocando tudo no "lugar certo" com uma vingança que já não é racional.

Durante a fase anal, o ego entra em cena. A criança jamais seria capaz de aprender o que deve e o que não deve fazer com referência a ir ao banheiro se não tivesse uma demarcação realista entre ela e o mundo. Além disso, deve conseguir chegar ao banheiro, livrando-se dos obstáculos que impedirem seu caminho.

Por sorte, essas primeiras exigências a que a criança seja uma criaturinha socializada e civilizada chegam numa época em que seu cérebro já está suficientemente desenvolvido para lidar com elas.

Em algum momento por volta da idade de três ou quatro anos, a região de prazer sexual intenso desloca-se para os órgãos genitais. Freud deixa claro que as três zonas de prazer erótico (boca, ânus, genitália) não perdem seu potencial de prazer à medida que a criança amadurece — o que ocorre é que o lugar de *prazer mais intenso* muda com a idade. Durante este período, a criança fica curiosa com relação a seus órgãos genitais, e aos de outras pessoas também. "Para que é isso?" "Por que você não tem um também?" e, é claro, "De onde vêm os bebês?" são perguntas comuns nessa idade e, mais uma vez, são encontradas em todas as culturas e significam um despertar do interesse pelo sexo.

As crianças nesta **fase fálica** (dos quatro aos seis anos) têm emoções intensas, geralmente direcionadas para o genitor de sexo oposto. Agora, a criança já é capaz de ter um amor terno e forte por uma outra pessoa. Quando bebê, ela amava o seio; um pouquinho mais velha, amava suas fezes e as atividades a elas associadas. Na fase fálica, já tem maturidade mental suficiente para perceber o caráter único dos pais. Na verdade, a criança deseja a intimidade exclusiva de um dos pais.

Enquanto os sentimentos e objetivos de meninos e meninas são idênticos nas primeiras duas fases, divergem acentuadamente na terceira. A maturidade mental, combinada com um deslocamento da sensibilidade em direção aos órgãos genitais, faz com que a diferença anatômica entre os sexos se torne mais importante. Segundo Freud, o pênis começa a ser altamente valorizado, e os meninos acham o seu pênis pequeno perto do dos pais. As meninas descobrem que não o têm. Não é de admirar que Freud acreditasse que os meninos e meninas se sentissem impotentes ou lesados.

Examinaremos primeiro o desenvolvimento masculino, porque Freud foi mais explícito no que diz respeito a ele; note-se que ele deu a esta fase do desenvolvimento o nome do órgão sexual masculino.

O menininho começa a ter desejo por sua mãe, que muitas vezes é sua companhia mais freqüente, e é a pessoa que satisfaz suas necessidades anteriores de prazer oral. Agora já é maduro o suficiente para perceber que o relacionamento entre mãe e pai é caracterizado pela mesma ternura de que ele tanto gosta no par mãe-filho. Por ter chegado à idade em que sente excitação genital, fica com um ciúme intenso do fato de seu pai compartilhar a cama com sua mãe. A mãe percebe o novo interesse do menino por sua própria genitália, de par com um interesse pela genitália dela, a mãe. Algumas mães calmamente desviam os meninos dessas preocupações, mas outras os repreendem e tacham de "garotos levados".

Qualquer que seja o curso de ação seguido pela mãe, a criança sente uma repulsa por parte do objeto de seu amor (a mãe), bem como uma ameaça por parte de seu rival (o pai). De acordo com Freud, o menino estuda seu rival e acaba por descobrir, para sua consternação, que o papai tem um pênis maior, além de ser mais alto e mais forte. Além disso, esse amante maior e mais bem-sucedido parece um pouco perturbado pelos sinais de despertar do interesse sexual em seu filho. O pai diz a seu filho que pare de ser o filhinho da mamãe, que largue a barra de sua saia. Freud crê que o menino teme que o pai o puna — ou até o castre — por seus "desejos maliciosos".

O menino encontra-se então numa situação desagradável. Sua mãe repele suas desajeitadas experiências de brincadeiras de amor infantis, e o pai parece ficar bravo por ele agarrar-se à mãe. Freud crê que os meninos resolvem este dilema doloroso e amedrontador por meio da **identificação** com o pai. O menino nota que ambos são homens, que um dia também ele será um pai, e que seu pai o encoraja ativamente a tomar caminhos "masculinos". A identificação com o pai (o suposto agressor) é o meio pelo qual os meninos superam a dependência que têm em relação a suas mães e começam a procurar atividades e interesses masculinos fora da família. De par com essa identificação vem a aquisição de um ideal do ego, aquele padrão moral que o pai determinou.

O caso das meninas só pode ser diferente. Como seus irmãos, elas desejam o genitor de sexo oposto. Entretanto, os pais geralmente são mais tolerantes quanto aos flertes de suas filhas, e é possível que ambos os pais encorajem suas filhas a serem "aconchegantes" ou "atraentes". Ainda assim, a menina nota que ela não tem seios iguais aos de sua mãe e começa a se sentir como uma rival inferior desta, assim como o menino sentia-se em relação a seu pai. Também nota que não possui um pênis igual ao de seu pai ou de seu irmão, e Freud acha que as menininhas chegam de pronto à conclusão de que seus pênis foram cortados como forma de punição por seus desejos maliciosos.

A menina encontra-se numa situação dolorosa; ama seu pai com sentimentos ternos e sensuais, mas sente-se rejeitada devido à óbvia preferência do pai pela mãe. Além disso, sente ter sido castrada por punição, e imagina que a mesma ocorrência tétrica tenha sobrevindo à mãe em sua juventude. A menininha também se identifica com sua rival — a mãe —, esperando que também ela, um dia, venha a ter um marido que lhe dê bebês. Junto com essa identificação vem um ideal do ego, aquele padrão moral que o menino recebe de seu pai.

É evidente que a descrição do desenvolvimento masculino na fase fálica é mais convincente que a teoria feminina de Freud. Embora o menino talvez possa se identificar com os homens devido ao medo da castração, há muito menos razões para que a menina se identifique com sua rival por ver a si mesma como *já tendo sido* punida.

Ao papel que a criança desempenha nesse drama familiar Freud deu o nome de **complexo de Édipo**, tirado do nome do herói de uma tragédia grega, que mata seu pai e casa-se com sua mãe — supostamente, o desejo fantasioso de todo menino. Como conseqüência da identificação com o genitor de mesmo sexo, imaginou, o superego começa a tomar forma. A criança adota as maneiras bem como os valores morais do pai ou da mãe. Nesta teoria bastante interessante do amor edipiano, Freud criou um mecanismo pelo qual a moralidade dos pais se implanta na criança. Evidentemente, o ego precisa ter maturidade suficiente para reconhecer as visões dos adultos. Apesar do fato de o pensamento moral e a capacidade de planejar pertencerem ao ego, o forte desejo de ser semelhante ao pai ou à mãe e a necessidade emocional de ser uma "boa" criança nascem do superego.

Figura 5.4 *Quando os meninos se identificam com seus pais, tendem a imitar suas ações...*

Figura 5.5 ... *assim como as meninas com suas mães. Desse modo, os papéis sexuais tradicionais tendem a perpetuar-se.*

Assim que a criança internalizou os padrões paternos, já se encontra suficientemente socializada para se deslocar para fora da família e se juntar a outras crianças na escola. Tendo transposto com bom êxito as três primeiras fases psicossexuais, a criança já terá obtido o seguinte:

(1) uma confiança segura em que as necessidades de nutrição e cuidado serão satisfeitas
(2) uma capacidade de imaginar/fantasiar o objeto de desejo da libido por meio da operação do princípio de prazer do id
(3) habilidades do ego fundadas no princípio de realidade (racional), tais como a de planejar, resolver problemas e adiar as ações impulsivas ditadas pelo id
(4) controle da bexiga e dos intestinos de maneira a não sufocar sentimentos de autonomia
(5) uma identidade sexual baseada no ideal do genitor de mesmo sexo
(6) um superego adquirido por meio da identificação. Este vigia moral se modificará de acordo com os ensinamentos dos pais e de outras pessoas, mas sua origem já se acha firmemente estabelecida antes de a criança entrar na escola.

Tendo adquirido todas estas habilidades e estruturas de personalidade, a criança ingressa num período de sexualidade mormente conhecido como **fase de latência**, que vai dos seis anos à puberdade. A genitalidade verdadeiramente adulta começa na adolescência. Este último período, o período maduro, é chamado **fase genital**.

UM ESTUDO DE CASO

Muitas pessoas reagem com descrença quando se deparam pela primeira vez com a teoria de Freud. Intuitivamente, parece possível que todas as pessoas sejam ocasionalmente movidas por forças inconscientes, mas haveria mesmo dentro de nós algo que se encaixasse na descrição freudiana do id? Muita gente acha que não. Além disso, é fácil ver alguma sexualidade nas crianças novas, mas será que elas realmente têm medo de que o pai as cas-

A PSICOLOGIA DO DESENVOLVIMENTO 95

trará? Um dos modos pelos quais a teoria de Freud pode ser posta à prova é aplicando-a a uma criança de verdade, e Freud nos dá dados referentes a exatamente isso no caso do Pequeno Hans[3]. Hans nasceu em Viena em 1903. Embora Freud não fosse um amigo íntimo da família, conhecia bastante acerca do desenvolvimento do jovem Hans, pois o pai deste, um médico que admirava sobremaneira a obra de Freud, enviava-lhe relatos escritos sobre o desenvolvimento do filho. Como outros partidários da revolucionária teoria nova, o pai de Hans (e, é de supor-se, sua mãe) educava-o de modo relativamente permissivo, esperando que ele não desenvolvesse as neuroses que Freud constatara em pacientes adultos cujos pais os haviam rejeitado ou amedrontado quando eram crianças.

Mas, com cinco anos, Hans desenvolveu uma fobia, um medo irracional. Hans tinha um medo desesperado de que cavalos o mordessem. O pai de Hans escreveu angustiado a Freud, descrevendo os sintomas do menino e pedindo orientação. Eis um sumário do caso.

Por ter medo de que cavalos o mordessem, Hans não saía às ruas de Viena — juncadas, naquela época, de cavalos a puxar carroças, vagões e carruagens. Hans afirmava ter um medo especial de cavalos *brancos* com pêlos *pretos ao redor da boca* e que usassem *antolhos*. Depois de muitas cartas trocadas entre o pai e Freud, este concluiu que o menino estava com medo de que o pai o castrasse por desejar a mãe. Segundo a interpretação de Freud, os cavalos na fobia simbolizavam o pai, e o menino temia que o cavalo (pai) o mordesse (castrasse) como punição por seus desejos incestuosos em relação à mãe.

Roger Brown[4] examina o caso com bastante minúcia e dá as seguintes provas em favor da interpretação que Freud fez da fobia.

(a) Certa vez, Hans disse a seu pai, quando este se retirava da mesa: "Papai, não *trote* para longe de mim."
(b) A pele do pai lembrava mais a de cavalos *brancos* que a de cavalos escuros. Na verdade, Hans uma vez dissera: "Papai, você é lindo. *Você é tão branco.*"
(c) Hans temia cavalos com pêlos pretos ao redor da boca, e o pai de Hans usava *bigodes*.

(d) Hans temia cavalos que usassem antolhos, e Freud notou que o pai usava *óculos* que com eles se pareciam.

(e) O menino e seu pai haviam brincado de "cavalos", e, no jogo, o pai freqüentemente fazia o papel de cavalo, e o menino o de cavaleiro.

Em suma, as provas apresentadas dão alguma corroboração à afirmação de Freud de que Hans associava seu pai ao tipo de cavalos de que mais tinha medo. Mas quais as provas de que Hans temia a castração infligida pelo pai? Só ao supor-se que a mordida simbolize a castração, noção bastante forçada, pode-se concluir que haja provas de que Hans temia a castração, embora pareça que ele possa ter associado seu pai com os cavalos temidos.

O que a interpretação freudiana acrescentou aos fatos do caso? As técnicas freudianas permitem que nós nos coloquemos debaixo da superfície do material consciente (o medo de cavalos), chegando à emoção inconsciente que subjaz (o medo do pai). Parece provável que um menino de cinco anos possa ter tido medo do pai, especialmente na Viena do século passado, onde até os pais liberais eram rígidos disciplinadores pelos padrões de hoje. Espera-se que esta breve apresentação do caso mostre claramente o dramático salto que Freud empreende da *fala e das ações observadas* para a *interpretação mais profunda*. Ele usou este caso para corroborar sua teoria sobre o medo da castração e o desenvolvimento do superego. Não há dúvida de que algo dera errado na vida de Hans, visto que a maioria das crianças não se aterrorizam com cavalos. Entretanto, a ansiedade de castração é apenas um dos fatores que poderiam produzir esse medo; os outros teriam explicações mais comuns, como a visão de *outra pessoa* sendo mordida por um cavalo, seguida pelo medo de que a mesma coisa ocorresse com ele.

FREUD TINHA RAZÃO?

A primeira pergunta a ser feita é: *Hans recuperou-se da fobia?* A resposta é que sim, se recuperou, depois que seu pai teve com ele uma conversa franca para assegurá-lo de que não estava planejando cortar seu pênis. Freud afirma que a cura de Hans é prova de sua interpretação do problema como um medo edipiano da castração. Ainda assim, é de se pensar se o menino não poderia ter se recuperado mesmo sem a promessa, por parte do pai, de que não teria o pênis cortado. Muitas crianças superam medos infantis sem terem conversas esquisitas com seus pais.

A teoria freudiana da personalidade e os tratamentos terapêuticos a ela associados têm sido usados por incontáveis clínicos no mundo inteiro para lidar com pacientes que sofrem de anormalidades psicológicas. Muitos casos de tratamentos bem-sucedidos foram registrados nos periódicos médicos. A julgar pela aparência, a terapia parece funcionar. Pelo menos é o que dizem os terapeutas. Mas o que isso pode nos dizer acerca do desenvolvimento de crianças normais? Uma das principais críticas que se fazem à obra de Freud é a de que sua teoria do desenvolvimento emocional é derivada em grande medida do estudo de adultos portadores de distúrbios emocionais. (Na verdade, Hans foi a única criança que Freud estudou.) Mesmo que Hans *tenha* sofrido medo de castração, e há muitas dúvidas quanto a isso, o fato pouco nos diz acerca dos meninos e meninas normais.

Há ainda outro problema com a obra freudiana. Todos os dados que Freud usou para corroborar sua teoria do inconsciente, das três instâncias da personalidade e das fases psicossexuais do desenvolvimento vieram de sonhos e associações de pacientes. Como podem estas coisas serem usadas para estabelecer certos *fatos* importantes acerca das vivências infantis dos indivíduos? Ou acerca da alimentação que tiveram no início, ou a educação referente ao uso do banheiro? O processo da psicanálise (a análise da organização psicológica da personalidade por meio de sessões terapêuticas de fala) funciona de trás para a frente. Em outras palavras, Freud e seus seguidores nunca prevêem o comportamento individual; analisam-no *a posteriori*. E, como todo o mundo sabe, é mais fácil "explicar" o desempenho de um time de futebol depois de conhecido o resultado do jogo.

Talvez a maior dificuldade envolvida na avaliação da teoria de Freud seja a de que esta se vale de dados tirados de pensamentos, memórias e sentimentos para comprovar estruturas *internas*, tais como o id, o ego, o superego e a libido. Isto é excessivamente difícil, pois as provas externas de estruturas internas vêm de uma variedade de sintomas, idéias e sonhos. Assim, Freud nos diz que a mordida simboliza a castração para o pequeno Hans, mas que uma outra ação pode ter função idêntica numa outra criança. É difícil saber qual fato externo (uma frase, sonho ou medo) significa qual estado interior hipotético.

Alguns estudos formais de pesquisa (e não estudos de caso individuais apresentados por psicoterapeutas) tentaram pôr à prova certas partes da teoria freudiana do desenvolvimento. Um desses estudos foi realizado por Leon Yarrow[5]. Sua hipótese era a de que as crianças que não recebessem uma satisfação suficiente quanto à alimentação durante a fase oral ficariam "fixadas" nesse estágio de desenvolvimento. A hipótese afirmava, ainda, que tais crianças chupariam os dedos quando mais velhas, à procura da gratificação oral que não haviam recebido na fase adequada.

Yarrow estudou 66 crianças, fazendo perguntas às mães acerca dos hábitos de alimentação das crianças quando bebês, e também sobre o fato de terem ou não chupado os dedos posteriormente. A teoria freudiana obteve alguma corroboração, pois as crianças que se demoravam relativamente pouco tempo em cada mamada quando bebês tendiam a ser chupadoras de dedo quando mais velhas. Mas constitui isto uma prova da existência de uma "fase oral" do desenvolvimento? Ou de que a libido esteja centrada na boca? Talvez os bebês que fossem constitucionalmente nervosos tivessem mamado menos, e depois se voltado para os dedos. Em outras palavras, pode ter sido seu temperamento nervoso que os levou a chupar o dedo, e não uma pulsão frustrada da libido. A questão nunca poderá ser decidida, pois a estrutura da personalidade e as fases psicossexuais de Freud não podem ser estudadas diretamente. Embora o estudo de Yarrow não consiga provar que Freud está certo, é difícil conceber um estudo que provasse o oposto.

E por que uma teoria de valor científico tão duvidoso é apresentada neste livro de modo tão extenso? A resposta é complicada. Em primeiro lugar, a teoria de Freud explica como e por que os indivíduos são diferentes. A maior parte das outras teorias apresentadas neste livro são voltadas para grupos de crianças em várias fases e estágios. Freud é singular por dar preeminência ao *indivíduo* (devido, talvez, ao seu método de ESTUDO DE CASO). A teoria de Freud tem-se esquivado da investigação científica há décadas por ser tão difícil de provar ou refutar. Embora tenhamos concluído que a teoria de Freud sobre Hans não foi demonstrada pelos fatos, é impossível afirmar o contrário — que os fatos provam que ela está errada.

Muitos estudiosos sérios do desenvolvimento infantil pensaram a fundo, e por muito tempo, sobre as visões de Freud acerca da natureza humana. Não há dúvida de que algumas lembranças, desejos e pensamentos não sejam acessíveis à consciência. Além disso, Freud fez notar que as crianças amam seus pais com uma força apaixonada que às vezes parece ser sexual. Ninguém discorda destas partes da teoria freudiana, pois são compatíveis com a intuição e a observação pessoais. Mas não há corroboração científica das três instâncias da personalidade ou das fases psicossexuais do desenvolvimento. Com efeito, nunca poderia haver uma corroboração científica de tais coisas, pois são completamente invisíveis e particulares a cada indivíduo. Assim, embora todos nós nos concebamos de forma diferente a partir daquilo que Freud escreveu, sua obra ocupa uma posição incômoda no campo da *ciência* psicológica.

CAPÍTULO 6
DESENVOLVIMENTO PERCEPTIVO

Todo desenvolvimento é um processo de mudança contínua, às vezes rápida e evidente, às vezes lenta e difícil de ver. A mudança, no desenvolvimento, não procede a esmo, mas de modo ordenado, e ao longo de toda a vida. Na verdade, a infância é apenas um estágio dentro de um ciclo vital de desenvolvimento que culmina com a velhice e a morte.

Pense numa criança no princípio do segundo ano de vida; está começando a andar e a explorar o ambiente sozinha. Torna seus desejos conhecidos por meio de palavras e gestos únicos (simples), reconhece os pais, e chora com braveza e paixão quando eles se afastam. Essa criança é capaz de agir de modo eficaz sobre objetos em seu lar, e lembra-se do que ocorreu ontem.

Como mudou essa criança de um ano desde o nascimento? Agora já está firmemente apegada a seus pais, embora não de modo tão rigidamente emocional quanto Bowlby gostaria de nos fazer crer. Também seu corpo amadureceu quanto ao tamanho, à força e à habilidade. Ainda é um principiante no que se refere à linguagem, mas seu intelecto cresceu aos saltos num período de apenas um ano. Embora estes domínios do desenvolvimento — o tamanho e a habilidade física, as emoções, a linguagem e o intelecto — estejam entretecidos, eles serão, no que diz respeito a este livro, considerados como entidades separadas. Os capítulos precedentes investigaram o desenvolvimento das relações do bebê com seus pais, e os princípios de sua personalidade. Este capítulo, e os que seguem, examinarão o aspecto perceptivo e intelectual da criança. Embora o bebê, a criança e mesmo o adulto

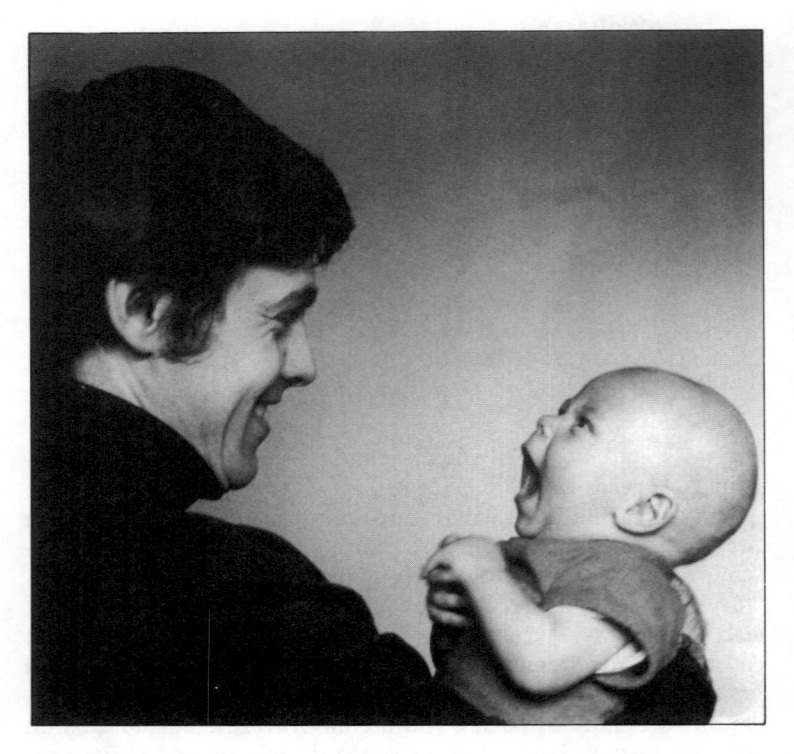

Figura 6.1 *Os bebês são "programados" para prestar atenção à face humana?*

estejam se desenvolvendo o tempo todo mediante mudanças sincronizadas, é mais fácil olhar separadamente para cada "fatia" do desenvolvimento, a fim de enxergar sua complexidade e os métodos científicos que foram concebidos para estudá-las. Voltemonos agora para a percepção.

O bebê recém-nascido abre seus olhos e olha para um mundo novo e estranho. Se nasce no hospital, há objetos plásticos e metálicos por perto; há uma cama com lençóis brancos e verde-escuros, e paredes beges à distância. À frente desse pano de fundo estacionário há figuras que se movem, enfermeiras e parteiras que o aconchegam calorosamente, e o rosto de sua mãe que o olha ansioso. O que o bebê vê? Será que nota que os olhos de sua mãe são azuis, ou que o berço tem cantos agudos? Graças aos engenhosos experimentos realizados por psicólogos que se interessam pela desenvolvimento da percepção, perguntas como essas já podem ser respondidas.

Antes de detalhar mais aquilo que os bebês conseguem ver, talvez seja útil considerar o que o sentido visual dos adultos é capaz de fazer. A figura 6.2 nos mostra qual o aspecto que uma porta que se abre tem para nós. Apesar da variação de imagens que atingem o olho, nós a percebemos como retangular. Em outras palavras, nossa vivência psicológica é a de um retângulo, e não a do trapézio ou da linha vertical que os desenhos mostram. Nós nem sempre "vemos" o que está à nossa frente.

Um segundo exemplo parecerá ainda mais sutil. Sentado na minha escrivaninha, tenho uma xícara à minha frente. Enquanto a olho, ela é, em certo sentido, meramente um padrão de luz que se reflete em meus olhos. Não obstante, vejo muito mais do que isso. Posso ver que a xícara está sobre um pires, que é tridimensional, que está a determinada distância de mim, que tem determinado tamanho, e assim por diante. Se me levanto e a observo desde o outro lado da sala, ela parece ter o mesmo tamanho, embora seja evidente que o padrão de cores e contornos que se reflete em meu olho será agora menor. À medida que me movimento pela sala, o padrão também muda e se movimenta, e ainda assim eu vejo a xícara completamente parada. E eu a enxergo como tendo a mesma forma e a mesma cor, conquanto a olhe desde diferentes ângulos ou a coloque num canto escuro.

Toda percepção sensorial é um processo milagrosamente complexo. Mas isso não é tudo. Nosso sentido visual é coordenado aos outros sentidos, e esses o são entre si. Se eu toco a xícara, meu sentido do tato me diz que ela é redonda, assim como meus olhos já me disseram por meios diferentes. Se a xícara cai no chão enquanto estou olhando para o outro lado, meus ouvidos me dirão onde ocorreu o acidente, e eu posso voltar-me para olhar naquela direção. Estas capacidades, que nos passam despercebidas na vida cotidiana, demonstram os maravilhosos poderes da organização perceptiva. Deve haver um processo perceptivo que organize os diversos feixes de estimulação que atingem nosso olhos, ouvidos, etc., e que os transformem em objetos e ocorrências providas de significado, objetos e ocorrências

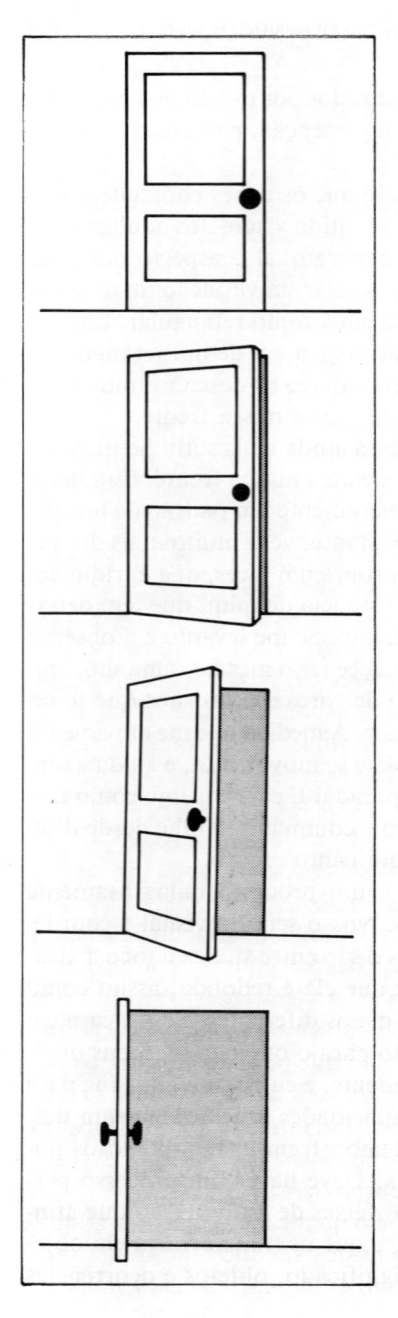

Figura 6.2 *As imagens de uma porta que chegam aos olhos podem variar muito, mas nós sempre percebemos a porta como sendo retangular.*

que pareçam estáveis apesar de flutuações momentâneas da informação sensorial.

Há séculos os filósofos vêm debatendo se os bebês já vêm ao mundo tendo os sentidos organizados como os dos adultos. Os *nativistas* acreditam que sim. De outro lado, os *empiristas* crêem que os bebês deparam com uma massa caótica de cores, formas, sons e cheiros, e têm de aprender a dar sentido a tudo isso. Voltando à xícara, os empiristas diriam que o bebê recém-nascido não sabe que ela é tridimensional ou que está situada a determinada distância dele. Os nativistas afirmam o contrário.

Os psicólogos do desenvolvimento já resolveram essa questão, mas, para fazê-lo, foram necessários alguns experimentos muito astutos e minuciosos. Os bebês não são sujeitos fáceis para a experimentação; choram e dormem bastante, não sabem falar e, naturalmente, não têm muito interesse por aquilo pelo que os psicólogos se interessam. Ocorre que os nativistas estão certos em grande medida; os bebês nascem dotados de uma capacidade perceptiva maior do que jamais se pensou. Por outro lado, há também alguma aprendizagem envolvida, e esta será descrita mais tarde. Assim, os empiristas não estão completamente errados. Talvez o erro estivesse em se falar em termos de um "ou isto ou aquilo". Mas esse erro produziu pesquisas fascinantes.

A PERCEPÇÃO E OS SENTIDOS

Todo o conhecimento que o bebê tem do mundo deve entrar nele por meio dos sentidos. Existem seis sentidos, entre os quais a visão, a audição, o paladar, o olfato e o tato. Por meio destes o bebê vem a conhecer a cor do cabelo de sua mãe, o cheiro e o gosto do leite, o som do chocalho que pende acima de seu berço e a textura de seu cobertor roçando em suas bochechas. O sexto sentido, chamado propriocepção, lhe informa sobre a localização das partes móveis de seu corpo — suas pernas, por exemplo — em relação ao restante do corpo.

A percepção é o processo pelo qual cada um de nós adquire uma consciência *direta*, por meio dos sentidos, do mundo que nos rodeia. A palavra-chave, aqui, é "direta". Se alguém me diz que está chovendo lá fora, eu adquiri conhecimento através do sentido da audição, mas não se trata de um conhecimento direto; ao contrário, a informação foi transmitida pela linguagem. Se eu fosse passear lá fora e sentisse os pingos de chuva em minha cabeça, ou os observasse a desenhar círculos numa poça d'água, estaria percebendo a chuva diretamente.

A maior parte das informações que entram através de nossos sentidos têm relação com a diferença e com mudanças no ambiente. Tudo o que ouvimos, desde um rádio até o vento nas árvores, emite ondas sonoras. As ondas são regiões de compressão e expansão que se deslocam para longe, a partir de sua fonte, através do ar, e fazem com que a pressão em nossos ouvidos aumente e diminua de modo que nossos tímpanos vibrem. Receptores especializados captam freqüências diferentes. Os receptores do olfato revestem o nariz; os do paladar (doce, azedo, salgado e amargo) revestem a língua. Por fim, há receptores nas articulações que nos dizem em que ângulos se juntam os ossos que lá se encontram.

É claro que nenhum dos receptores transmite para o cérebro uma réplica exata do que está sendo "percebido". Não sucede que apareça magicamente um diapasão dentro do cérebro, nem uma imagem realista do rosto da mãe. Em vez disso, os receptores transmitem mensagens em código através de uma rede de nervos até o cérebro, ele mesmo inteiramente composto de outros nervos, chamados neurônios (ver a figura 6.3), os quais estão interconectados de um modo tão complexo que é quase inconcebível. Os neurônios produzem, ao serem ativados, minúsculos pulsos elétricos. A presença (ou ausência) de pulsos, os padrões pelos quais são ativados e o modo pelo qual fazem com que os outros nervos sejam ativados é o que cria o código através do qual as mensagens são transmitidas ao cérebro.

A que tipos de imagens, sons, etc., o recém-nascido é sensível? Será que todos os receptores do bebê já funcionam quando do nascimento, e será que as mensagens sensórias são transmitidas ao cérebro do mesmo modo que nos adultos? J. B. Watson realizou um experimento com um bebê recém-nascido logo após o nascimento. Colocou no nariz do bebê uma substância levemente irritante e ficou a ver o que acontecia então. A mão do bebê

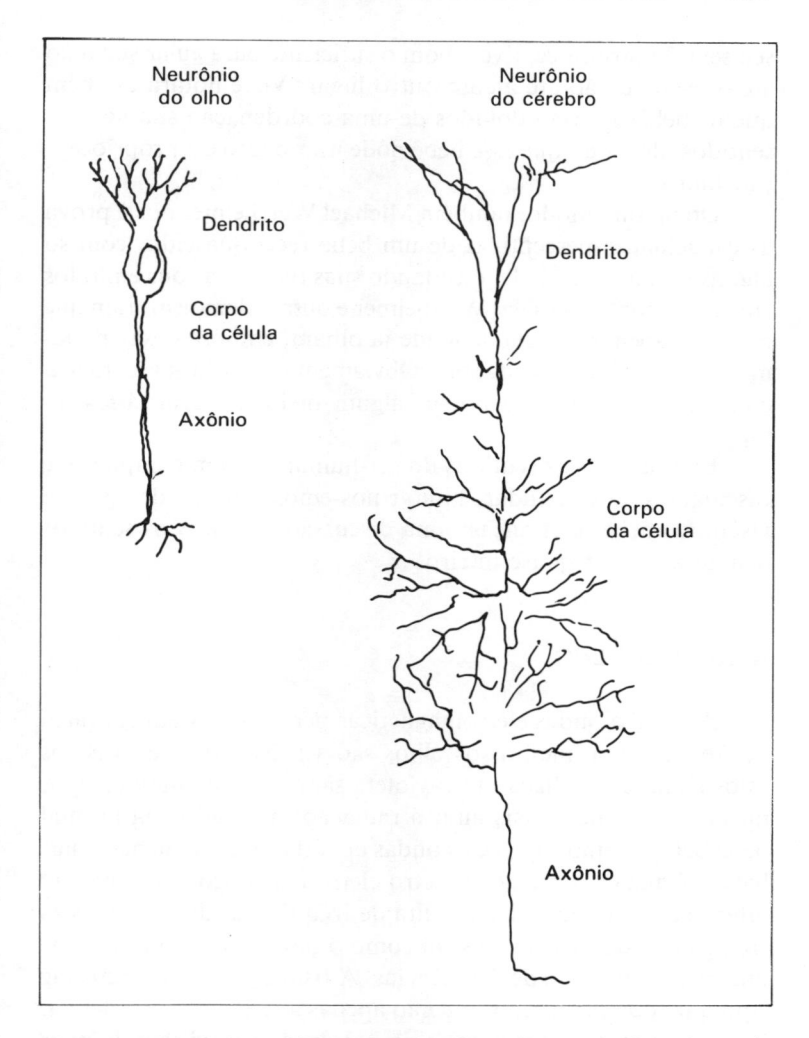

Figura 6.3 *Os neurônios diferem segundo o lugar em que se acham dentro do sistema nervoso. Nesta figura vemos neurônios do olho (esquerda) e do cérebro. Ambos transmitem mensagens do mesmo modo.*

deslocou-se rapidamente para seu nariz como se quisesse remover a desagradável substância. Watson concluiu que os receptores de tato de um bebê de fato funcionam, e que, além disso, seu sentido proprioceptivo é bom o suficiente para guiar sua mão até o nariz, e não até algum outro lugar. Você notará também que os bebês nascem dotados de uma coordenação simples dos sentidos, de modo que esse bebê pôde usar o tato e a propriocepção juntos.

Do mesmo modo, também Michael Wertheimer pôs à prova as capacidades perceptivas de um bebê recém-nascido, com só alguns minutos de idade, estudando suas reações a sons emitidos em vários pontos da sala. Wertheimer e outros demonstraram que bebês de apenas um dia de idade já olham, embora desajeitadamente, na direção de cada som. Obviamente, o recém-nascido *tem* consciência dos sons e possui algum meio de localizá-los no espaço.

Embora os seis sentidos do ser humano sejam complexos e fascinantes de se estudar, limitar-nos-emos a partir de agora à visão dos bebês e crianças; uma discussão de *todos* os sentidos ocuparia o livro quase inteiro!

A LUZ E O OLHO

A luz são ondas eletromagnéticas pertencentes àquela faixa de freqüência a que nossos olhos são sensíveis. Os raios X, os raios gama e a radiação ultravioleta são ondas de mesmo tipo, mas de freqüência mais alta; a radiação infravermelha (a qual percebemos como calor) e as ondas de rádio têm freqüência mais baixa. A maior parte do espectro eletromagnético é invisível. O olho seleciona uma faixa estreita de freqüências dentre todas as freqüências do espectro, assim como o ouvido seleciona sons de um âmbito limitado de freqüências. A fisiologia dos sentidos faz com que toda percepção — e não apenas a visão — seja seletiva. Esta importante característica da percepção será discutida mais tarde, porque ocorre em todos os estágios da percepção.

O olho é muitas vezes comparado a uma câmera. Ambos consistem em uma câmara dotada de uma abertura pela qual entra a luz e de uma lente que projeta uma imagem sobre uma superfície fotossensível localizada na parte de trás da câmara. Em ambos os casos, essa câmara é revestida de um material negro para absorver a luz difusa, que de outro modo poderia ficar refletindo-se por todo lado. Tanto no olho como na câmera, a imagem projetada é muito menor que a imagem "real". Por exemplo: se você olhar agora para uma pessoa próxima de você que tenha quase dois metros de altura, a imagem em sua retina terá cerca de um centímetro de tamanho. Estará também de cabeça para baixo.

Mas aqui começam as diferenças: a luz, nos olhos, se focaliza sobre a retina, uma tela de células vivas, e não sobre um filme fotográfico. Os dois "instrumentos" diferem também num outro aspecto: o foco da câmera é dado pela movimentação da lente para mais perto ou mais longe do filme. No olho, entretanto, a distância entre o cristalino e a retina é fixa, e o foco se dá pela mudança da forma da lente e, logo, de sua distância focal (ver figura 6.4).

Numa câmera, é claro, uma vez exposto o filme à luz, acabou-se a "visão". Mas, nos seres humanos, a retina é apenas o primeiro elo da cadeia perceptiva, e está ligada ao cérebro por um complexo caminho de nervos. A retina viva é algo muito diferente do filme. É feita de células fotossensíveis chamadas bastonetes e cones. É aqui que tem início o processo de codificação e seleção.

Os bastonetes e cones levam às células bipolares, que levam às células ganglionares. Vários bastonetes e cones ligam-se a cada célula bipolar, e em geral várias bipolares ligam-se a cada célula ganglionar (ver figura 6.5). Ao final, cerca de 150 milhões de bastonetes e 7 milhões de cones alimentam cerca de 1 milhão de células ganglionares. Isso é necessário para que o cérebro não seja sobrecarregado. 157 milhões de bastonetes e cones poderiam bombardear o cérebro com 100.000.000 de *bits* de informação por segundo — muito mais do que o cérebro seria capaz de assimilar. Esta breve descrição deixará claro que a percepção precisa organizar a informação, além de selecioná-la. Mas esta seleção não pode ser casual, pois desse modo ela certamente deixaria de lado informações essenciais à sobrevivência.

As bipolares, que se localizam na retina, levam às células ganglionares, cujos axônios (ver figura 6.3) compõem o nervo ótico. O nervo ótico conduz àquela área do cérebro que lida com a visão, a área estriada do lobo occipital.

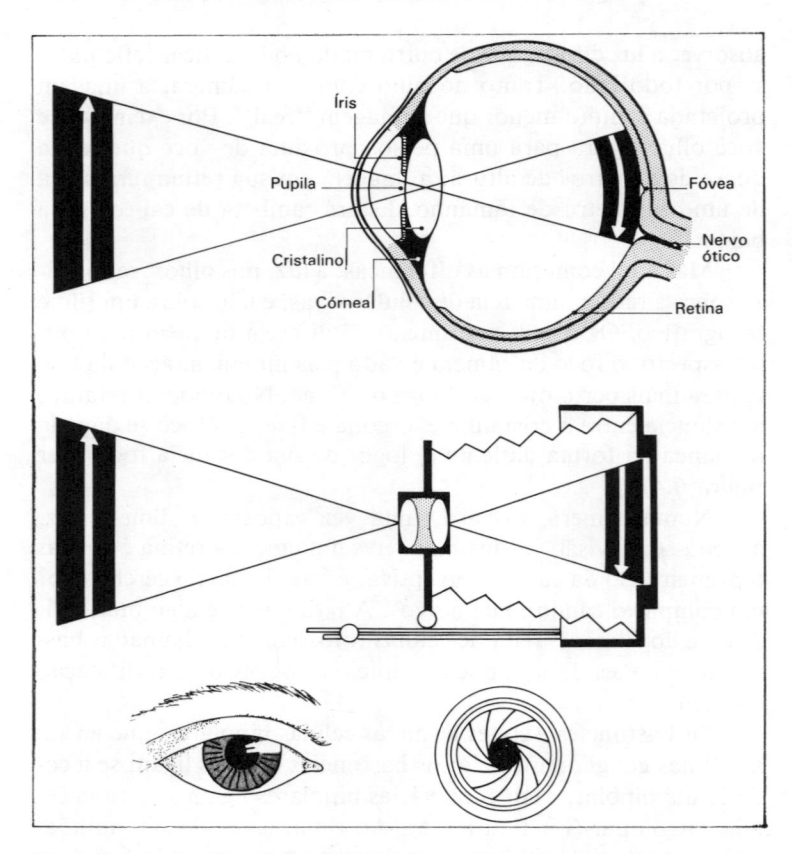

Figura 6.4 *As semelhanças entre olho e câmera ficam claras a partir de seus cortes transversais. Ambos usam uma lente para focalizar uma imagem invertida sobre uma superfície fotossensível. E ambos possuem uma íris para adaptar-se à intensidade variável da luz.*

Isto dá uma imagem sumária do sistema visual humano. É surpreendente que os bebês, depois de nove meses de útero e sem ter nenhuma experiência visual, nasçam com este sistema já praticamente pronto para o trabalho. As figuras 6.6 e 6.7 mostram a anatomia geral do cérebro e um diagrama esquemático de como funciona a percepção.

Boa parte da seleção e da organização da informação ocorre nos próprios órgãos dos sentidos (isto é, de um ponto de vista

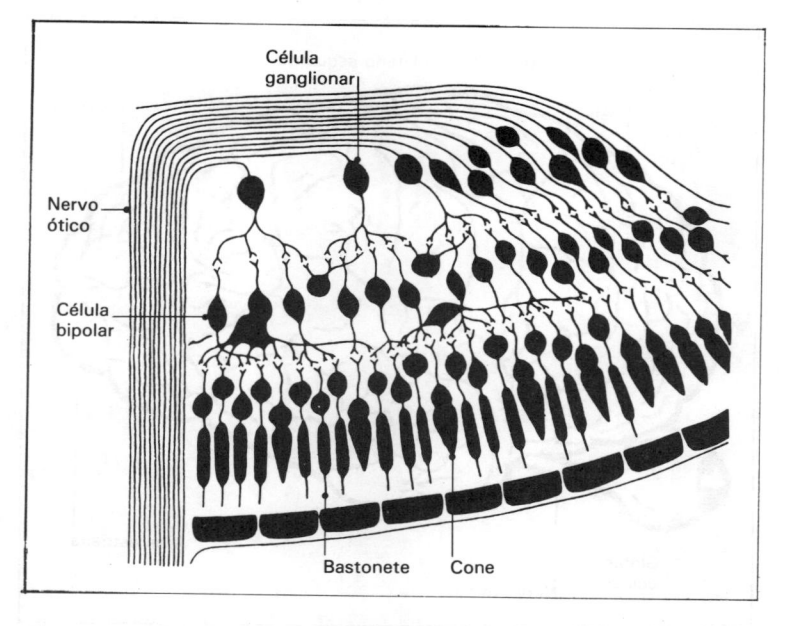

Figura 6.5 *Este corte transversal da retina mostra suas três camadas principais: os bastonetes e cones, as células bipolares e as células ganglionares. Estas recebem mensagens de uma ou mais bipolares, as quais recebem mensagens de um ou mais bastonetes ou cones.*

diagramático, no quadrado à esquerda na figura 6.7), devido à complexa fisiologia destes. Outras coisas acontecem no quadrado à direita, como discutiremos na p. 121.

O SISTEMA VISUAL DO RECÉM-NASCIDO

Há, porém, algumas diferenças entre o recém-nascido e o adulto. O cristalino do bebê ainda não pode mudar de forma, de modo que uma boa parte daquilo que ele vê é embaçado. Na verdade, ele focaliza melhor aquilo que se encontra a uma distância de cerca de vinte e cinco centímetros — distância cuja importância ficará evidente daqui a uma ou duas páginas.

Além de mudanças no próprio olho, as células nervosas do bebê crescem e aumentam em número. As próprias fibras dos ner-

112　INICIAÇÃO AO DESENVOLVIMENTO DA CRIANÇA

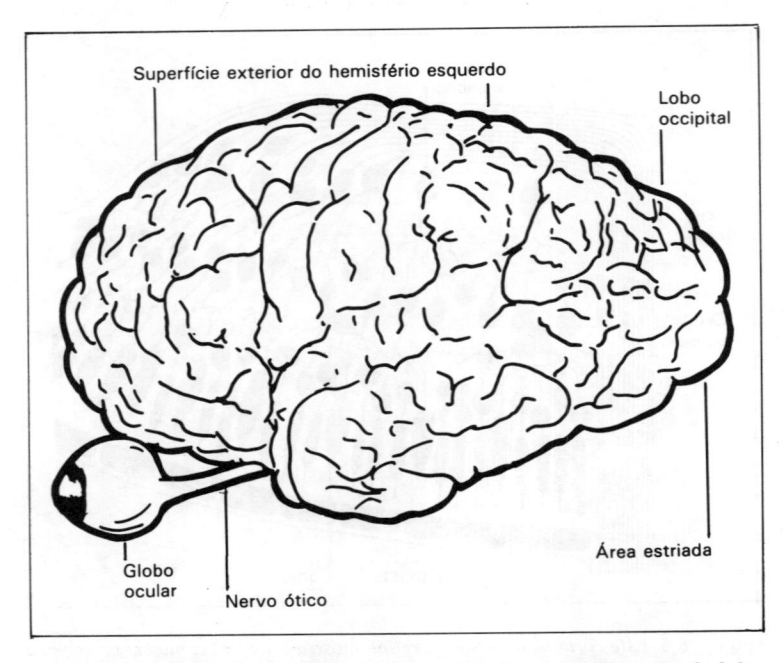

```
Superfície exterior do hemisfério esquerdo
                                              Lobo
                                              occipital


                                         Área estriada
Globo
ocular    Nervo ótico
```

Figura 6.6 *A anatonia do cérebro, indicando a área estriada, parte do lobo occipital.*

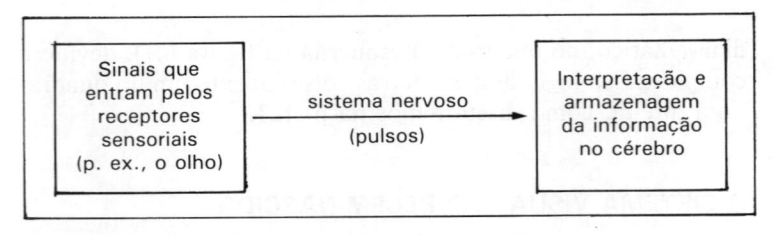

```
Sinais que
entram pelos                              Interpretação e
receptores      sistema nervoso  →        armazenagem
sensoriais          (pulsos)              da informação
(p. ex., o olho)                          no cérebro
```

Figura 6.7 *A figura 6.6 em forma diagramática.*

vos engrossam, permitindo que a informação seja transmitida com maior velocidade. Ao final do primeiro ano de vida, o sistema visual do bebê funciona de modo bastante semelhante ao de qualquer adulto. Mas será que ele "vê" como nós vemos?

Percepção da forma

A questão de o que os bebês seriam capazes de ver intrigou os médicos durante anos. Eles sabiam ao certo que bebês de uma semana eram capazes de direcionar o olhar quando um objeto brilhante, um relógio, por exemplo, era balançado em frente a seus olhos. Mas será que percebiam a fina corrente ligada ao relógio redondo, maior? É evidente que não reconheceriam os números, mas será que os traços negros apareciam como diferentes da face branca do relógio? Ou seria tudo um espetáculo luminoso de cores e formas indistintas dispostas aleatoriamente? Como poderiam os psicólogos investigar a visão de um ser incapaz de falar, que nunca segue instruções e passa grande parte de seu tempo dormindo ou chorando?

Robert Fantz[1] foi um dos pioneiros deste campo, com uma invenção simples a que chamou "aparelho de preferência visual". Raciocinou que, se a um bebê se apresentassem ao mesmo tempo dois padrões diferentes, e ele preferisse firmemente um ao outro, ele *teria* de ser capaz de discriminar entre eles. Fantz projetou um berço chamado "câmara de olhar", acima do qual podiam ser apresentados dois padrões diferentes sobre cartão (ver figuras 6.8 e 6.9). Mediu quanto tempo cada bebê passava olhando para cada um dos padrões.

Em seu primeiro experimento, Fantz testou 30 bebês com idade entre uma e quinze semanas, a intervalos de uma semana. Mostrou-lhes quatro pares de padrões e constatou que, quando um padrão era nitidamente mais complexo que o outro, os bebês mostravam ter por ele uma clara preferência, não importando que fosse colocado à esquerda ou à direita. Os bebês demonstraram ter essa preferência já com uma semana de idade, de modo que era provável que não a houvessem aprendido. Este experimento, sumariado na figura 6.10, demonstra que os bebês muito novos são capazes de notar a diferença entre vários padrões, e mostra que essa capacidade de discriminação visual já está presente uma semana após o nascimento. Fantz concluiu que "um certo grau de percepção da forma é inato".

E o que dizer da acuidade visual dos bebês — sua capacidade de perceber pequenos detalhes? Fantz concebeu outros experimentos (ver figura 6.11) para estudar esta questão. Para medir

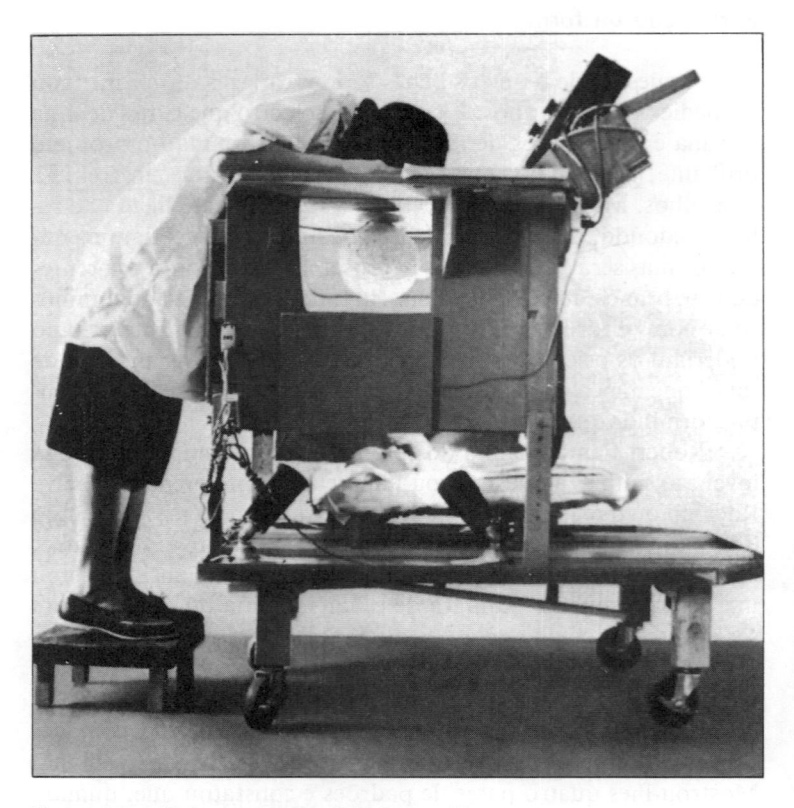

Figura 6.8 *A "câmara de olhar" de Robert Fantz.*

a acuidade que os bebês têm ao nascer, e conhecer o modo pelo qual ela se desenvolve, ele apresentou a bebês cartões desenhados ao lado de cartões cinzas, sabendo que, uma vez que eles prefeririam os padrões, eles tenderiam a olhar para as listras se fossem capazes de distingui-las. Constatou que bebês de seis meses eram capazes de distinguir listras de 1/64 de polegada (0,4 mm) a uma distância de 10 polegadas (25 cm). Mesmo com menos de um mês de idade, eram capazes de ver listras de 1/8 de polegada (3,2 mm) a essa mesma distância. Isto não é, de modo algum, equivalente à visão 20/20 de um adulto, mas é, não obstante, sinal de uma acuidade considerável.

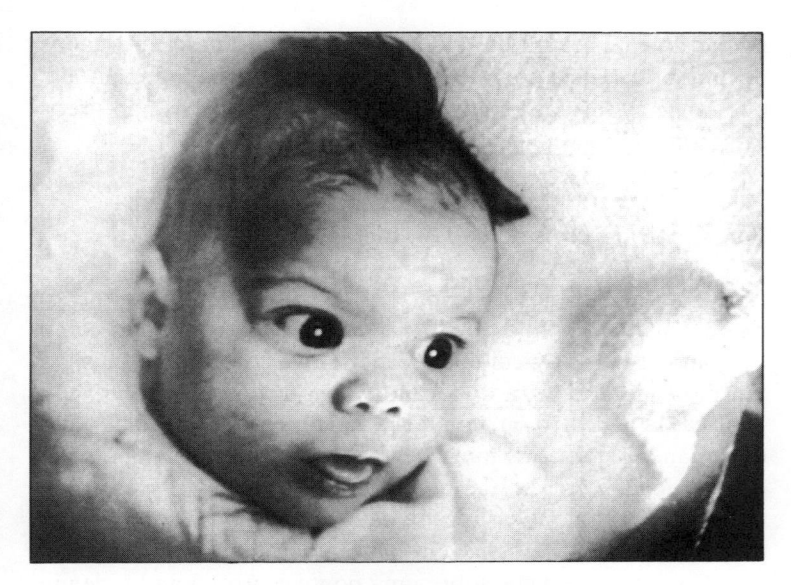

Figura 6.9 *Um bebê fotografado dentro da "câmara de olhar".*

Depois, Fantz voltou sua atenção para aquilo que se poderia chamar o significado social da percepção visual. Se os bebês enxergam melhor a uma distância de 25 cm, preferem os padrões e ficam cada vez melhores na habilidade de enxergar detalhes, será que seriam "programados", por assim dizer, para preferir a face humana que olha para eles na hora das mamadas?

Testamos os bebês com três objetos planos tendo a forma e o tamanho de uma cabeça. Num deles pintamos em negro um rosto estilizado sobre um fundo rosa; no segundo rearranjamos as feições segundo um padrão desordenado; no terceiro pintamos uma mancha negra inteiriça numa das extremidades, com uma área igual à ocupada por todas as feições.

Fantz mostrou esses três objetos a 49 bebês, de quatro dias a seis meses de idade. Constatou que todos olharam mais para o rosto "real", um pouco menos para o rosto desorganizado, e em grande medida ignoraram a última imagem. Isto é indicação razoavelmente segura de que os bebês *de fato* nascem dotados de uma preferência por padrões semelhantes à face humana. No que tange às formas e padrões, é certo que os bebês não precisam aprender a ver.

Percepção de profundidade e distância

É comum que os experimentos interessantes tenham histórias banais. Um bom exemplo é o do aparelho conhecido como "abismo visual". Dizem que Eleanor Gibson[2], fazendo certo dia um piquenique à beira do Grand Canyon, perguntou-se se um bebê cairia lá dentro ou, como ela, teria medo da queda abrupta e permaneceria a salvo, longe dela. Gibson voltou ao laboratório de psicologia e projetou um pequeno Grand Canyon, mostrado na figura 6.12, para verificar se os bebês têm ou não têm medo daquilo que aparece como um desnível bastante abrupto.

Coloca-se um bebê sobre uma ponte central dotada, de um lado, de um chão normal e sólido, e, do outro, de um profundo desnível. A inspiração do aparelho reside no fato de o desnível ser coberto por vidro transparente. O chão embaixo é revestido de linóleo xadrez, o que o faz parecer (ao menos para um adulto) como se o chão estivesse a uma boa distância abaixo do bebê na ponte. Gibson e seu colega Richard Walk constataram que bebês de nove meses recusam-se a engatinhar do lado "profundo" da ponte, apesar de terem suas mães chamando-os do outro lado e balançando seus chocalhos. A hipótese de Gibson acerca do Grand Canyon acabou por revelar-se correta, ao menos para os bebês dotados de nove meses de experiência de vida. Eles percebiam a profundidade e a evitavam.

Colocaram-se outros animais no abismo visual, inclusive pintinhos recém-saídos do ovo, e também estes evitaram o lado profundo. Isto provou, ao menos no que se refere aos pintinhos, que a percepção de profundidade deve ser inata, pois eles não haviam tido oportunidade de aprender. Entretanto, com toda a sua elegância, o experimento de Gibson e Walk não pôde provar que a percepção de profundidade é **inata** para os seres humanos, pois é claro que estes só conseguem engatinhar com vários meses de

A PSICOLOGIA DO DESENVOLVIMENTO 117

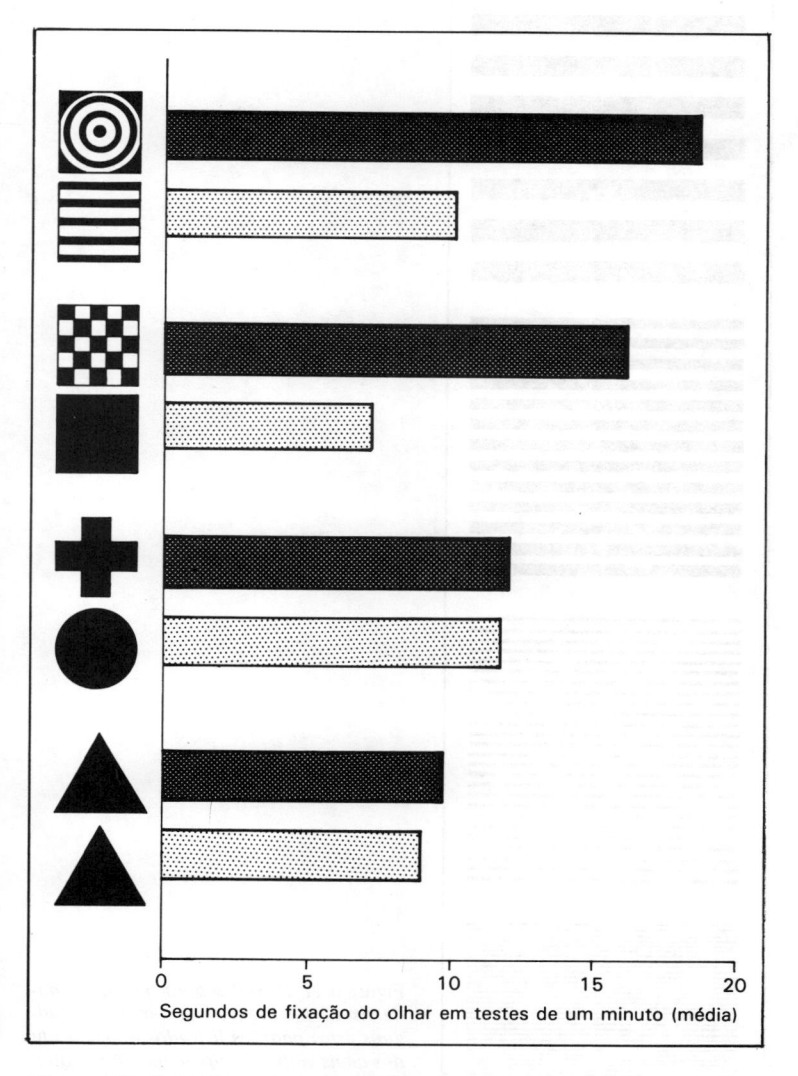

Figura 6.10 *Os bebês preferem padrões mais complicados. Fantz mostrou quatro pares de padrões a bebês que tinham, alguns, não mais que uma semana de vida; mesmo estes demonstraram ter uma nítida preferência. As barras à direita da figura mostram quanto tempo cada padrão foi olhado.*

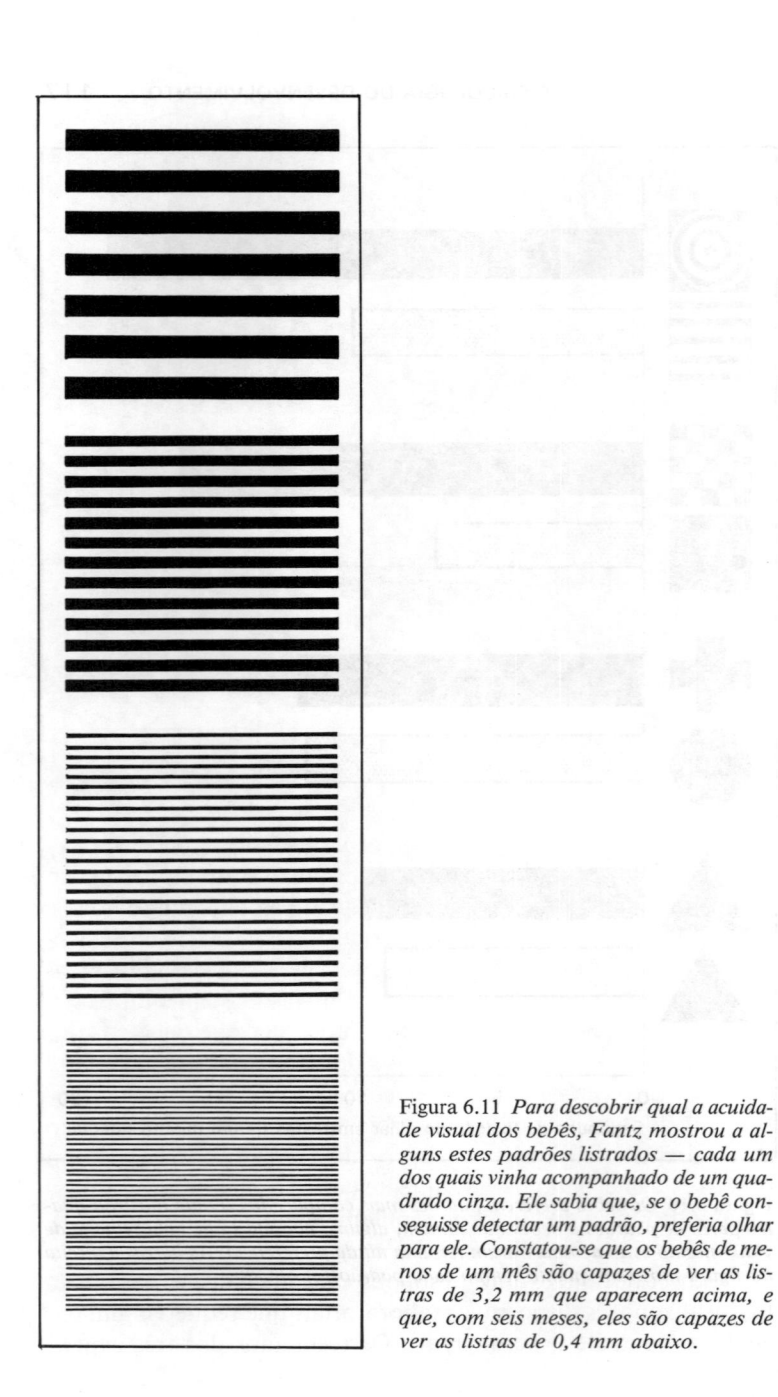

Figura 6.11 *Para descobrir qual a acuidade visual dos bebês, Fantz mostrou a alguns estes padrões listrados — cada um dos quais vinha acompanhado de um quadrado cinza. Ele sabia que, se o bebê conseguisse detectar um padrão, preferia olhar para ele. Constatou-se que os bebês de menos de um mês são capazes de ver as listras de 3,2 mm que aparecem acima, e que, com seis meses, eles são capazes de ver as listras de 0,4 mm abaixo.*

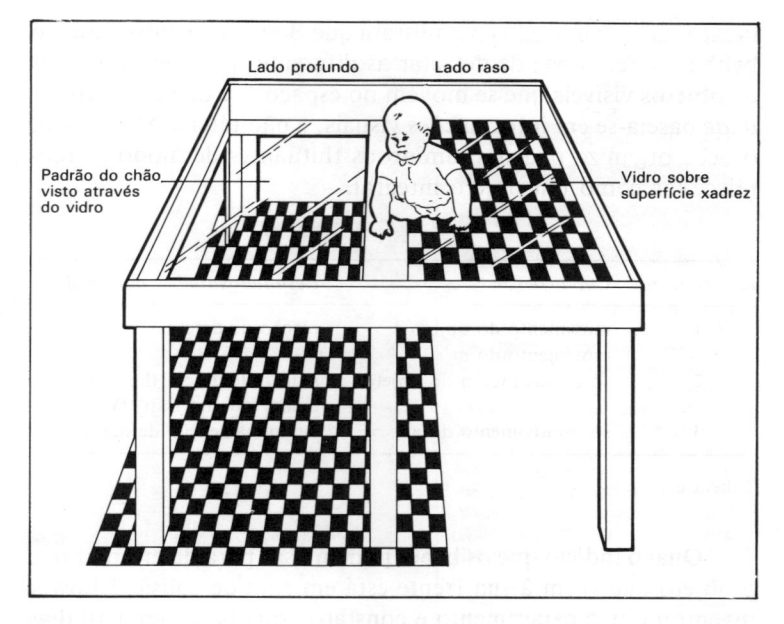

Figura 6.12 O "abismo visual" de Eleanor Gibson.

idade, quando já tiveram muitas oportunidades de aprender. Coube a Tom Bower a idealização de um outro teste de percepção de profundidade, teste esse que é adequado a bebês muito novos. Os médicos já sabiam há anos que os bebês fazem movimentos defensivos (arregalar os olhos, retrair a cabeça, colocar as mãos em frente ao rosto) quando objetos se movimentam rapidamente em sua direção. Este teste simples permite que se distingam bebês cegos de bebês dotados de visão. A diferença entre os bebês cegos e os bebês dotados de visão deve ser devida tãosomente às capacidades visuais, pois ambos podem sentir o jato de ar emitido pelo objeto ao aproximar-se. Para saber que um objeto está chegando perigosamente perto, os bebês precisam estimar a distância que se torna rapidamente menor entre eles e alguma coisa que está "lá fora" e chega perto deles.

Bower decidiu explorar esta observação clínica e, para fazê-lo, idealizou três dispositivos laboratoriais que requerem um engenhoso controle experimental[3]. Os resultados dos três experimentos abaixo descritos permitiram que Bower concluísse que "o bebê deve ser capaz de detectar as diferentes posições mutantes de objetos visíveis que se movem no espaço", e que essa *capacidade* baseia-se em informações visuais, e não táteis. Além disso, o bebê organiza padrões luminosos flutuantes de modo a reconhecê-los como um objeto integral.

Experimento	Condições	Resultados (bebês normais)
1	movimento do objeto e movimento do ar	reação de defesa
2	só o movimento do objeto	reação de defesa (ligeiramente menor que no Exp. 1)
3	só o movimento do ar	nenhuma reação de defesa

Tabela 6.1

Qual o indício que os bebês podem usar para determinar que o objeto que vêem à sua frente está em rota de colisão? Bower inventou outro experimento e constatou que bebês com 10 dias de idade já reagem "defendendo-se" quando uma imagem em sua retina se torna cada vez maior — e é isto, evidentemente, o que ocorre quando alguma coisa se aproxima da pessoa que vê.

Há pouco, neste mesmo capítulo, afirmamos com ênfase que a *seleção* e a *organização* são as chaves para uma compreensão da percepção. A seleção começa num nível tão meramente fisiológico que os sentidos não constituem "janelas abertas" para o mundo exterior. Ao contrário, eles selecionam certos tipos de informação e a transmitem em forma codificada para o cérebro. A organização também tem seu princípio na fisiologia do sistema visual, com o afunilamento da informação dos bastonetes/cones para as células bipolares, e destas para as células ganglionares. Além disso, algumas informações, como as advindas da fóvea (a parte do olho em que incide a luz quando olhamos diretamente para um objeto), têm precedência sobre as informações vindas da periferia.

A maior parte dos estudos relatados esforçaram-se por demonstrar que o sistema visual de um recém-nascido (ou, ao menos, de um bebê muito novo) é capaz tanto de seleção quanto de organização. Quer isto dizer, então, que não há desenvolvimento? Há. No que se refere a muitas tarefas visuais, parece que, quanto mais velha a criança, melhor é o seu desempenho. Por quê?

O desenvolvimento dos juízos perceptivos

Eliane Vurpillot[4] estudou crianças de três anos e meio a sete anos e meio de idade a fim de investigar o desenvolvimento de suas capacidades perceptivas. Ela não se interessou pela acuidade visual, e nem mesmo pela capacidade de discriminar dados como a profundidade ou um padrão. Em vez disso, ela se interessou pelo modo como as crianças *usam as habilidades perceptivas que possuem*.

Vurpillot mostrou a crianças o desenho de uma paisagem que continha uma *casa*, um *arbusto*, um pequeno *lago* e o *sol* no céu. Havia algumas outras coisas na paisagem, tais como um caminho e uma árvore grande. Além desse desenho, apresentou-se às crianças um segundo desenho parecido com o primeiro, e pediu-se que encontrassem as diferenças entre os dois. O desenho original, chamado *standard*, é mostrado na figura 6.13; também o são os quatro desenhos de comparação. As comparações continham muitas mudanças; às vezes faltava um dos elementos, tal como a casa. Outras vezes, algo mudava de forma, como no caso em que o sol, originalmente redondo, era substituído por um sol em forma de foice. Às vezes um objeto tinha o seu tamanho reduzido, como no caso em que o arbusto que aparece no original era reduzido à metade de seu tamanho. A quarta diferença estava ligada à mudança de posição, como, por exemplo, no caso em que o sol, que originalmente aparecia à direita, era jogado para a esquerda.

Vurpillot constatou que crianças de três anos e meio de idade já são rápidas para perceber diferenças de *forma* (quando um sol redondo é substituído por um em forma de foice), e perceber também quando certas partes do desenho estão *ausentes*. Com sete anos e meio, elas já são hábeis em registrar mudanças de *tamanho*, mas ainda não são competentes na detecção de mudanças de *localização*. A figura 6.14 mostra a proporção de crianças, em cada uma das idades, que ainda não são capazes de detectar estes diferentes tipos de disparidades entre o *standard* e a comparação.

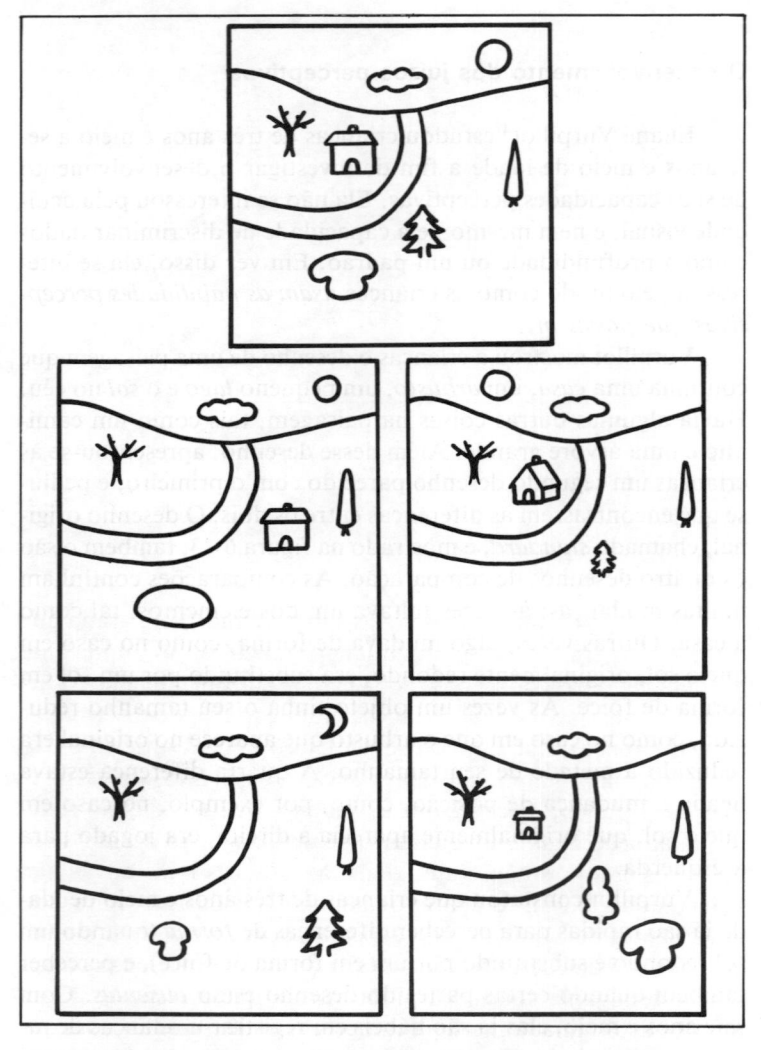

Figura 6.13 *O desenho* standard *de Vurpillot (no alto) e mais quatro comparações.*

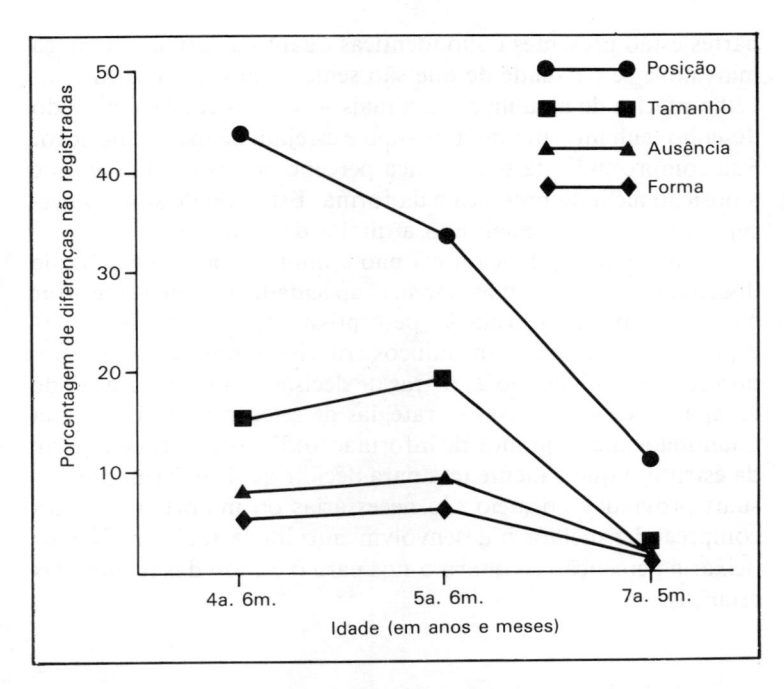

Figura 6.14 *O número de crianças, de diferentes idades, que não notaram as diferenças entre os desenhos de Vurpillot.*

Por que as crianças mais novas supuseram de bom grado que os desenhos eram semelhantes quando um elemento importante era deslocado para outra posição? Ou reduzido em tamanho? Vurpillot afirma que todas as crianças eram capazes de discriminar essas diferenças; sua visão certamente já era boa o suficiente. Ao discutir a maior habilidade das crianças mais velhas, ela escreve: "como regra geral, parece que a mudança de desempenho reflete... a adoção de um novo critério de decisão". Ao decidir se os desenhos eram ou não eram iguais, as crianças mais novas não se incomodaram em comparar o tamanho ou a posição. Para eles, a decisão entre o sim e o não dependia de a forma ser a mesma em cada um dos desenhos, e também da simples presença ou ausência de alguma coisa. Vurpillot afirma que a resposta a esta tarefa é determinada por uma compreensão de o que faz com que os acontecimentos visuais sejam semelhantes. Enquanto todas as partes estão presentes e são idênticas quanto à forma, a criança mais nova se persuade de que são semelhantes. A criança mais velha precisa de alguma coisa a mais — que os componentes do desenho tenham o mesmo tamanho e estejam na mesma posição. Sua compreensão da semelhança perceptiva inclui o tamanho e a posição além da presença e da forma. Este tipo de seleção perceptiva se situa no quadrado à direita da figura 6.7.

Em suma, a criança nova não é limitada por uma falta de discriminação visual, mas por sua capacidade de colher, registrar e pensar sobre a informação perceptiva. Para fazer juízos perceptivos, baseia-se em uns poucos critérios simples. O que amadurece com a idade são as regras de decisão para a realização de comparações visuais e as estratégias de seleção a partir de uma quantidade muito grande de informação. Estas constituem parte da estrutura que a mente tem para decidir quais informações visuais provindas do meio são necessárias ou importantes. Para compreender melhor o desenvolvimento intelectual, precisamos deixar a percepção e voltarmo-nos para o estudo das mentes das crianças.

CAPÍTULO 7
AS PESQUISAS DE PIAGET SOBRE A MENTE INFANTIL

Peça a uma criança de quatro anos que lhe diga qual é a capital da França: ela dará uma risada e fugirá correndo. Ou peça a uma criança de cinco anos que lhe diga qual o troco que deve esperar após pagar 500 cruzeiros por balas que só valem 220. Ele olhará para você com um ar de surpresa, assim como faria uma criança de seis anos a quem se pedisse que soletrasse *tremeluzir*. Não é de surpreender que as crianças novas sejam ignorantes de geografia, subtração e ortografia, visto que essas realizações intelectuais só são dominadas mediante as lições da escola.

Agora considere um outro caso. Uma criança de quatro anos cai de sua bicicleta e proclama: "Eu caí porque hoje é aniversário da Maria." Embora para nós seja óbvio que o aniversário não foi a *causa* do acidente, a criança parece pensar que foi. Três anos depois, porém, o mesmo menino dirá: "Eu caí da minha bicicleta porque a roda da frente derrapou numa poça d'água e eu voei por cima." Está claro que as crianças adquirem noções sofisticadas sobre causa e efeito, as quais não aprendem na escola.

Os professores concentram-se em números, letras e fatos históricos, prestando pouca atenção à aprendizagem que ocorre "naturalmente". Mas, na verdade, a teoria mais abrangente acerca do desenvolvimento do pensamento tem o seu foco na aprendizagem "espontânea", e não "livresca". Trata-se da obra de um psicólogo suíço, Jean Piaget. Como Freud, Piaget não começou suas pesquisas pelo estudo de crianças; isso viria depois.

Figura 7.1 *Jean Piaget*.

  Piaget nasceu em Neuchatel em 1896. Desde seus tempos de escola teve uma paixão pela biologia, e seu primeiro registro de história natural, publicado quando ele tinha 11 anos, referia-se a um pardal albino visto no parque. Dos 15 aos 18 anos ele estudou os animais aquáticos conhecidos como moluscos, escrevendo vários artigos científicos sobre eles, ao mesmo tempo em que trabalhava como assistente do curador de um museu próximo, classificando espécimes zoológicos. Enquanto jovem biólogo, Piaget interessava-se pelos tipos de estruturas que eram facilmente visíveis no molusco vivo, tais como a sua concha protetora. Tinha curiosidade com relação a várias estruturas anatômicas que ajudavam os animais a lidar com o ambiente no qual viviam. Piaget era especialmente fascinado pela evolução: como *esta* determinada espécie veio a ter *esta* determinada estrutura que a habilita a adaptar-se a *este* determinado meio?

Depois de completar seus estudos de zoologia em Neuchatel, Piaget voltou-se para outros tipos de estruturas, as estruturas *mentais*, que são tão decisivas para a adaptação quanto aquelas que ele estudara antes. Para sobreviver, os animais precisam ter conhecimentos *sobre* coisas e acontecimentos (quais frutas são venenosas; quando o sol se põe), bem como conhecimento de *como fazer* as coisas (como construir um ninho). As estruturas mentais são constituídas por esses dois tipos de conhecimento, e Piaget era fascinado por elas. Posto que as estruturas anatômicas sejam herdadas através dos genes, ele se perguntava se as estruturas mentais também o seriam. É evidente que os seres humanos possuem estruturas mentais complexas, tais como a noção de "honestidade" ou a capacidade de realizar a subtração aritmética. Será que essas estruturas são herdadas? De onde vêm?

É mais difícil descrever as estruturas mentais que as estruturas anatômicas, pois aquelas não correspondem a partes conhecidas do corpo. Para investigá-las, Piaget teve de afastar-se dos métodos da biologia.

A primeira tentativa de Piaget no sentido de estudar as estruturas mentais teve lugar no laboratório parisiense de Binet e Simon, onde nasceu o teste de QI. A missão dada ao jovem suíço era a de padronizar a versão francesa de um teste inglês, incumbência tediosa mas importante, visto que tais testes devem naturalmente apresentar tarefas idênticas a crianças de nacionalidades diferentes.

Enquanto experimentava suas questões em crianças, Piaget demonstrou de imediato sua abordagem não-ortodoxa da inteligência. Em vez de marcar "incorreto" numa resposta errada e passar à próxima questão, ele parava para refletir. Encontrou em si mesmo o desejo de investigar mais a fundo cada vez que a criança cometia um engano, sondando a mente da criança para perceber por que para ela a resposta adequada era outra que não a resposta "padrão". É evidente que isto era exatamente aquilo que os examinadores no laboratório eram proibidos de fazer, e Piaget decidiu que os testes de inteligência não eram a sua especialidade.

Mas, por sorte, ele chegou a catalogar respostas erradas em número suficiente para concluir que as crianças não pensam de modo algum como os adultos. As mentes infantis, ao que parecia, eram organizadas de um modo diferente daquele das pessoas mais velhas. Na verdade, as crianças pareciam resolver problemas num nível completamente diferente; a diferença entre crianças mais velhas e mais novas não residia tanto em que as mais velhas tivessem um conhecimento *maior*, mas em que seu conhecimento fosse de um outro tipo. Com esta descoberta, Piaget começou a estudar o desenvolvimento das estruturas mentais.

Começou a pensar que o que distinguia o pensamento das crianças daquele dos adultos não era a mera quantidade de conhecimento, mas sua complexidade. Com base nos "enganos" cometidos pelas crianças nos testes de inteligência, ele intuiu que ocorressem mudanças muito notáveis, durante toda a infância, de um tipo de pensamento para outro.

Piaget voltou à Suíça para começar a empreender pesquisas idealizadas por ele mesmo. Desde aquela época, seus objetivos têm sido os mesmos: a descoberta e a descrição das estruturas mentais (chama-as de **esquemas**) das crianças, na medida em que crescem da primeira infância à idade adulta. Piaget considerou a obra de sua vida como um desdobramento natural de seus primeiros estudos biológicos. A inteligência permite que os animais complexos, entre eles o homem, adaptem-se a seus ambientes. São fundamentais para a inteligência os esquemas que consistem num conhecimento *sobre* as coisas/acontecimentos e num conhecimento de *como fazer* as coisas.

Piaget começou por estudar crianças antes que entrassem na escola; fazia-lhes todo tipo de perguntas. "Uma planta consegue sentir a picada de um alfinete?", "Por que chove?", "Qual foi o primeiro povo a jogar bola de gude?" Seu método de entrevista era muito diferente daquele utilizado nos testes de inteligência, pois ele examinava gentilmente a visão de mundo da criança, conformando suas perguntas à criança particular com quem estava falando. Se uma criança dava uma resposta interessante, Piaget ia em seu encalço. Se a criança não entendia a pergunta, Piaget a tornava mais clara. O objetivo deste método, chamado "ENTREVISTA clínica" pelos piagetianos, era o de acompanhar os pensamentos da criança sem distorcê-los. Embora Piaget dê a este método o nome de "clínico", ele é muito diferente do método empregado por Freud, e nada tem a ver com a psiquiatria. Mas ambos estudavam uma pessoa de cada vez, rejeitando uma lista de perguntas rigidamente programada, para que pudessem acompanhar os pensamentos do indivíduo. No entanto, Piaget não se interessava pelo caráter único de cada criança, mas pelas semelhanças existentes entre as crianças de idade aproximadamente igual. Como Freud, ele queria decifrar a mente imatura; mas, à diferença de Freud, ele tentou fazê-lo mediante o estudo de crianças perfeitamente normais.

> ENTREVISTA
> A entrevista é um meio de conseguir informações sobre um indivíduo por intermédio de perguntas que lhe são feitas.
> (a) As entrevistas *predeterminadas* compõem-se de questões precisamente estabelecidas, que são formuladas numa seqüência rígida.
> (b) As entrevistas *clínicas* não possuem uma lista predeterminada de perguntas. Nelas, o entrevistador tem um objetivo geral, mas varia as perguntas de acordo com as circunstâncias. Piaget usou a entrevista clínica para descobrir coisas referentes às noções que as crianças têm sobre a natureza e a moral.

Nestes primeiros estudos, Piaget não manipulou variáveis ao modo da EXPERIMENTAÇÃO FORMAL. Em vez disso, seu primeiro programa de pesquisas tinha como meta *descrever* os tipos de pensamento característicos das crianças antes da adolescência. Ele usou uma técnica TRANSVERSAL, isto é, entrevistou muitas crianças diferentes, de várias idades diferentes.

> **ESTUDO TRANSVERSAL**
> Num estudo transversal, o pesquisador toma como amostra vários grupos de sujeitos, cada um com uma idade. A vantagem deste método é a de permitir que todos os dados sejam coletados muito mais rapidamente. Por outro lado, não permite que o pesquisador estude mudanças em um determinado indivíduo.

Piaget entrevistou centenas de crianças[1], de três a 12 anos de idade, para descobrir como elas pensavam acerca de coisas tão diversas quanto os fenômenos naturais (o sol, a lua, as criaturas vivas) e a moral. Constatou que, de início, o pensamento da criança é caracterizado pelo **animismo**, isto é, a criança considera que os fenômenos naturais sejam tão vivos quanto os seres humanos. O sol começou a existir porque "ele ficou sabendo que a vida [isto é, as pessoas] tinha começado". Os lagos e pedregulhos agem de maneira intencional, e todas as criaturas vivas têm as mesmas sensações que nós temos. Um pouco depois, a criança crê que algum agente, humano ou divino, criou os fenômenos naturais. "O que faz o sol brilhar?" "... uma luz grande, é alguém lá no Céu que ateou fogo nele."

O fato de as crianças terem concepções peculiares acerca dos fenômenos naturais não foi uma descoberta nova. O que tornou interessante a pesquisa de Piaget foi o fato de ele ter ido além das "falsas concepções" isoladas para encontrar os modos sistemáticos de pensamento que caracterizam as crianças de várias idades. Um desses modos é o *egocentrismo*, a incapacidade de a criança considerar os acontecimentos a partir do ponto de vista de outra pessoa. O egocentrismo explica, em certa medida, o animismo dos primeiros anos, pois a criança é incapaz de conceber que os fenômenos naturais sejam diferentes dela, e assim os dota de sentimentos e intenções semelhantes às suas próprias. Um outro é a sua incapacidade de lidar com *diversos aspectos* de uma situação ao mesmo tempo. Mas, acima de tudo, Piaget nos diz que a criança, antes dos seis ou sete anos de idade, é incapaz de pensar logicamente. (Lembremos do menininho que caiu de sua bicicleta no dia do aniversário de Maria.)

O desenvolvimento do pensamento lógico desorientava Piaget. O simples ato de ouvir as pessoas podia ser responsável por algumas mudanças na visão de mundo da criança. Por exemplo, os pais ensinam ao filho que um tronco de árvore não sente dor ao ser queimado, e os professores lutam para explicar a formação das nuvens de chuva ou a origem do sol. Mas o pensamento lógico parece desenvolver-se de modo bastante espontâneo, e foi para isto que Piaget voltou-se em seguida. Quais são as raízes da lógica?

Nos anos em que nasceram os três filhos de Piaget, ocorreu uma mudança metodológica radical e muito frutífera. Ele voltou sua atenção para o desenvolvimento dos filhos, pensando que os antecedentes da lógica pudessem surgir antes do período que vai dos três aos doze anos, período que estudara de modo tão intenso. A entrevista clínica não era uma técnica muito útil para ser usada com bebês, então ele teve de valer-se da OBSERVAÇÃO NATURALISTA — observando, mas intervindo o mínimo possível. Piaget observou seus três filhos, duas meninas e um menino, a virar o rosto em direção a um dedo que lhes acariciava a face, a olhar brinquedos pendurados à sua frente, e a tentar resolver "problemas" tais como tirar uma corrente de relógio de dentro de uma caixa de fósforos. Tais atividades são comuns em lares onde há crianças novas, mas Piaget as via como indícios do desenvolvimento da inteligência. (Lembremos que, para Piaget, a inteligência não é uma contagem num teste padronizado; é aquele tipo de atividade mental que permite a adaptação ao ambiente.)

Piaget desenvolveu uma teoria segundo a qual o pensamento lógico desenvolve-se em etapas, que se delimitam, *grosso modo*, aos dois e aos sete anos de idade. As crianças, demonstrou, não se assemelham a vasos que estão esperando serem enchidos de conhecimento. Elas constroem ativamente a compreensão que têm do mundo à medida que interagem com ele. Em períodos diferentes de seu desenvolvimento, são capazes de tipos diferentes de interação, e chegam a tipos diferentes de compreensão. Ao período antes dos dois anos (mais ou menos) ele chamou *estágio sensório-motor*; ao período que vai dos dois aos sete anos chamou *estágio pré-operativo*; e ao período que se segue aos sete anos chamou *estágio operativo* (o qual subdividiu em dois — o *estágio de operações concretas*, dos sete aos onze anos, e o *estágio das operações formais*, dos onze anos à idade adulta). Agora examinaremos mais de perto esses estágios, para ver o que ocorre em cada um deles, e como cada um leva ao estágio seguinte.

O ESTÁGIO SENSÓRIO-MOTOR

Pensemos a respeito das primeiras vivências que o bebê tem do seio, que é certamente um objeto importante em sua vida. Primeiro ele descansa sobre a dobra do braço de sua mãe, olhando para o mamilo, que está a vários centímetros de seus olhos. Produz ações incipientes de sugar, e então sua mãe o traz para mais perto de modo que ele possa abocanhar o mamilo. É claro que, agora, o seio tem um aspecto muito diferente, e também muito maior. Será que o bebê sabe que se trata do mesmo objeto que ele examinou há alguns segundos? Piaget diz que não. Mas o bebê reage a muitas imagens diferentes (inclusive a de um dedo) com a ação de sugar. Piaget diria que ele possui uma "categoria funcional simples"; isto significa que existe uma categoria vaga de coisas às quais ele reage de modo igual — neste caso, pela sucção. É evidente que ele não reconhece o peito dando-lhe um nome, mas o faz na medida em que tem para ele uma certa reação, um **padrão de atividade**.

Os padrões de atividade são a chave do **estágio sensóriomotor**, uma vez que é pela combinação de sensação e movimento que o bebê constrói uma imagem permanente do mundo. Seguem-se vários excertos do relato diário que Piaget fez do desenvolvimento, em Laurent, do padrão de atividade de *bater em objetos*. Note-se que eles começam quando o bebê tinha 0 anos; 4 meses (7) dias de idade, e prolongaram-se por mais de um mês.

No que diz respeito a Laurent... a ação de bater surgiu do seguinte modo. Aos 0;4(7), Laurent olha para uma espátula que está amarrada às cordas de uma boneca pendurada. Tenta pegar a boneca ou a espátula, mas, a cada tentativa, a inépcia de seus movimentos resulta em que ele acaba por bater nesses objetos. Ele então os observa com interesse e recomeça.

No dia seguinte, aos 0;4(8), mesma reação. Laurent ainda não bate intencionalmente, mas, tentando agarrar a espátula, e notando que falha a cada vez, ele só esboça o gesto de agarrar e assim limita-se a bater numa das extremidades do objeto.

Aos 0;4(9), no dia seguinte, Laurent tenta agarrar a boneca que pende à sua frente; mas só consegue balançá-la, sem a segurar. Então a sacode inteira, enquanto agita os braços. Mas, assim fazendo, ocorre que ele bate na boneca; ele então começa de novo, intencionalmente, várias vezes. Quinze minutos depois, assim que se depara com a mesma boneca nas mesmas condições, começa a bater nela de novo.

Aos 0;4(15), deparando-se com outra boneca pendurada, Laurent tenta agarrá-la, depois se agita para fazê-la balançar, encosta nela por acaso, e então tenta bater nela.

Aos 0;4(18), Laurent bate em minhas mãos sem tentar agarrá-las, mas começou por simplesmente agitar os braços no ar, e só "bateu" depois.

Aos 0;4(19), por fim, Laurent bate diretamente numa boneca pendurada. Aos 0;4(21) ele bate nos brinquedos pendentes do mesmo modo, e assim os faz balançar tanto quanto possível. A mesma reação nos dias subseqüentes.

A partir dos 0;5(2), Laurent bate nos objetos com uma das mãos enquanto os segura com a outra. Assim, segura uma boneca de borracha com a mão esquerda e bate nela com a direita. Aos 0;5(6), agarra um chocalho dotado de cabo e imediatamente bate nele. Aos 0;5(7), passo-lhe diferentes objetos que lhe são desconhecidos (um pingüim de madeira, etc.): ele quase não olha para eles, mas bate neles sistematicamente.

Nos primeiros três dias, Laurent desenvolve uma rotina de bater quando a espátula e a boneca pendem acima dele. Piaget nos faz lembrar que o bebê adquiriu algo mais que uma série de ações (localizar o briquedo no espaço, levantar a mão de modo a preparar-se para bater, executar o movimento de pêndulo, e por fim parar o movimento da mão para a frente enquanto continua a observar o movimento do brinquedo). Ele construiu uma estrutura mental, chamada *esquema de atividade*, que orienta os vários passos do ato de bater num brinquedo, e um brinquedo da mesma espécie de tamanho. Uma semana depois, aos 0;4(15), ele se depara com uma boneca diferente e não bate nela até que, por acaso, ocorre de golpeá-la. A visão da boneca balançando desencadeia seu "esquema de bater", e ele bate deliberadamente na nova boneca.

Segundo a terminologia de Piaget, o esquema desenvolvido com a espátula *toma para si*, ou **assimila**, um novo objeto. O esquema em si mesmo muda pouco, mas agora inclui a possibilidade de um novo objeto.

Em seu quinto mês, Laurent encontra uma nova situação — o brinquedo na mão, e não pendurado acima dele. Embora ele pudesse facilmente assimilar um novo objeto ao esquema se o objeto pendesse à frente dele, ele deve agora mudar o esquema se deseja bater no brinquedo que tem na mão. É isto que ele faz, e Piaget diria que o esquema de bater se adapta, ou se **acomoda**, à nova situação. Neste caso, a acomodação envolve a coordenação de duas mãos, pois agora o bebê precisa usar *tanto* a esquerda *quanto* a direita, ao passo que antes usava apenas uma.

Piaget diz que o bebê nasce dotado de esquemas simples para sugar, agarrar e outras coisas parecidas. O processo de assimilação permite que ele "tome para si" informações acerca de todos os tipos de objetos sobre os quais ele atua. Por exemplo: aprende sobre o seio, sobre seus dedos e sobre vários brinquedos, por meio da sucção. Bem no começo de sua vida, estas coisas não têm qualquer significado para ele, a não ser enquanto parte de seus esquemas de atividade. Mais tarde, como se vê no caso de Laurent segundo o excerto acima, algumas atividades realizadas no mundo requerem que os esquemas sejam adaptados de modo a conformarem-se a novas circunstâncias. Como resultado deste tipo de acomodação, os esquemas tornam-se diferenciados e mais complexos, e assim se desenrola o processo.

Em suma, Piaget começou a estudar as crianças em busca das estruturas mentais que permitem uma adaptação inteligente ao complicado mundo dos acontecimentos e das pessoas. Deu a essas estruturas o nome de "esquemas" e constatou que os esquemas de tipo mais simples já se achavam presentes no nascimento. À medida que o bebê atua no mundo, ele assimila objetos e acontecimentos aos esquemas, constituindo assim um arsenal de conhecimento. Além disso, seus esquemas acomodam-se a novas vivências — tornam-se mais diferenciados e mais complexos, e assimilam uma maior gama de objetos segundo uma maior multiplicidade de modos. Em certo sentido, o bebê constrói esquemas mais complexos através do uso de seus esquemas mais simples.

O DESENVOLVIMENTO DO *CONCEITO DE OBJETO* DURANTE O ESTÁGIO SENSÓRIO-MOTOR

Quando a criança já tem dois anos, ao final do estágio sensório-motor do desenvolvimento intelectual, já possui um repertório eficaz de esquemas coordenados para lidar com o mundo no nível prático. Estes primeiros esquemas são os precursores de esquemas posteriores, entre os quais contam-se as **operações lógicas**. Durante os primeiros dois anos, o bebê aprende muito sobre objetos, tempo, espaço e causalidade. Voltamo-nos para o primeiro desses, por ter sido extensamente estudado por Piaget, bem como por outros. Seguem-se observações dos três filhos de Piaget aprendendo sobre objetos. No início — lembremo-nos de Laurent e do esquema de bater —, os objetos existem no mundo da criança apenas como parte de suas ações. Mais tarde, como veremos, eles ganham um interesse próprio[2].

Aos 0;8(30), Laurent, pela primeira vez, examina uma galinha de madeira da qual pende uma bolinha que, por seus movimentos, ativa a cabeça do bicho. De início vê a galinha, toca-a, etc., depois examina a bola, sente-a e, vendo-a se mexer, bate nela imediatamente; depois, com atenção, observa-a a balançar e a estuda pelo que ela é em si própria; simplesmente a vê em movimento, cada vez mais suave. Então sua atenção recai sobre o movimento correlato da galinha, e ele balança a bola enquanto observa a galinha.

Lucienne, aos 0;8(10), do mesmo modo, examina uma nova boneca que pendurei na cobertura de seu berço. Ela a olha por bastante tempo, a toca, e depois a sente, tocando em seu pés, roupas, cabeça, etc. Aventura-se então a agarrá-la, o que faz com que a cobertura se incline. Para então a puxar a boneca, observando os efeitos desse movimento. Depois volta para a boneca, segura-a numa mão enquanto bate nela com a outra, suga-a e a balança enquanto a segura acima de si e, finalmente, a sacode movimentando-a pelas pernas. Depois bate nela sem segurá-la, e então agarra a cordinha pela qual ela pende e suavemente a balança com a outra mão. Torna-se então muito interessada por esse leve movimento de balanço, que é novo para ela, e o repete indefinidamente.

Aos 0;8(9), Jacqueline olha para uma gravata pendurada que nunca viu antes. Suas mãos a rodeiam e a tocam muito de leve. Ela a agarra e sente sua superfície. Em certo momento, parte da gravata escapa a seu aperto: ansiedade visível, então, quando o fenômeno se repete, satisfação e, quase imediatamente depois, algo que se assemelha a uma experiência de largar e recapturar.

Há uma diferença considerável entre o modo como as crianças de quatro ou cinco meses agem quando encontram um objeto novo, e o modo como as mesmas crianças agem quatro meses depois. A criança de oito meses examina o objeto como se ele apresentasse um problema para sua mente — como se procurasse entendê-lo. Não apenas o observa por um tempo bem maior antes de começar a agir sobre ele (bater, sugar, ou seja o que for), mas também o sente, explora sua superfície e arestas, virando-o de cabeça para baixo e de um lado para o outro. Tudo isto revela uma atitude completamente nova: o desconhecido representa para ela uma realidade exterior — tem de adaptar-se a ela. Não é uma simples parte de seu esquema de atividade. De fato, depois de dar uma boa olhada, ela tenta aplicar seus esquemas sobre o objeto. Mas, ao fazê-lo, dá a impressão de estar experimentando, e não apenas assimilando ainda outro objeto a seu esquema. Piaget diz: "... é como se a criança, ao deparar com o novo objeto, dissesse para si mesma: 'O que é esta coisa? Eu a vejo, ouço, pego, sinto, a viro de cabeça para baixo, ... o que mais posso fazer com ela?' "

Mas, embora as crianças de cerca de oito meses demonstrem ter um interesse ativo pelos *objetos pelo que são em si mesmos*, não mostram ter nenhum conhecimento do fato de que os objetos continuam a existir independentemente de estarem sendo submetidos à ação do bebê ou não. Considere-se a seguinte observação de Jacqueline, feita quando ela se aproximava do "aniversário" de seu oitavo mês[2].

> Aos 0;7(28), Jacqueline tenta agarrar um patinho de celulóide que está em cima de seu acolchoado. Ela quase o pega, se sacode, e o patinho escorrega para seu lado. Cai muito perto de sua mãe, mas por trás de uma dobra do lençol. Os olhos de Jacqueline seguiram o movimento, ela chegou até a segui-lo com a mão estendida. Mas, assim que o pato desapareceu — nada mais! Não lhe ocorre a idéia de procurar por trás da dobra do lençol, coisa que seria muito fácil fazer (ela a torce mecanicamente, sem procurar de modo algum)... Tento mostrá-lo a ela algumas vezes. A cada vez ela tenta

pegá-lo, mas, quando ela está a ponto de tocá-lo, eu o recoloco de modo bastante evidente sob o lençol. Jacqueline imediatamente recolhe a mão e desiste. Na segunda e na terceira vez, eu faço com

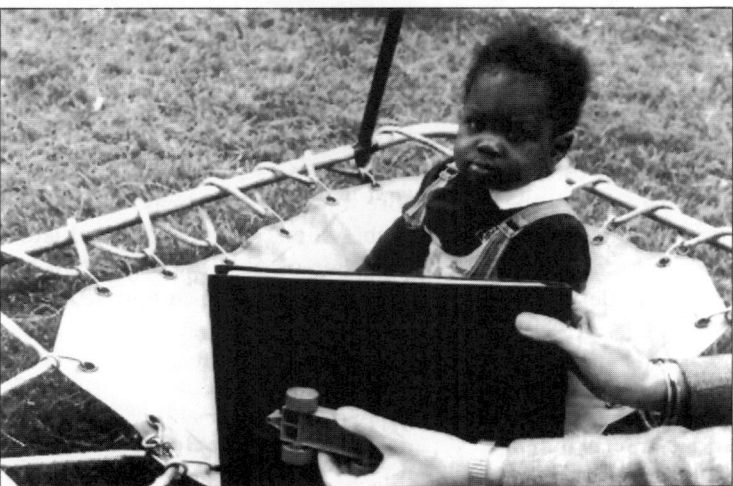

Figura 7.2 *Um bebê, antes de compreender a permanência dos objetos, tenta pegar um objeto que consegue ver... e o ignora totalmente quando desaparece de vista.*

que ela agarre o pato por entre o lençol e ela o sacode por um breve momento, mas não lhe ocorre a idéia de levantar o tecido. Tudo ocorre como se a criança cresse que o objeto é alternadamente criado e destruído...

As observações com Laurent, Lucienne e Jacqueline demonstram claramente o método de OBSERVAÇÃO NATURALISTA, no qual o pesquisador não intervém sobre as crianças que estuda. Mas lembre-se de que Piaget não era só um cientista, era também pai, e os "experimentos" informais que realizou com suas crianças, tais como o de esconder uma boneca, não eram mais do que os conhecidos jogos que todos os pais jogam. Constituíam uma manipulação deliberada das vivências das crianças que pouco diferiam daquela que é realizada pela maioria dos pais. O que distinguiu Piaget dos outros pais foi a teoria que ele aos poucos elaborou como conseqüência de brincar com suas crianças e observá-las.

As observações também demonstram que no primeiro ano de vida as crianças mudam no que toca a sua ação sobre os objetos. De início, elas parecem utilizá-los apenas como material (Piaget chamou-o **alimento**) para seus padrões de atividade, e é só perto e depois dos oito meses que elas parecem ter por eles uma verdadeira curiosidade. Em outras palavras, de início elas parecem perguntar: "Será que posso *bater* (ou *esfregar*, ou *sugar*) essa coisa?", sem prestar muita atenção naquilo em que a coisa realmente consiste. Aos oito meses, no entanto, parecem perguntar-se: "O que é este objeto singular? Como será que posso agir sobre ele a fim de saber mais sobre suas características?" Por fim, por volta dos nove meses, os bebês começam a procurar objetos escondidos, demonstrando saber que os objetos existem em localizações definidas, apesar de estarem fora do campo de visão.

O *ESTÁGIO PRÉ-OPERATIVO*, ÀS VEZES CHAMADO ESTÁGIO INTUITIVO

Em algum momento no decorrer do segundo ano de vida, as crianças começam a falar. De início usam palavras simples, tais como a palavra "leite" quando querem beber. Depois, alinha-

A PSICOLOGIA DO DESENVOLVIMENTO 139

vam várias palavras de modo a formar frases como "Papai foi tchau-tchau". Antes do aparecimento da linguagem, a inteligência das crianças tem natureza prática — elas sabem *como* agir no ambiente imediato. Como a linguagem, seus esquemas mentais transformam-se em esquemas simbólicos. Já não se acham limitadas ao aqui-e-agora, mas podem discutir acontecimentos que ocorreram no passado e aqueles que ocorrerão no futuro: "neve na árvore" e "Vovó vem".

Por ter palavras que representam objetos e acontecimentos de sua rotina diária, a criança de dois anos pode pensar sobre o mundo sem agir sobre ele. No entanto, apesar de ter um vocabulário em rápida expansão, a criança que tem entre dois e sete anos de idade não pensa como um adulto, e nem usa a linguagem do mesmo modo. Piaget registrou, de uma de suas filhas[3]:

Por volta dos 2:6, ela [Jacqueline] usava a palavra "lesma" para designar as lesmas que todas as manhãs íamos ver numa certa rua. Aos 2:7(2), gritou: "Olha lá ela", ao ver uma; e, quando vimos outra uns dez metros adiante, ela disse: "Olha a lesma de novo". Eu retruquei: "Mas será que não é outra?" Voltei para ver a primeira. "É a mesma?" "É", respondeu ela. "Outra lesma?" "É", respondeu, de novo. Obviamente, a pergunta não tinha nenhum significado.

Dos dois aos sete anos de idade, a criança aprende muita coisa sobre o mundo físico. Aprende que os objetos inanimados precisam de uma força exterior que os coloque em movimento. Aprende também sobre o mundo social: aprende, por exemplo, quando compartilhar e quando defender a propriedade. Parte dessa aprendizagem é espontânea, enquanto outra parte é deliberadamente ensinada por pais e professores. Apesar das muitas realizações intelectuais do período, as crianças não raciocinam de uma maneira lógica ou inteiramente matemática. A menina de quatro anos lhe dirá que "minha irmã não tem irmã", sem ter a menor idéia de que a frase é logicamente impossível.

De acordo com Piaget, essa menininha revela sua compreensão incompleta do conceito "irmã", porque deixa de ver a necessária reversibilidade que existe entre duas filhas dos mesmos pais. Embora use a mesma palavra que o adulto, possui um conceito incompleto, não um conceito maduro.

Entrevistando dezenas de crianças, Piaget constatou outros casos de raciocínio imaturo em crianças novas. Uma criança falou-lhe que a lua tinha vida[1].

"Por quê?"
"Porque nós estamos vivos."

Esta resposta revela tanto o **animismo** (a atribuição de vida a objetos inanimados) quanto o **egocentrismo** (a incapacidade de levar em conta o ponto de vista de outrem) que já foram discutidos neste capítulo.

Outros exemplos de egocentrismo aparecem nas respostas de dois menininhos a perguntas respeitantes ao jogo de bolinha de gude. Esses meninos, que freqüentemente brincavam juntos, contaram a Piaget quais eram as regras que seguiam. Para sua grande surpresa, Piaget descobriu que seguiam regras bastante diferentes — apesar de freqüentemente brincarem "juntos". Cada menino jogava um jogo individual, revelando que sua compreensão era egocêntrica. As crianças não perdem o egocentrismo nos jogos até terem a idade de sete ou oito anos, quando podem, finalmente, descentrar-se.

O pensamento infantil no **estágio pré-operativo** é caracterizado por algo que Piaget chamou de **realismo moral**, além do animismo e do egocentrismo. Para aprender algo sobre as concepções de moral das crianças, Piaget modificou um pouco a ENTREVISTA clínica. Contava histórias de feitos bons e maus, e seguia-as de perguntas. As histórias eram geralmente de dois tipos: num, o personagem central realizava um ato não-intencional que resultava em um grande estrago; no outro, o personagem causava um pequeno estrago ao agir de modo intencionalmente malcomportado. Eis dois exemplos[4]:

> Um menininho chamado Augusto notou, certa vez, que o tinteiro de seu pai estava vazio. Um dia, estando seu pai ausente, ele pensou em encher o tinteiro para ajudar o pai, que o encontraria cheio ao chegar em casa. Mas, quando abria a tampa do vidro de tinta, fez uma grande mancha na toalha de mesa.

A história correspondente, que relata um estrago menor, é a seguinte:

Havia um menininho chamado Júlio. Seu pai saíra e Júlio achou que seria divertido brincar com o tinteiro do papai. Primeiro brincou com a pena, e depois fez uma manchinha na toalha de mesa.

Depois de contar as histórias, Piaget perguntava se as crianças eram igualmente culpadas, ou se uma delas fora mais culpada. Eis as respostas de uma menina de sete anos.

"Quem é o mais malcriado?"
"Aquele que fez a manchona."
"Por quê?"
"Porque era grande."
"Por que ele fez uma manchona?"
"Para ajudar."
"E por que o outro fez uma manchinha?"
"Porque estava sempre mexendo nas coisas. Fez uma manchinha."
"Então, qual deles foi mais malcriado?"
"Aquele que fez uma manchona."

A moral da criança fala por si; causar um grande estrago é ser malcriado. Piaget afirma que as respostas desse tipo demonstram um realismo moral, pois as intenções são ignoradas ao avaliar-se a culpa, e a atenção se fixa nas realidades do estrago físico.

Como sumariar o pensamento das crianças no estágio pré-operativo? A entrevista clínica permitiu a Piaget concluir que esse pensamento é caracterizado pelo animismo, pelo egocentrismo e pelo realismo moral. À primeira vista, essas características podem parecer desconectadas, mas elas se assemelham de certo modo: demonstram uma incapacidade de lidar simultaneamente com vários aspectos de uma situação. O animismo é a incapacidade de adotar um ponto de vista em relação aos objetos inanimados e outro ponto de vista em relação a si mesmo. Do mesmo modo, o realismo moral é conseqüência de ver a moral sob um aspecto apenas, o aspecto do estrago. O jovem realista moral ignora a intenção como fator de culpa, pois é incapaz de considerar ao mesmo tempo a intenção e o estrago. Por fim, o egocentrismo é conseqüência de a criança só adotar uma perspectiva, nos jogos bem como na determinação do parentesco. A criança atinge o estágio seguinte de desenvolvimento intelectual quando por fim consegue considerar uma situação sob vários aspectos diferentes — em outras palavras, quando consegue descentrar.

O recém-nascido age como se o mundo girasse à sua volta, e precisa aprender a comportar-se de modo mais adaptativo. Do mesmo modo, a criança pequena pensa a partir de uma perspectiva limitada, e precisa alargá-la. Tanto o bebê quanto a criança pequena precisam descentrar-se — o primeiro quanto à sua ação, e o segundo quanto ao seu pensamento[5].

O *ESTÁGIO OPERATIVO* (SUBESTÁGIO DAS *OPERAÇÕES CONCRETAS*)

Aos seis ou sete anos de idade, a criança cruza um marco importante de sua vida, no momento em que seu pensamento se torna lógico. É evidente que isso não acontece da noite para o dia, mas no decorrer de um ou dois anos a criança se torna capaz de pensar num nível inteiramente novo. Lembremo-nos de que Piaget dedicou sua vida à busca das raízes do pensamento lógico. Ele descobriu as estruturas mentais primordiais, ou **esquemas**, que subjazem às capacidades sensoriais e motoras dos bebês. Mais tarde, ele viu como a linguagem habilitava a criança a representar simbolicamente o seu conhecimento e a conceber o ontem e o amanhã. Mas, apesar de toda a sua aparente sofisticação, o pensamento da criança **pré-operativa** revelou-se limitado. Considere agora a seguinte situação, que demonstra o tipo de lógica que *as crianças mais velhas e os adultos* empregam cotidianamente.

O adulto dispõe seis balinhas numa fileira e depois pede a uma criança de sete anos que faça uma fileira "igual" à original. A criança cuidadosamente pega balinhas de um recipiente e faz uma nova fileira, paralela à do adulto e também contendo seis balas. Quando se lhe pergunta se as fileiras contêm a "mesma quantidade", a criança responde que "sim". Então o adulto reorganiza sua fileira, diminuindo a distância entre as balas e tornando a fileira mais curta. Pede que a criança avalie o número de balas em cada fileira. "São iguais agora?" A criança olha espantada para o adulto e responde que "sim" sem sequer olhar para as balas. Qualquer pessoa dotada de razão, *se for uma pessoa lógica*,

A PSICOLOGIA DO DESENVOLVIMENTO 143

sabe que as fileiras devem ser iguais, pois nenhuma bala foi acrescentada ou retirada. Mas essa é exatamente a questão! Uma criança mais nova seria enganada por sua própria percepção, e "fracassaria" na tarefa.

Eis o relato de Piaget acerca de uma criança pré-operativa de cinco anos e sete meses, chamada Per[6]. Ele

... não teve dificuldade para fazer uma fileira de seis balas correspondente ao modelo. [Piaget usa a palavra "modelo" para referir-se à fileira A, a fileira a ser copiada, e a palavra "cópia" para referir-se à fileira B.] O modelo foi então compactado:
"Eu tenho mais."
"Por quê?"
"Porque é uma linha maior."
(O processo foi então invertido.)
"Agora tem mais ali, porque é uma linha grande."
Mas, um momento depois, Per afirmou o contrário:
"Tem mais balas aqui?" (referindo-me à fileira mais longa)
"Não."
"Por que não?"
"Porque é comprida."
"E ali?" (a fileira mais curta)
"Ali tem mais, porque é um montinho pequeno." (a criança queria dizer que a fileira mais curta era mais densa)
"Então tem mais balas num montinho pequeno do que numa linha comprida?"
"É."
Depois disso, Per voltou a usar o comprimento como critério, fez com que as duas fileiras tivessem novamente o mesmo comprimento, e disse:
"Agora as duas são iguais."

Na figura 7.3, parte 2, Per é "enganado" pela aparência das coisas e fracassa na tarefa. Piaget diz que este é um experimento sobre a **conservação**, pois exige que a criança conserve o número de itens apesar da transformação da aparência.

Note-se que a palavra "experimento" insinuou-se novamente no texto. Para investigar o desenvolvimento das capacidades lógicas e matemáticas, Piaget precisou abandonar tanto a OBSERVAÇÃO NATURALISTA quanto a ENTREVISTA clínica. Pensou que esse último método dependia em demasia daquilo que a criança

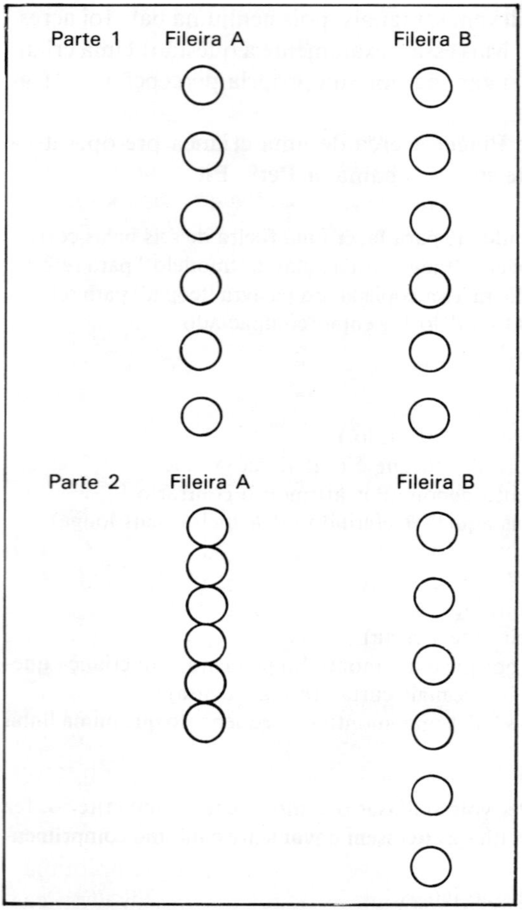

144 INICIAÇÃO AO DESENVOLVIMENTO DA CRIANÇA

Figura 7.3 *O experimento de Piaget sobre a conservação do número. A Parte 1 mostra as balas no começo do experimento, e a Parte 2 exibe as mesmas balas depois da transformação.*

falava. Talvez as crianças soubessem mais do que conseguiam expressar — talvez suas perguntas "as conduzissem" a conclusões que não fossem realmente suas. Piaget voltou-se, então, a experimentos formais nos quais apresentavam-se objetos e acontecimentos iguais a todas as crianças. Em alguns casos, como no experimento seguinte (figura 7.5), pedia-se às crianças que manipulassem os objetos.

A criança e o adulto sentam-se a uma mesa tendo diante de si três copos, C1, C2 e C3. O copo C1 está cheio de leite, e o adulto pede à criança que encha o copo C2, idêntico a C1, com o leite que está numa jarra, de modo que C2 tenha "a mesma quantidade" que o modelo. A criança obedece, alinhando cuidadosamente os copos de modo que possa perceber quando a altura do leite torna-se a mesma em ambos.

Depois o adulto apresenta mais um copo, C3, que é mais alto e mais fino do que C1 e C2. Pede que a criança despeje o conteúdo de C2 dentro de C3. "Tem a mesma quantidade de leite neste copo (C3) e neste aqui (C1)?" As crianças mais velhas não se deixam enganar, assim como não o foram no experimento com as balas. "São iguais."

As crianças mais novas são capazes de resolver o problema? Piaget demonstrou que as crianças com menos de seis ou sete anos realmente são enganadas pela transposição de líquido e afirmam que C3 tem "mais". Por quê? Porque são enganadas pela maior altura do terceiro copo. Para elas, "mais baixo" indica menos e "mais alto" indica mais. Evidentemente, esta regra funciona para copos idênticos, mas não para copos de formas variadas. Piaget modificou a tarefa algumas vezes, despejando o leite do copo C2 em um copo C3 que era baixo e largo, em vez de alto e estreito. Nesse caso, a criança pré-operativa diria que o terceiro copo possui "menos" leite.

A conservação da quantidade pode ser estudada com outras substâncias que não sejam fluidas, tais como, por exemplo, massa de modelar. O adulto faz com os dedos duas bolas idênticas. Depois transforma a aparência de uma das bolas, dando-lhe forma de salsicha. Se a compara com a primeira peça de massa (o modelo), a criança mais velha dirá que possuem "a mesma quantidade". Uma criança mais nova será lograda, como no caso dos copos, e dirá que a nova forma de salsicha tem "mais" (se presta atenção ao comprimento) ou "menos" (se presta atenção à largura). Tanto num caso como no outro, a criança mais nova diz que a quantidade de massa de modelar modificou-se porque a massa tem aparência diferente (figura 7.6).

Figura 7.4 *O experimento de conservação do número no momento de sua realização. A menina à esquerda (que há pouco fez seis anos de idade) determina, primeiro, que as duas fileiras possuem o mesmo número de blocos — o que é correto. Quando o experimentador alonga uma das fileiras, ela é induzida a pensar que a fileira mais longa possui mais blocos.*

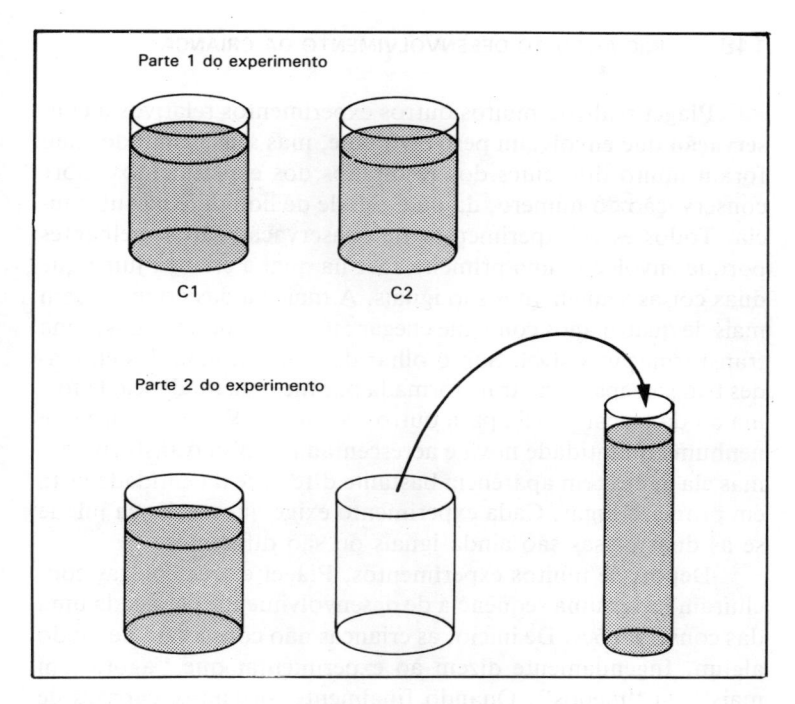

Figura 7.5 *Experimento de conservação com copos de líquido.*

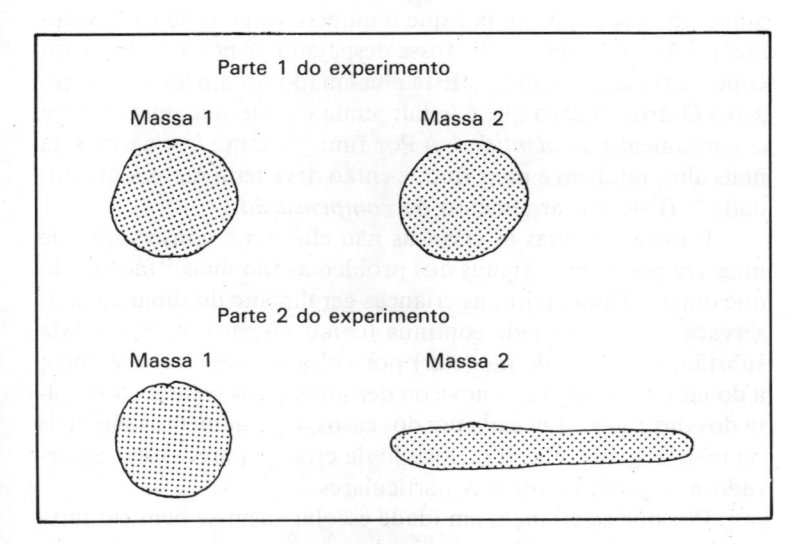

Figura 7.6 *Experimento de conservação com massa de modelar.*

Piaget realizou muitos outros experimentos relativos à **conservação** que envolviam peso e volume, mas seus resultados não foram muito diferentes dos resultados dos experimentos sobre conservação do número, da quantidade de líquido e da substância. Todos esses experimentos de conservação são semelhantes porque envolvem uma primeira fase na qual a criança julga que duas coisas semelhantes são iguais. A maioria das crianças com mais de quatro anos consegue chegar até aí. Depois realiza-se uma transformação visível. Sob o olhar da criança, uma das entidades tem sua aparência transformada por meio da mudança de forma ou da transferência para outro recipiente. É muito claro que nenhuma quantidade nova é acrescentada à coisa transformada, mas ela agora tem aparência bastante diferente da entidade vista em primeiro lugar. Cada experimento exige que a criança julgue se as duas coisas são ainda iguais ou são diferentes.

Depois de muitos experimentos, Piaget e seus colegas concluíram haver uma seqüência de desenvolvimento para cada uma das conservações. De início, as crianças não conservam de modo algum. Ingenuamente dizem ao experimentar que "agora tem mais" ou "menos". Quando finalmente tornam-se capazes de conservação, as crianças conseguem apresentar os seguintes argumentos que explicam por que o número (ou o líquido, o volume, etc.) ainda é igual. "Se fosse despejado de novo no primeiro copo, seria ainda igual." (Este é chamado argumento da *negação*.) Outro: "Claro que é igual; ainda é a mesma água." (Este é o argumento da *identidade*.) Por fim: "Mesmo que agora seja mais alto, também é mais fino, e então deve ter a mesma quantidade." (Este é o argumento da *compensação*.)

É estranho, mas as crianças não chegam à conservação de uma vez por todas. Alguns dos problemas são mais "fáceis" do que outros. Com efeito, as crianças geralmente dominam a conservação da quantidade contínua (como no caso da água) e da substância (massa de modelar) por volta dos seis ou sete anos; a do peso, por volta dos nove ou dez anos; a do volume, por volta dos onze anos. Em cada um dos casos, os argumentos são mais ou menos iguais, mas o raciocínio da criança parece estar amarrado a situações e objetos particulares.

Por que as crianças em idade escolar saem-se bem em tarefas de conservação? Em primeiro lugar, seu pensamento é *rever-*

sível. Considere a tarefa de transferência de quantidades líquidas. A criança operativa é capaz de reverter mentalmente o procedimento de transferência e, assim fazendo, percebe que a quantidade de líquido é a mesma de antes. O mesmo com a massa de modelar; a criança é capaz de reverter mentalmente a moldagem da salsicha. Além disso, a criança se sai bem em tarefas de conservação porque presta atenção a diversos tipos de informação ao mesmo tempo. Considera a altura do copo (o comprimento da fileira) e também a informação adicional que se refere à largura.

As crianças inexperientes no que se refere às operações concretas podem estudar os objetos nos experimentos. "O copo é mais alto agora, mas é mais estreito." Esta é a essência da compensação. Mas as crianças mais velhas, já firmemente arraigadas no raciocínio lógico, nem se incomodam em examinar os objetos depois de realizada a transformação. Para elas, a pergunta "Eles são iguais?" parece tola. "*É claro* que são iguais." Estas crianças não crêem que a questão exija um julgamento perceptivo; ao contrário, sabem que as questões de necessidade lógica não precisam desse tipo de verificação. O número ou a quantidade permanecem os mesmos apesar da mudança da aparência visual, assim como a identidade essencial de um objeto permanece apesar de seu desaparecimento visual.

Até aqui demonstrou-se que as crianças no estágio das **operações concretas** são capazes de realizar a operação mental da *reversibilidade* e de prestar atenção a *diversos aspectos* de uma situação ao mesmo tempo. Esta segunda capacidade deve habilitá-las a enxergar um objeto a partir do ponto de vista de outrem — e, assim, superar seu antigo egocentrismo. E é exatamente isso o que acontece.

Um outro experimento de Piaget demonstrará a capacidade que as crianças de mais de oito anos têm de descentrar-se. A criança senta-se a uma mesa sobre a qual se coloca um modelo de três montanhas feitas em papel machê (figura 7.7). Cada montanha tem uma aparência diferente; uma tem sobre si uma grande cruz, outra é coberta de neve e a terceira são pastos verdejantes. Pede-se que a criança descreva o que vê, e ela é capaz de sair-se muito bem nessa tarefa. Depois, coloca-se uma boneca do outro lado da mesa e pergunta-se à criança: "O que esta boneca vê?" Mostra-se-lhe diversos desenhos das montanhas, e a criança de oito anos

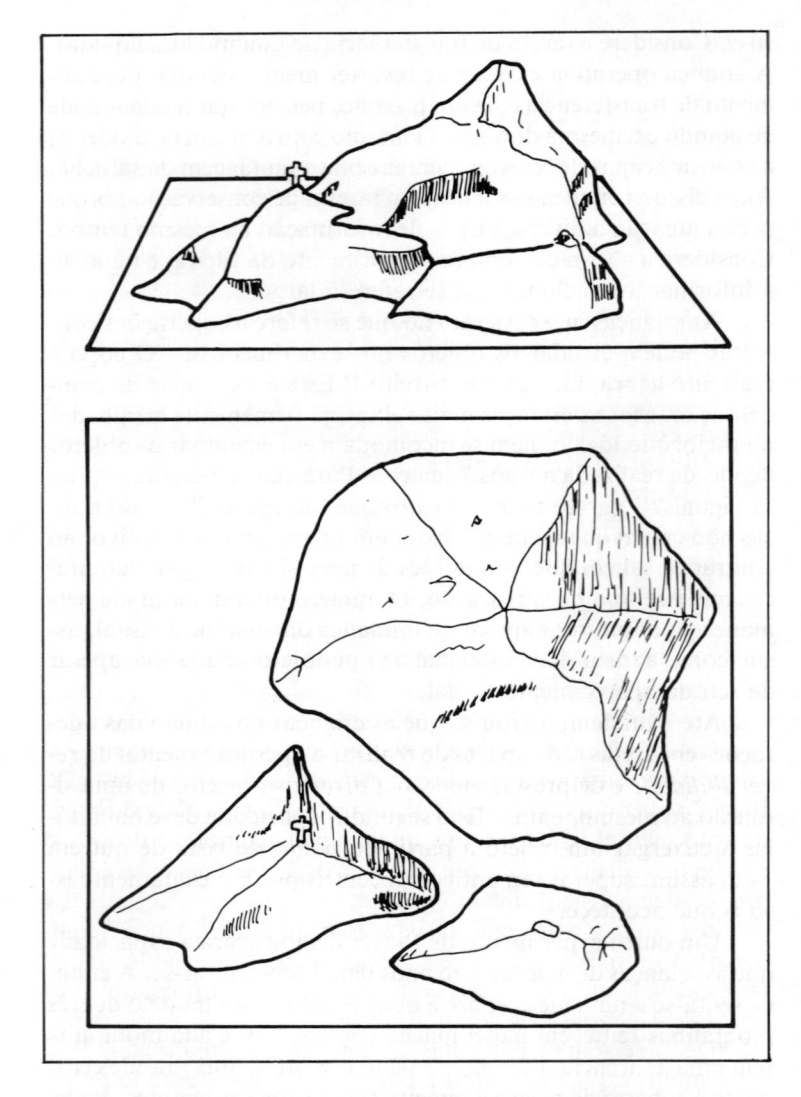

Figura 7.7 *As montanhas em miniatura de Piaget, as quais ele usou para demonstrar o "egocentrismo" das crianças novas, vistas de frente e de cima.*

é prontamente capaz de escolher a vista que a boneca contempla (a aparência que as montanhas têm vistas do outro lado da mesa). Percebe que as três montanhas têm aparência diferente quando vistas a partir de diferentes perspectivas.

Como seria de esperar, as crianças no estágio pré-operativo julgam que a boneca vê exatamente o que elas vêem.

Em suma, o pensamento das crianças no estágio das operações concretas é lógico e matemático. Caracteriza-se por ações mentais de reversibilidade, pela capacidade de levar em conta diversos aspectos de uma situação, e pela descentralização. Piaget estudou o desenvolvimento ulterior do pensamento lógico na adolescência (o estágio das **operações formais**), e a "abstração reflexiva", aquela capacidade muito humana de se estar ciente dos próprios pensamentos e estratégias. Mas essas duas coisas estão além do âmbito deste livro.

RESUMINDO A TEORIA

Lembremo-nos de que Piaget interessava-se por aqueles tipos de estruturas que permitem que um organismo, seja um homem ou um molusco, se adapte a seu ambiente particular. Algumas são estruturas físicas, como a tromba do elefante ou a casca da tartaruga, enquanto outras são estruturas mentais. Piaget deu às estruturas mentais o nome de **esquemas**, e elas são tão importantes para a adaptação quanto as estruturas claramente visíveis. Piaget dedicou sua vida à descrição dos vários estágios de organização mental, cada um dos quais é mais complexo do que o estágio precedente. A unidade básica da organização mental é sempre o esquema; na primeira infância, os esquemas são simples e práticos, ao passo que mais tarde se tornam diferenciados e complexos. Como exemplos de esquemas complicados podemos citar esquemas simbólicos tais como a noção de "infinidade" e as operações mentais tais como a álgebra.

De onde vêm os esquemas? e como eles se modificam? Piaget é muito explícito quanto a isso: o bebê nasce dotado de esquemas rudimentares, tais como os de sugar e agarrar, e ele dá a estes o nome de *esquemas de atividade*. Através do processo de **assimilação**, a criança faz uso dos esquemas primários para absorver informações sobre o mundo, que inclui as pessoas, os objetos e os acontecimentos. Através do processo complementar de **acomodação**, os primeiríssimos esquemas são modificados de modo a ajustar-se às vivências da criança. Assim, como conseqüência de ambos os processos, os esquemas do bebê se tornam mais complexos para poderem se manter à altura de sua ação no mundo. Os processos gêmeos da assimilação e da acomodação continuam por toda a vida. A assimilação é sempre o processo que habilita um indivíduo a lidar com novas situações e novos problemas mediante o uso de seu estoque atual de esquemas. A acomodação, por outro lado, é sempre o processo no qual o indivíduo passa por uma mudança mental a fim de administrar problemas que de início eram difíceis demais de resolver.

Piaget crê que o pensamento é um processo ativo. As crianças e os adultos não são criaturas que ingerem passivamente a informação; organizam ativamente a experiência, e esta atividade modifica os esquemas que já possuem. Assim como um organismo ingere comida para que seu corpo possa ser alimentado e crescer, também a criança ingere informação para que suas estruturas mentais desenvolvam-se ainda mais.

Embora Piaget seja explícito na descrição dos processos complementares de assimilação e acomodação, ele é menos claro no que se refere ao porquê de uma criança preocupar-se em adquirir novos conhecimentos. Piaget assevera que a criança é naturalmente curiosa a respeito do mundo e o explora sem que seja estimulada ou recompensada para fazê-lo. Mas por que progride para além da inteligência sensório-motora? Não poderia continuar para sempre com uma exploração sensório-motora? Piaget identifica um impulso rumo ao desenvolvimento cognitivo, o qual chama de **equilibração**. Trata-se de um sistema auto-retificante através do qual os conflitos no pensamento da criança são resolvidos pela reorganização da mente segundo um sistema coerente. Por exemplo, uma criança talvez saiba que o "dia" vem quando o sol aparece, mas pode ao mesmo tempo pensar que o dia vem porque ela, a criança, o deseja. A percepção da contradição a motivará a chegar a uma compreensão nova, mais madura.

São essenciais para a teoria de Piaget os conceitos de **estágio, seqüência** e **invariância**. Piaget divide o desenvolvimento intelectual da criança em três períodos principais (um dos quais é subdividido), e por esta razão diz-se que ele criou uma teoria de estágios. Um período de desenvolvimento é caracterizado pela complexidade de seus esquemas, bem como pelo grau de coordenação entre eles. O primeiro estágio (sensório-motor) é caracterizado por esquemas práticos, ao passo que o estágio seguinte (pré-operativo) é caracterizado por esquemas simbólicos. O próximo estágio (operativo concreto) também é caracterizado por esquemas simbólicos, mas esses organizam-se numa rede coerente de modo a formar um sistema lógico.

As idades exatas nas quais as crianças tipicamente entram ou saem de um estágio são apenas aproximadas, e Piaget nos diz, por exemplo, que as crianças podem ingressar no estágio operativo concreto já aos cinco anos de idade, ou só aos oito.

Embora as idades precisas não tenham importância, o que importa é que a seqüência de estágios é invariável — a mesma para qualquer criança. A seqüência invariável de estágios manifesta uma progressão da simplicidade até uma inteligência lógica e madura. A progressão começa com os esquemas sensório-motores do bebê, sem os quais ele seria incapaz de desenvolver esquemas simbólicos. E, sem esquemas simbólicos, a criança não poderia desenvolver uma rede coordenada de esquemas lógicos e matemáticos. Num sentido muito real, cada período depende do período que o precedeu, e esta dependência é a essência de uma teoria do desenvolvimento por estágios.

O desenvolvimento pode dar-se de dois modos. Um deles, exemplificado pelo ciclo vital da borboleta, é por estágios. Primeiro uma lagarta, depois uma crisálida, depois uma súbita metamorfose, e aparece uma borboleta. É, em certo sentido, a mesma criatura, embora numa forma radicalmente diferente. Mussen e Kagan compararam as *teorias de estágios*, tais como a de Piaget, a este tipo de desenvolvimento. Seu contrário, exemplificado pela gradual transformação de um gatinho num gato, é chamado *teoria de continuidade*. Será que a mente realmente se desenvolve como uma borboleta, sendo distintamente diferente a cada idade? Ou será que cresce e se diferencia aos poucos, sem reorganizações súbitas? Este é o tipo de problema que consegue acordar um psicólogo no meio da noite, devido à sua vitalidade e à nossa ignorância da resposta.

Há um debate antiquíssimo entre aqueles que afirmam ser a inteligência inata, ou herdada, e aqueles que asseveram ser ela adquirida por meio da experiência. A teoria de Piaget cruza esse fosso, afirmando que os primeiros esquemas estão presentes no nascimento, mas salientando que os esquemas lógicos e maduros são conseqüência da atividade autodesencadeada da criança no mundo. Haverá uma inteligência inata? Piaget responde que *sim*, pois os esquemas simples já existem no nascimento. A inteligência madura requer uma experiência do mundo? A resposta também é *sim*, porque os esquemas complexos não podem ser construídos sem uma ação sobre o mundo.

MAS PIAGET TINHA RAZÃO?

Nenhuma outra teoria do crescimento intelectual é tão abrangente ou detalhada quanto a de Piaget. Pergunte a qualquer psicólogo quem deu a maior contribuição à nossa compreensão do desenvolvimento cognitivo, e a resposta inevitavelmente será "Piaget".

Mas ele tinha razão em tudo o que disse? Será que nos falou tudo o que há para se saber a respeito do desenvolvimento intelectual? É claro que não. Há ainda muito a ser descoberto; com efeito, algumas das "descobertas" de Piaget são evidentemente errôneas. Avaliaremos aqui a obra de Piaget com alguma minúcia, por duas razões: em primeiro lugar, ele tem exercido grande influência sobre a educação, a lingüística, a antropologia e a medicina, além de outras áreas. Se ele estiver errado, derivam daí conseqüências práticas. Em segundo lugar, a obra de Piaget é um exemplo interessante de como os debates se dão na ciência.

Algumas áreas importantes não são tocadas pela obra de Piaget

Muitas vezes acusa-se Piaget de ter sido muito inflexível em sua busca da lógica e de não ter prestado qualquer atenção às emoções das crianças. A primeira afirmação pode ser verdadeira, mas Piaget certamente contemplou a complexa interação entre pensamento e sentimentos. Isso fica implícito, por exemplo, nestas observações[3]:

> Aos 2;6(3), e nos dias seguintes, a criança fingiu que mamava no peito de sua mãe depois de ver um bebê sendo amamentado. Esse jogo foi repetido por volta dos 2;9.

Aos 5;8(5), estando naquele momento brigada com seu pai, a menina encarregou um de seus personagens imaginários da tarefa de vingá-la: "Zoubab cortou a cabeça do seu papai. Mas ela tem uma cola muito forte e colou ela mais ou menos de novo. Mas ela não está muito firme agora."

Piaget conhecia a obra de Freud sobre o desenvolvimento das emoções, e pensava que ela proporcionava indicações valiosas sobre o conteúdo do pensamento das crianças. Piaget nos diz a que *nível intelectual* uma criança é capaz de pensar, enquanto Freud indica quais são os *tipos de coisas* (atração pelo pai, medo da castração) sobre as quais ela pensa.

Problemas metodológicos

Há outros problemas envolvidos na obra de Piaget, que têm a ver com a metodologia. Sua confiança na ENTREVISTA clínica, por exemplo, é um pouco discutível. O próprio Piaget nos diz ser necessário um ano de prática diária para ganhar habilidade na realização de entrevistas clínicas com crianças. Como não há perguntas determinadas e nem uma ordem determinada de apresentação, o entrevistador pode "conduzir" a criança a opiniões que ela não possui. Piaget divisou alguns problemas nesta técnica, porém, e a maior parte de sua obra tardia foi mais rigorosa quanto à concepção.

Mesmo os experimentos com materiais e perguntas fixas têm problemas metodológicos. Alguns críticos, como Peter Bryant[7], afirmam que Piaget concebeu suas tarefas de modo a tornar maximamente difícil a uma criança dar as respostas corretas. Numa série de experimentos engenhosos, Bryant demonstrou que as crianças são capazes de pensar logicamente bem antes de seu quinto aniversário. Ao passo que Piaget insiste que até mesmo as crianças mais inteligentes dessa idade encontram-se perdidas na ilogicidade do estágio pré-operativo, Bryant crê ser ele demasiado pessimista quanto às capacidades infantis, e crê que os supostos "fracassos" possam ser devidos a muitas coisas — deficiências de memória, por exemplo, ou a falta da percepção, pela criança, de que a lógica é necessária para determinada tarefa.

Outro crítico dos métodos de Piaget é Margaret Donaldson[8], que, como Peter Bryant, acredita que as crianças são capazes de resolver problemas lógicos muito antes da época em que Piaget pensa ser isso possível. Ao passo que Bryant modificou as tarefas experimentais de Piaget de modo a torná-las um pouco mais fáceis, Donaldson e seus colegas retiveram a forma das tarefas piagetianas enquanto modificavam o contexto no qual elas surgiam. McGarrigle e Donaldson seguiram o procedimento de Piaget das fileiras de balas — mas com uma diferença importante. Em vez de ser o experimentador quem alterava as duas fileiras, um "ursinho malcriado" entrava em cena (conduzido pelos experimentadores, é claro) e rearranjava os objetos, enquanto fazia uma balbúrdia cômica. Não é necessário dizer que as crianças observavam com grande interesse as momices do ursinho. Depois, quando alguém perguntava sobre o número de objetos existentes nas fileiras desorganizadas pelo ursinho, elas davam com facilidade a resposta certa (isto é, que o número era "ainda igual"). Alguma coisa nas ações do infame ursinho ajudava as crianças a conservarem o número, apesar da aparência alterada das fileiras.

McGarrigle e Donaldson afirmaram que sua tarefa, idêntica à de Piaget a não ser pelo fato de a alteração ser feita por um cúmplice, era mais fácil para as crianças porque elas viam sentido em contar cuidadosamente os itens após a perversa balbúrdia, ao passo que, quando era o experimentador que fazia o rearranjo, elas não percebiam que seus juízos perceptivos poderiam estar errados. Assim, diz Donaldson, é possível que as crianças pareçam fracassar nas tarefas piagetianas devido a deficiências de lógica, quando, na verdade, elas são *muito capazes* de dar soluções corretas em circunstâncias diferentes.

O experimento do "ursinho malcriado" revela uma grande falha na obra de Piaget; ele deixa de dar a devida atenção ao efeito do *contexto da tarefa* que apresenta às crianças. Por concentrar-se num número limitado de tarefas, ele subestima as capacidades das crianças. Bryant insiste nisto vigorosamente.

> Qual o status da teoria de Piaget hoje? Embora todo psicólogo concorde em que ele levantou questões maravilhosas, muitos duvidam de que sejam corretas as suas respostas. Sua conclusão de que às

crianças simplesmente falte a capacidade de possuir lógica por uma grande parte da infância foi surpreendentemente pessimista para uma pessoa que, brilhantemente precoce, publicou seu primeiro artigo científico com a idade de 11 anos.

Serão os estágios psicologicamente "reais"?

As críticas de Bryant e Donaldson apontam para a mesma direção: os estágios de desenvolvimento de Piaget baseiam-se na incapacidade de as crianças realizarem determinadas tarefas em determinadas idades. Se elas fracassam em tais tarefas, ele afirma que isso ocorre porque elas ainda não atingiram o estágio adequado, e lhes faltam as estruturas mentais necessárias. Mas Bryant e Donaldson demonstraram que, ao menos em certos casos, as crianças fracassam nas tarefas de Piaget por não perceberem ser apropriado aplicar a elas certas habilidades (tais como a conservação) que elas já possuem. Ninguém diria que as crianças já nascem dotadas da capacidade de conservar ou descentrar-se — o que ocorre é que os degraus que separam os estágios, e que Piaget afirma serem extremamente nítidos e definidos, são na realidade indistintos. A seqüência graduada de desenvolvimento pode ser uma conseqüência das tarefas particulares escolhidas para serem estudadas, e não de padrões biológicos do desenvolvimento infantil.

Ainda assim, ninguém diria que as mentes dos bebês organizam-se do mesmo modo que as de crianças em idade escolar. E muitos concordariam com a descrição piagetiana dos padrões de pensamento característicos das crianças (egocentrismo, realismo moral, e outros semelhantes). Talvez o melhor seja concluir que o desenvolvimento intelectual é composto por estágios seqüenciais de organização estrutural, mas que os "estágios" interpenetram-se mutuamente, e não compõem um padrão graduado.

Os conceitos de Piaget são um pouco vagos

O caráter abstrato de conceitos tais como "esquema", "assimilação" ou "acomodação" é a um tempo uma força e uma fraqueza. Do lado positivo, Piaget examinou ações e seqüências de comportamento bastante diferentes na aparência a fim de verificar o que elas possuíam de comum por baixo da superfície. Isto é fácil de ver na primeira infância, como, por exemplo, no caso do esquema subjacente de bater, que é a base de diferentes ações que conformam-se ao objeto que é batido, à sua localização, ao fato de ele estar em repouso ou balançando, e assim por diante. À medida que a criança fica mais velha, torna-se mais difícil descobrir as estruturas subjacentes. Piaget constatou uma semelhança entre o raciocínio moral da criança de quatro anos e sua incapacidade de levar em conta a posição perceptiva de outra pessoa. Por baixo tanto dos juízos morais como dos juízos perceptivos encontra-se o egocentrismo que prevalece na criança — sua incapacidade de ver as coisas segundo a perspectiva de outra pessoa. Em vez de concluir que as crianças "dizem coisas engraçadas" ou que "se enganam", Piaget descreveu o tipo de pensamento que forma o fundo comum de ambas as coisas.

Concentrando seu foco na estrutura do pensamento, e não em ações ou palavras momentâneas, Piaget foi capaz de descrever os padrões de pensamento característicos de crianças de diversas idades. Esta teoria dos estágios permite que vejamos as mudanças essenciais no desenvolvimento intelectual, a seqüência que vai das ações e esquemas simples até as ações e esquemas simbólicos, e depois lógicos. Só uma noção tão abstrata quanto a de *esquema* poderia ser aplicada ao pensamento de crianças bem como ao de adultos. Quando um único termo é usado para descrever coisas muito diferentes, é forçoso que esse termo seja abstrato — até mesmo vago. Piaget, na verdade, foi corajoso ao insistir em sua procura por semelhanças profundas e subjacentes entre todas as formas de comportamento lógico (ou menos lógico), numa época em que outros psicólogos consideravam coisa pouco científica e bastante imperdoável o ato de afastar-se do comportamento que pudesse ser visto e medido imediatamente.

Pelo lado negativo, a abstração e a imprecisão são um problema inegável. Piaget, e outros depois dele, verificaram que, de fato, as crianças de todo o mundo aprendem sobre a permanência de objetos e sobre a conservação (para mencionar apenas algumas coisas) de acordo com a seqüência que ele descreveu. E seu modo de explicar a inteligência que se desenvolve parece ser bom. Mas nunca se poderá provar de fato a existência *real* de um processo tal como, digamos, a "equilibração". Precisamos inferir sua existência do desempenho das crianças em tarefas simples, tais como a de procurar chaves escondidas ou a de responder a perguntas referentes a quantidades de líquido. A seqüência segundo a qual as crianças adquirem noções de permanência de objetos e de conservação já foi verificada repetidamente em inúmeras crianças pelo mundo inteiro.

O capítulo 1 apresentou, em grandes linhas, alguns marcos do desenvolvimento motor, uma cronologia que se constata em todo o mundo. Pode-se conceber a obra de Piaget como uma obra que nos dá "marcos intelectuais", uma cronologia do desenvolvimento que nos dá a data aproximada das realizações cognitivas. Por que a permanência dos objetos aparece no momento em que aparece? Por que a conservação da quantidade descontínua (balas) precede a da quantidade contínua (água)? Por que as crianças aprendem sozinhas a respeito da lógica? A teoria de Piaget explica os fatos observáveis do desenvolvimento intelectual. Embora tenhamos sumariado aqui suas debilidades, *no geral* ela é comprovada pela pesquisa científica. A tarefa que ora se apresenta aos jovens psicólogos é a de construir sobre a obra de Piaget, eliminando as falhas metodológicas e trabalhando para remediar a imprecisão dos conceitos. É assim que progride a ciência.

Estágio	Idade aproximada	Natureza dos esquemas	Adaptações típicas
sensório-motor	do nascimento aos 2 anos	ação prática	é capaz de agir intencionalmente sobre o mundo permanência de objetos
pré-operativo	dos 2 aos 6 ou 7 anos	simbólico (mas não lógico)	é capaz de simbolizar, falar sobre o passado e o futuro, julgamentos que revelam egocentrismo e realismo moral.
operativo concreto	dos 6 ou 7 aos 11 anos	lógico e matemático	é capaz de lidar com dois ou mais aspectos de uma situação ao mesmo tempo, é capaz de descentração e conservação.
operativo formal	dos 11 anos (mais ou menos) em diante	abstrações lógicas e matemática	formalismo da física e da matemática avançada, moral baseada nas intenções.

Figura 7.8 *Sumário dos estágios piagetianos.*

CAPÍTULO 8
COMO AS CRIANÇAS APRENDEM?

A aprendizagem é freqüentemente associada com a escola, e a própria palavra já evoca a idéia de aulas maçantes e provas semanais. Mas as pessoas também aprendem as regras do críquete, o que não é tarefa muito árdua, e aprendem quais são as vinte músicas mais tocadas no rádio. Na verdade, mais aprendizagem se dá fora da escola do que dentro dela. Os bebês aprendem os sons distintos de sua língua materna e o significado de suas palavras. As crianças mais velhas aprendem sem esforço sobre a natureza e a lógica. Até os idosos aprendem a lidar com sua aposentadoria, praticando esportes e adotando *hobbies*.

A obra de Piaget refere-se diretamente à aprendizagem, embora haja importantes diferenças entre a visão piagetiana e aquela que apresentaremos a seguir. Tais diferenças serão debatidas perto do fim deste capítulo.

Por que as pessoas aprendem? É evidente que as crianças espontaneamente aprendem a reconhecer suas mães, e que são capazes de aprender a respeito de objetos e a respeito da língua sem um estímulo especial por parte da família. Exemplo especialmente bom de aprendizagem espontânea é a luta do bebê para conseguir andar. O desejo de ficar de pé e dar passinhos é inegável. Embora os pais às vezes segurem as mãos das crianças e elogiem os primeiros passos, é improvável que seja essa recompensa parental que motive os bebês a ficarem eretos, esforçarem-se por avançar e corajosamente erguerem-se quando caem. Os bebês fazem isso quando não há ninguém observando, e também em famílias onde os adultos nunca parecem prestar atenção. Os psicó-

Figura 8.1 *Aprendizagem por observação: um bebê observa, e depois imita, a ação de sua mãe.*

logos hoje concordam que a necessidade humana de *mestria*, ou domínio, motiva grande parte dos primeiros esforços de aprendizagem. O andar é uma conseqüência disso, surgindo em seu devido tempo, quando as pernas do bebê se tornam mais fortes e os músculos adquirem o controle necessário.

Algumas outras realizações — a aritmética, os Dez Mandamentos, o trabalho agrícola — não surgem espontaneamente. Entregues a nós mesmos, a maioria de nós passaria o tempo a vadiar, trapacear, contar nos dedos e ler histórias em quadrinhos. O que nos motiva ao trabalho duro e à diligência? Em muitos casos, a recompensa e a punição assumem o comando em lugar do autodomínio.

APRENDIZAGEM INSTRUMENTAL

Edward Thorndike começou a fazer experimentos com o comportamento de gatos, galinhas e cães enquanto ainda era um estudante. Inventou uma caixa quebra-cabeça para estudar como os animais comuns aprendem sobre o ambiente. Num experimento típico, colocava um gato faminto dentro da caixa. Fora dela, o gato podia ver um pouco de comida, mas a porta que dava caminho tanto à liberdade quanto ao alimento encontrava-se trancada por uma barra de madeira. Para abri-la, o gato tinha que puxar duas cordas, as quais, por sua vez, levantariam uma série de pesos e removeriam a barra que mantinha a porta fechada. Quanto tempo os gatos levariam para aprender o estratagema? Em média, eles aprendiam a escapar em 10 minutos. No começo eles arranhavam, unhavam e andavam para cá e para lá. Essa atividade geralmente os levava a puxar primeiro uma corda, depois a outra. Por acaso, todos os gatos escaparam, embora alguns tenham sido mais rápidos que outros.

A contribuição de Thorndike à psicologia reside em que ele colocou os gatos de volta na caixa nos dias subseqüentes e cuidadosamente registrou quanto tempo eles levavam para escapar. Como era de esperar, ele constatou que a fuga levava um tempo cada vez menor, até que finalmente os gatos começavam a resolver o problema assim que eram colocados dentro da caixa. Uma tal "descoberta" pode à primeira vista parecer rotineira e não ser digna de ser qualificada como ciência. O que distinguiu o trabalho de Thorndike foi sua abordagem experimental meticulosa ao estudo da aquisição de comportamentos novos. Fez da aprendizagem uma ciência quantificável.

Nos experimentos de Thorndike, a aprendizagem era uma conseqüência direta da recompensa. Ao contrário do bebê que busca a mestria pelo que ela vale por si, o gato na caixa aprendia a complicada seqüência de ação porque esta era seguida pelo acesso à comida. Thorndike resumiu assim a sua obra: De acordo com a Lei do Efeito de Thorndike, um determinado estímulo evoca uma determinada resposta se a seqüência for regularmente sucedida por um estado de coisas satisfatório.

Em linguagem clara, isto significa que o fato de ser colocado na caixa (o estímulo) evoca o puxar das cordas (a resposta) se tais ações tiverem sido sucedidas pela apresentação de comida (prazer). Thorndike realizou experimentos com uma variedade de tarefas "quebra-cabeças" em diferentes espécies de animais, e com a possibilidade de desaprendizagem, isto é, com aquilo que ocorre quando a recompensa não é mais apresentada. Baseando-se em trabalhos de laboratório, concluiu que a Lei do Efeito vale para todos os tipos de tarefas de aprendizagem e para muitas espécies diferentes. Além disso, um processo chamado *extinção* ocorria quando a recompensa era negada. Nestes casos, Thorndike pensou que a aprendizagem originalmente "gravada" pela experiência prazerosa era "desgravada" pela falta de satisfação.

Embora tenha sido Thorndike o pioneiro dos estudos a respeito do modo como a satisfação motiva a aprendizagem, foi B. F. Skinner quem investigou em detalhe a operação da Lei do Efeito. Para fazê-lo, inventou um aparelho ainda mais simples que o de Thorndike. Colocava o animal dentro da caixa mostrada na figura 8.2, a qual não tinha dentro de si nada a não ser uma alavanca e uma bandeja de comida. Ao ser puxada a alavanca, uma bolinha de alimento é automaticamente colocada na bandeja de comida. Em certo sentido, é semelhante a um emprego; o "trabalhador" faz um serviço e é "pago" por isso. Tipicamente, as primeiras bolinhas de comida têm pouco efeito sobre a ação de puxar a alavanca, mas os ratos logo aprendem a relação entre trabalho e comida (ver figura 8.3).

Figura 8.2 *Um rato numa "caixa de Skinner", aprendendo que o ato de puxar a alavanca faz surgir uma bolinha de comida.*

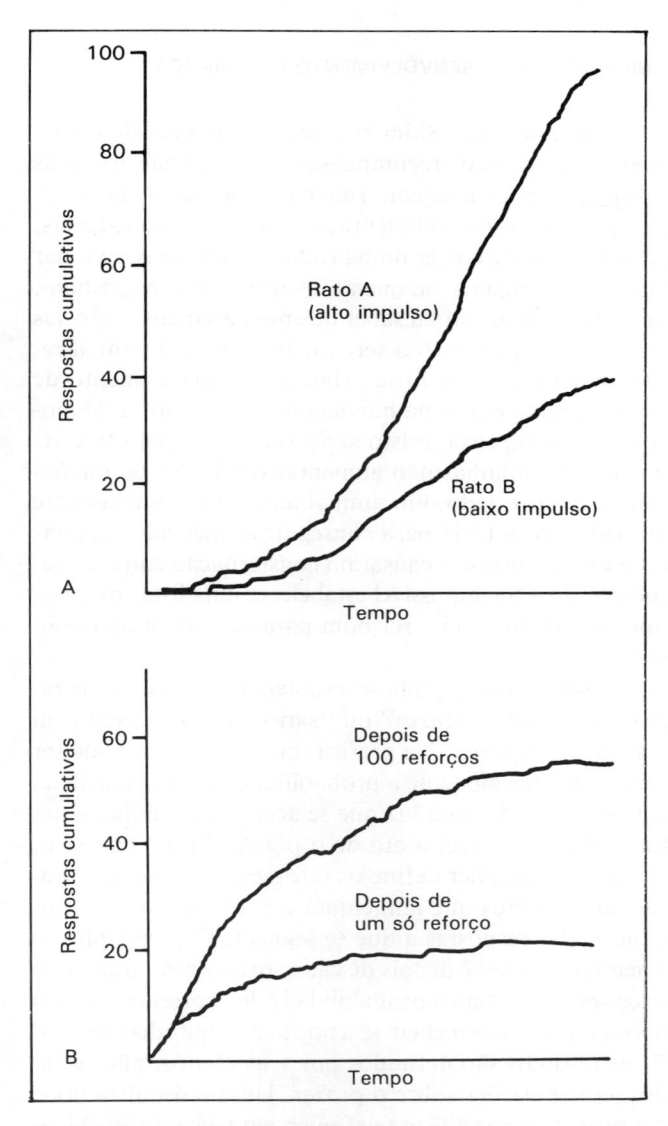

Figura 8.3 *A: O efeito do impulso: tanto o Rato A como o Rato B estão aprendendo a puxar a alavanca para conseguir comida. Cada degrau na curva indica um puxão. Mas o Rato A está sem comida há 30 horas, e aprende mais depressa que o Rato B, o qual está sem comer há apenas 10 horas.*
B: o efeito do reforço: dois ratos estão "desaprendendo", uma vez cessado o reforço. A curva superior representa os puxões de um rato que ganhou 100 bolinhas como reforço. A curva de baixo, os de um rato que ganhou apenas uma.

Usando este aparelho, Skinner e seus seguidores descobriram um enorme número de recompensas em potencial, todas as quais produzem a aprendizagem. Tais recompensas incluem recompensas comuns, como o alimento, e outras menos evidentes, como a possibilidade de correr numa roda de exercícios ou olhar por uma janela. Na medida em que as investigações progrediam, tornava-se cada vez mais difícil saber de antemão quais vivências seriam prazerosas e quais não o seriam. Imagine um animal regularmente alimentado com prodigalidade. O aparecimento de uma bolinha pequena e seca na bandeja não constituiria de modo algum uma recompensa, e isto seria verificado pelo fato de o aparecimento de bolinhas não aumentar o número de puxões na alavanca. De outro lado, um animal alimentado parcamente poderia trabalhar com fúria para conseguir as mesmas bolinhas secas. Resultados como estes causaram consternação entre os psicólogos, porque parecia impossível estabelecer uma lista completa de recompensas. O que podia ser bom para um podia não sê-lo para outro.

Skinner resolveu este espinhoso problema abstendo-se de fazer uso de termos como "prazer" ou "satisfação", e usando em vez disso a palavra *reforço*. Na prática, qualquer coisa pode ser um reforço, desde que aumente a probabilidade de ocorrência da ação que a precedeu. Se uma luz que se acende na gaiola de um pombo torna mais provável o ato de o pombo bicar um disco, a luz é um reforço. Skinner define os reforços como aqueles objetos ou acontecimentos que aumentam a probabilidade de novas ocorrências das respostas a que se seguem. Por exemplo: se uma mãe acaricia seu bebê depois de cada sorriso dele, o carinho é um reforço, pois aumenta a probabilidade de ocorrência de sorrisos. Embora possam assemelhar-se à noção de Thorndike de "satisfação", os reforços são definidos por seus efeitos; não se fazem quaisquer suposições sobre o prazer. Um masoquista pode aprender a recitar de cor a lista telefônica em troca de 20 chicotadas. Neste caso bastante improvável, as chicotadas agem como reforços, demonstrando claramente que a definição de Skinner leva em conta que o que é bom para um homem pode ser veneno para outro.

Skinner também investigou a punição, a qual tem um efeito oposto ao do reforço positivo. Nestes experimentos, o rato recebe um choque elétrico pelo chão de sua gaiola a cada vez que puxa a alavanca. Os ratos rapidamente aprendem a não puxar a alavanca, e assim evitam outros choques. A punição também se conforma à Lei do Efeito: um acontecimento ou coisa é chamada uma punição se diminui a probabilidade de ocorrência da resposta que a precede imediatamente.

Em experimentos posteriores, Skinner comparou o reforço contínuo (reforçar o animal a cada vez que dava uma resposta correta) com o reforço intermitente.

Para fazê-lo, desenhou num gráfico a quantidade de trabalho feito por animais que recebiam reforços após cada resposta, e comparou-a à quantidade de trabalho de animais cujos reforços vinham depois de algumas respostas, mas não de todas. Para a surpresa de todos, o reforço intermitente produziu as maiores taxas de resposta, e estas respostas eram as mais resistentes à extinção. Isto não é tão estranho como pode a princípio parecer. Imagine uma criança que procura moedas entre as almofadas de um sofá. Não será de surpreender se a criança continuar a procurar, apesar do fato de só ter sido reforçada ao achar moedas umas poucas vezes. Essa criança, como muitos jogadores profissionais, só precisa de recompensas ocasionais para conservar seu hábito.

À primeira vista, as discussões sobre ratos e pombos podem parecer deslocadas num livro sobre crianças. Embora Skinner tenha realizado poucas investigações com crianças, sua obra muito contribui para nossa compreensão do seu desenvolvimento psicológico. As crianças aprendem a usar talheres e a limpar seus quartos por causa de reforços parentais, tais como sorrisos, agrados e doces. Do mesmo modo, param de jogar a comida no chão depois que a mãe lhes dá um tapinha leve. Os princípios de aprendizagem inerentes a essas verdades cotidianas já eram conhecidos antes de serem estabelecidos por Skinner no laboratório. A marca de Skinner consistiu em sua insistência na experimentação cuidadosa, em vez da observação casual. Ele mediu a aprendizagem e definiu com precisão as condições que a produzem. Além disso, concentrou firmemente sua atenção no importante papel do ambiente para o processo de aprendizagem. Os familiares e os professores muitas vezes exigem ações de que a criança pode não gostar. Controlam o seu comportamento valendo-se da Lei do Efeito. Os reforços e punições são *instrumentos* para a produção da aprendizagem nos ratos e também nas crianças. Por isso, a aprendizagem estimulada pelo ambiente exterior é chamada **aprendizagem instrumental**.

A APRENDIZAGEM PAVLOVIANA, OU *CONDICIONAMENTO CLÁSSICO*

A essência da aprendizagem instrumental é o reforço. Uma atividade relativamente neutra por parte do homem ou do animal é repetida ou aprendida como conseqüência do reforço positivo ou da punição. Um pesquisador russo, Ivan Pavlov, investigou um outro tipo de aprendizagem, baseada na *associação* e não na recompensa.

Pavlov era um fisiologista que, na virada do século, estudava o sistema digestivo. Por acaso, os animais que utilizava para seus experimentos eram cães, e, certo dia, Pavlov notou que eles começavam a salivar assim que seu adestrador entrava no laboratório carregando tigelas de comida. Pavlov supôs que os cães haviam associado a imagem do adestrador com a presença de comida em suas bocas. À semelhança de seu contemporâneo Thorndike, Pavlov não se contentava com a observação casual. Assim, realizou uma série de engenhosos experimentos para demonstrar como uma pessoa, coisa (o adestrador, por exemplo) ou acontecimento (o som de uma sineta, por exemplo) tornam-se associados à comida e causam salivação.

A essência desse segundo tipo de aprendizagem, conhecido como condicionamento clássico, é a associação entre dois acontecimentos. A repetida combinação de estímulos tais como a sineta e a comida faz com que o estímulo "artificial" passe a acarretar algumas das conseqüências do estímulo "natural". Pavlov chamou a comida de **estímulo não-condicionado**, e a sineta de **estímulo condicionado**. A razão de ser destes termos é bastante simples; o estímulo condicionado é um objeto ou acontecimento que originalmente não evoca a resposta. Todos os cachorros do mundo salivam ao ingerirem comida, mas só os cachorros de Pavlov o fazem quando um certo adestrador russo entra no laboratório. A salivação motivada por alguma coisa associada à comida é chamada resposta condicionada, para distingui-la da resposta normal (ou não-condicionada). Os termos empregados no experimento estão claramente resumidos na figura 8.4.

```
1. Primeiro:  Estímulo não-condicionado  ⟶  Resposta não-condicionada
              (comida)                        (salivação)
              A sineta                   ⟶  Nenhuma resposta, ou resposta
                                             irrelevante
2. Depois:  ⎡ Estímulo não-condicionado  ⟶  Resposta não-condicionada
            ⎢ (comida)                        (salivação)
            ⎢ Estímulo condicionado
            ⎣ sineta
3. E por fim: Estímulo não-condicionado  ⟶  Resposta condicionada
              sineta                          (salivação)
```

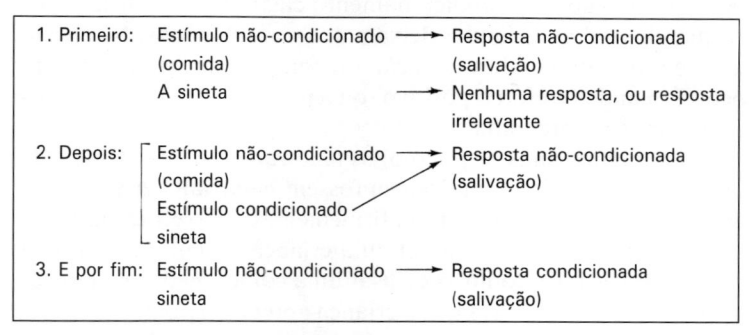

Figura 8.4 *Sumário do condicionamento pavloviano.*

Embora Pavlov só tenha realizado experimentos com animais, suas descobertas também são relevantes para o desenvolvimento infantil. É possível que as crianças aprendam a associar o médico com uma dolorosa injeção, e derramem-se em lágrimas toda vez que entram no consultório. Neste caso, a injeção é um estímulo não-condicionado, e o médico é o estímulo condicionado. Alguma coisa que antes não evocava resposta "natural" passa a fazê-lo ao tornar-se associada a ela.

A extinção também pode ocorrer na aprendizagem clássica, assim como na instrumental. Considere os exemplos acima. Se o médico deixa de aparecer junto com a injeção, não mais provocará gritos quando a criança entra em sua sala.

SEMELHANÇAS E DIFERENÇAS ENTRE A APRENDIZAGEM INSTRUMENTAL E A PAVLOVIANA

A essência do condicionamento pavloviano é a combinação de dois estímulos, de modo que o estímulo condicionado passe a evocar uma resposta involuntária. Na aprendizagem instrumental, o sujeito experimental realiza um ato voluntário, tal como o de puxar uma alavanca ou bicar um disco, e recebe uma recompensa por isso. No primeiro, ocorre uma associação entre dois estímulos; no segundo, uma associação entre resposta e recompensa.

Outra diferença entre os dois tipos de aprendizagem diz respeito à extinção. No condicionamento clássico, a extinção ocorre quando os dois estímulos deixam de ser combinados. Na aprendizagem instrumental, a extinção do comportamento aprendido ocorre quando o reforço positivo (ou a punição) deixam de seguir-se à resposta aprendida.

Por muitos anos os psicólogos tentaram sustentar a idéia de que os dois tipos de aprendizagem fossem essencialmente diferentes. Skinner e seus colegas criam firmemente que o reforço gravava uma *resposta*. O que o animal ou a criança aprendiam era uma ação específica, tal como as de usar uma colher ou dizer "por favor". Skinner acreditava que a criança aprendia isso devido às recompensas e punições parentais. Mas um outro modo de ver a coisa consiste em afirmar que a criança não aprende uma resposta específica, mas sim alguma informação acerca das relações existentes entre suas próprias ações e a recompensa dada pelo adulto. Sob este ponto de vista, o que se adquire pela aprendizagem instrumental e pavloviana são informações acerca de coisas que "andam juntas". A aprendizagem ocorre quando a criança ou rato percebem certas *associações* no ambiente. O fato de eles realizarem ou não uma ação é determinado pela recompensa e pela punição. No entanto, a aprendizagem em si mesma é adquirida quando o animal percebe que certas coisas regularmente andam juntas.

APRENDIZAGEM POR OBSERVAÇÃO

Estudou-se no laboratório um terceiro tipo de aprendizagem, o qual parece ser o mais tranqüilo de todos. O aprendiz limita-se a observar alguém realizar alguma atividade, e depois copia o comportamento dessa pessoa (o modelo). Os estudos de aprendizagem por observação realizados por Bandura serão debatidos no capítulo 13. O que nos interessa aqui é o fato de cuidadosos estudos laboratoriais terem demonstrado aquilo que os leigos sempre souberam: as pessoas aprendem a fazer as coisas mediante a observação dos outros. Não há necessidade de recompensa, punição ou condicionamento pavloviano.

A PSICOLOGIA DO DESENVOLVIMENTO

Na medida em que se define a aprendizagem como aquisição de *informação*, não é difícil explicar a aprendizagem por observação (ou imitação). Nos dois tipos de aprendizagem debatidos há pouco neste capítulo, a aprendizagem ocorria depois da associação entre objetos ou acontecimentos. Aqui, a aprendizagem não requer associação, mas tão-somente uma ação realizada com clareza (digamos, rebater uma bola de críquete) dentro de um contexto claramente definido (digamos, um jogo de um dia). O aprendiz limita-se a observar; não precisa realizar a ação. Mas, como em outros tipos de aprendizagem, a realização factual da ação num momento e lugar determinados será influenciada pela Lei do Efeito, embora a aprendizagem inicial possa não tê-lo sido de modo algum. E, evidentemente, a prática aperfeiçoará...

O QUE AS TEORIAS DA APRENDIZAGEM NÃO CONSEGUEM EXPLICAR

Recordemo-nos dos sofisticados estudos feitos por Piaget sobre o desenvolvimento da compreensão que a criança tem dos objetos. Ao final de seu primeiro ano de vida, a criança sabe que os objetos continuam a existir quando ela não os está enxergando, e sabe que eles existem num espaço que independe de suas próprias ações sobre ele. Certo dia, o bebê procura debaixo das cobertas o brinquedo favorito que desapareceu de vista, ao passo que no dia anterior perdia o interesse assim que o brinquedo se tornava invisível. Como sabia que o brinquedo ainda estava lá depois de ter desaparecido de vista? De algum modo, começou a procurar os objetos ocultos. Se aprendizagem é a aquisição de novos comportamentos (e esta definição é tão boa quanto qualquer outra), concluímos necessariamente que o bebê aprendeu sobre a **permanência do objeto** sem o expediente da recompensa. Não pode ter realizado sua primeiríssima procura pelo objeto perdido como resultado de um reforço, visto que, até aquele mesmo momento, ele sempre havia perdido o interesse. Tampouco o bebê havia sido condicionado por procedimentos pavlovianos, visto não haver uma resposta natural (não-condicionada) que consista em procurar o brinquedo. Não, as crianças *inventam* novas ações. Nenhuma das teorias apresentadas até agora neste capítulo pode dar a razão da primeira procura do bebê, pois todas elas lidam com o modo pelo qual as coisas existentes no meio circundante à criança (modelos ou reforços) produzem a aprendizagem. Piaget interessava-se pela aprendizagem espontânea da criança. Pensemos também na aprendizagem da linguagem. É bem possível que uma criança imite as palavras que ouve em torno de si, dizendo "leite" e "tchau-tchau", e seja recompensada por ser inteligente. Mas as crianças não absorvem frases aprendidas. Criam frases novas à medida que precisam delas. Algumas dessas frases ou expressões podem nunca ter sido ditas antes — especialmente aquelas com usos incomuns, como "fazi" (passado de "fazer") ou "mais bom". Considere-se o seguinte exemplo cotidiano. Uma criança vem da cozinha para a sala e diz: "Mamãe, o boneco não *cabeu* no carro." De onde veio essa frase? Ele não ouviu seus pais usarem a palavra "cabeu". Inventou-a naquela mesma hora, o que não é de surpreender, pois usou a terminação regular do pretérito perfeito.

Há outros exemplos de criança inventando ou elaborando novas ações. Imagine a criança sentada à frente das montanhas em papel machê de Piaget. Aos seis anos, ela não parece saber que as montanhas têm aspecto diferente para quem as vê do outro lado. Ainda assim, sem reforço e sem condicionamento pavloviano, um dia ela passa a saber que a visão de uma pessoa situada do outro lado das montanhas é o oposto da sua. Como se deu essa realização intelectual? Pode-se dizer que ela foi aprendida com base na experiência, mas não se pode afirmar que ela o tenha sido segundo a Lei do Efeito ou os procedimentos do condicionamento clássico. Todos os dias, as crianças inventam, elaboram e imaginam toda espécie de coisas que nunca viram antes e pelas quais nunca receberam recompensas e para as quais nunca foram condicionadas. São essas elaborações que intrigaram Piaget. Isto não nega a importância do reforço ou do condicionamento. Os princípios de aprendizagem discutidos neste capítulo influenciam o comportamento, e os pais e professores empregam-nos diariamente (ver capítulo 13). Mas grande parte do que a criança aprende sobre o mundo, suas regularidades bem como suas possibilidades, ocorre de modo bastante espontâneo. É provável que Piaget tenha chegado perto de explicar como isso ocorre. A inteligência desdobra-se espontaneamente à medida que a criança fica mais velha.

A CONTRIBUIÇÃO DAS TEORIAS DA APRENDIZAGEM PARA A PSICOLOGIA

Afirmou-se que as teorias discutidas neste capítulo (Lei do Efeito, condicionamento pavloviano, aprendizagem por observação) não são capazes de indicar a razão de toda a aprendizagem complexa e variada que ocorre na infância e, deveras, no resto da vida. Então, o que elas têm de bom?

(1) As teorias da aprendizagem aqui debatidas lançam uma luz clara sobre o modo como as recompensas e punições podem controlar o comportamento. Embora já tenha sido afirmado que a aprendizagem possa ocorrer sem recompensas ou punições, o controle sobre o momento e o local em que uma ação é realizada é muitas vezes determinado por elas. Embora as teorias da aprendizagem não expliquem todos os comportamentos novos, elas explicam quais são as forças que agem para produzir um dado comportamento num momento dado.

(2) As teorias da aprendizagem de Thorndike, Skinner, Pavlov e seus seguidores são rigorosamente científicas. Baseiam-se em experimentos de laboratório rigidamente controlados, em que a inferência é reduzida ao mínimo na interpretação dos resultados. O trabalho é constantemente posto à prova; as hipóteses que não têm a corroboração dos dados comportamentais são deixadas de lado, e novas hipóteses são elaboradas e testadas. Além disso, várias pessoas que trabalharam neste campo construíram sobre a obra de outras, produzindo um corpo unificado de investigação que partilha de um vocabulário comum.

No entanto, a ênfase no experimento laboratorial controlado é ao mesmo tempo uma força e uma fraqueza. Embora autorize a confiança nos resultados empíricos, o trabalho de laboratório pode desconsiderar importantes influências do ambiente mais natural. Como os experimentadores examinam os efeitos de uma influência por vez (digamos: o sorriso por parte dos professores), podem não perceber de que modo uma combinação de recompensas e punições molda o comportamento na vida cotidiana. Alguns seguidores atuais de Thorndike, Skinner e Pavlov abandonam o mundo artificial do laboratório para estudar como a recompensa e a punição afetam as crianças em casa e na escola. Quando o fazem, insistem na definição cuidadosa dos termos e na verificação formal de hipóteses. No entanto, o rigor obtido pelos primeiros teóricos muitas vezes não existe no mundo real, porque cada escola é diferente das outras, assim como o são as famílias. Ainda assim, o legado de décadas de trabalho de laboratório faz com que os estudos de campo da aprendizagem clássica, instrumental e por observação sejam extremamente rigorosos. É possível que os teóricos da aprendizagem sejam limitados por não terem em conta a "criança integral", mas o lado positivo desse limitação é uma teoria que se presta à verificação empírica.

Thorndike e Pavlov postularam que o único modo de desenvolver a ciência da psicologia seria o estudo do comportamento observável — e não de sonhos, sentimentos ou demônios interiores da personalidade, como o superego. A insistência no comportamento observável das crianças por parte daqueles que se chamam "teóricos da aprendizagem" muito caminhou no sentido de fazer da psicologia do desenvolvimento uma ciência.

CAPÍTULO 9
A AQUISIÇÃO DA LINGUAGEM

Uma menina de quatro anos, na praia, ocupava-se em fazer "bolinhos" de areia molhada. Sua mãe e uma amiga da família estavam sentadas lá perto, observando satisfeitas. De repente a água subiu, encharcando a menina e os bolinhos. "Saco!" A mãe, assombrada, volta-se embaraçada para a amiga. "Ela imita o pai. É assim que eles aprendem a falar, não é?" A mãe só tem razão em parte. É claro que a filha diz palavrões na língua dos pais e não em francês porque é a língua que ela ouve em casa. Mas a mãe não poderia culpar o marido se a filha dissesse "Eu fazi um bolinho", e é freqüente que as crianças inventem frases assim. Embora a menina tenha aprendido a falar palavrões ouvindo os outros, a imitação desempenha um papel de pouca importância na complexa tarefa de aprender a falar. Como as crianças compreendem e falam a língua de suas famílias?

BALBUCIOS E JOGOS DE TROCA

Antes de os bebês começarem a se comunicar, os pais travam com eles conversas de sentido único. Os adultos tratam os arrotos e sorrisos de seus filhos como se a criança lhes quisesse dizer alguma coisa e estivesse usando a fala propriamente dita. Catherine Snow estudou as conversas unilaterais entre mãe e bebê, visitando lares e fazendo gravações em áudio de rotinas normais das famílias. Eis um exemplo de gravação[1], envolvendo um bebê de poucos meses de vida.

Figura 9.1 *A fala e a discussão são habilidades humanas essenciais.*

MÃE: Olá. Me dá um sorriso (suavemente cutuca o bebê no peito).
BEBÊ: (Boceja)
MÃE: Está com sono, é? Você acordou muito cedo hoje.
BEBÊ: (abre a mão)
MÃE: (tocando a mão do bebê) O que você está olhando? Você está vendo alguma coisa.
BEBÊ: (agarra o dedo da mãe)
MÃE: Ah, era isso que você queria. Bonzinho, então. Vamos, dê um sorriso.

Aos três ou quatro meses de idade, o bebê produz sons semelhantes à fala. O pico dos balbucios é atingido por volta dos nove ou dez meses, quando o bebê começa a alinhavar sons como "ba-ba da go". Os sons freqüentemente têm uma cadência ascendente e descendente, como se fossem pequenas frases, e são produzidos quando o bebê está sozinho e com outras pessoas. Será que o bebê aprendeu a produzir sons semelhantes à fala pela imitação da fala que ouve ao redor de si? Os cientistas crêem que não. Um das razões para essa opinião é a de que os bebês surdos balbuciam apesar de não poderem ouvir a linguagem dos adultos. Por isso, muitos cientistas consideram o balbuciar como uma atividade inata, herdada como parte do repertório "pré-programado" da espécie humana.

Outras provas em favor do caráter inato do balbucio nos vêm de estudos de crianças em outras culturas. Seja qual for a língua dos pais, os bebês balbuciam de modo semelhante e de acordo com uma escala temporal semelhante. Por exemplo: todas as crianças começam com sons que se aproximam das consoantes guturais *g* e *k* e da vogal *a*. Não é por acaso que os autores de histórias em quadrinhos retratam os bebês emitindo os sons "gu" e "ga". Quando um pouquinho mais velhos, os bebês acrescentam a seu repertório os sons *b*, *f* e *d*, quer eles constem ou não da língua falada pelos pais. (Se as crianças se limitassem a imitar os sons que ouvem, o balbucio seria diferente em diferentes culturas.) Além disso, se a imitação conduzisse diretamente aos sons balbuciados, as crianças produziriam todos os tipos de som, e não um conjunto restrito.

Embora os primeiros balbucios não sejam linguagem, pois não contêm significado, eles podem ser uma forma de comunicação. A comunicação pode ser definida aqui, em grandes linhas, como uma troca social entre o que fala e o que ouve. As mães e os bebês, por exemplo, comunicam o prazer que têm um com o outro, uma falando durante a brincadeira e o outro respondendo com balbucios. Isto certamente constitui uma comunicação deliberada por parte de ambos os parceiros, embora seja uma comunicação de sentimento, e não de significado.

Jerome Bruner estudou a brincadeira de mães e bebês, fazendo gravações em vídeo deles em seus lares[2]. Constatou que a comunicação pode ocorrer também em jogos com objetos, e não só em "conversas" unilaterais. Pense no jogo simples de toma-lá-dá-cá. Aos poucos, até bebês de cinco meses de idade começam a participar de jogos bilaterais, permutando tijolinhos ou brinquedos em vez de palavras. Com cada jogo de toma-lá-dá-cá, diz Bruner, os bebês ganham proficiência na habilidade de revezar-se em conversas. Em menos de um ano, eles inserirão palavras onde antes havia ação.

A figura 9.2 representa a história de um menininho, Richard, no jogo de toma-lá-dá-cá. Com 5 meses e 3 semanas de idade, ele "dava" em menos de 10 por cento das vezes, e "tomava" bastante. Com 12 meses e 3 semanas, ele e sua mãe compartilhavam quase na mesma medida o papel de doador. Tomada em seu todo,

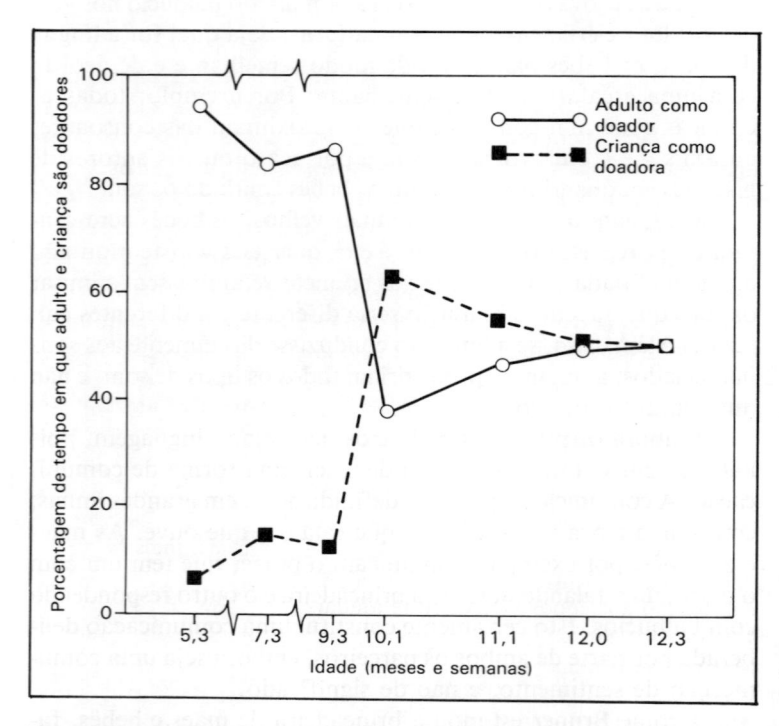

Figura 9.2 *Como o jogo de toma-lá-dá-cá se desenvolve no decorrer do primeiro ano. Até a idade de nove meses, o adulto desempenha o papel principal; por volta dos dez meses ocorre uma mudança notável.*

a figura 9.2 mostra que Richard começou como parceiro passivo na permuta, muito à semelhança do bebê na conversa registrada por Catherine Snow. No decorrer de seis meses, porém, o menininho tornou-se um parceiro igual, capaz de dar e receber objetos com facilidade. Bruner diz que a mãe ajuda seu bebê a aprender a linguagem quando faz a maior parte do trabalho nas primeiras perguntas. A assistência dos adultos pode ser importante no processo de aprender a revezar-se na conversação. O balbucio puro e simples, evidentemente, aparece nas crianças sem nenhuma "tutela" especial por parte de outras pessoas. Parece que algumas habilidades de comunicação são inatas, ao passo que outras são adquiridas.

PRIMEIRAS PALAVRAS

Com o surgimento da fala reconhecível, em algum momento por volta do primeiro aniversário, o bebê passa a ocupar-se da articulação deliberada de palavras específicas. Agora cada palavra é expressada por uma cuidadosa seqüência de sons, "mamãe" e "suco". Em vez de brincar com sons, a criança controla seu aparelho fonador com uma nova precisão. Seu vocabulário é limitado àquelas palavras que ela é capaz de pronunciar (bebês nunca falam "abstinência") e aos objetos e acontecimentos pertencentes à sua rotina diária. Eis uma conversa entre uma menininha, Alison, e sua mãe[3].

AÇÃO	FALA DA MÃE	FALA DA CRIANÇA
Alison toma suco; pega outro copo.		"Mais."
Alison segura dois copos juntos; coloca-os no chão.		"Mais, mais."
Alison estende a mão em direção aos copos e à lata de suco.	"Deixa eu te ajudar? Deixa eu te ajudar?"	
Mãe põe suco num copo.	"Pronto."	
Alison estende a mão para pôr suco no copo da mãe.		"Mais mamãe."

AÇÃO	FALA DA MÃE	FALA DA CRIANÇA
Mãe põe suco no outro copo.	"Aí. Este é para..."	
Alison oferece o copo para a mãe.		"Mamãe."
	"Este para mamãe?"	
Alison toma o copo da mãe.		"Não."
	"Não?"	
Alison começa a tomar o suco.		"da."
	"Alison vai tomar? Então mamãe vai tomar este, tá bom?"	
Alison toma suco; mãe pega o outro copo.		

Alison e sua mãe entabulam uma verdadeira conversa, pois revezam-se em pronunciar palavras, e não meramente sons.

As crianças muito novas aprendem suas primeiras palavras com vagar, e, aos dois anos de idade, geralmente são capazes de falar cerca de 50 palavras diferentes. O que uma criança precisa saber para produzir sozinha uma palavra, ou para compreender uma palavra que lhe é dita por outra pessoa? Precisa conhecer a relação entre uma série de sons falados ("tchau-tchau") e algum acontecimento exterior real (tal como a despedida ou o desaparecimento). A relação entre uma palavra e um estado de coisas que se dá no mundo real é chamada **referência**, e é possível que as crianças saibam algo a respeito de referência muito antes de começarem a falar em frases.

Piaget e muitos outros crêem que as crianças possuam conceitos de coisas como maçãs, leite, abraçar, pular e possuir, antes de saberem pronunciar qualquer palavra. Esses conceitos fazem parte dos esquemas sensório-motores normais (ver pp. 130-132) dos dois primeiros anos de vida. Com as primeiras manifestações de linguagem propriamente dita (isto é, significado, e não mera brincadeira sonora), a criança aprende que seus esquemas sensório-motores podem ter palavras vinculadas a eles. Por exemplo: aos 10 meses, a criança sabe muito sobre leite e

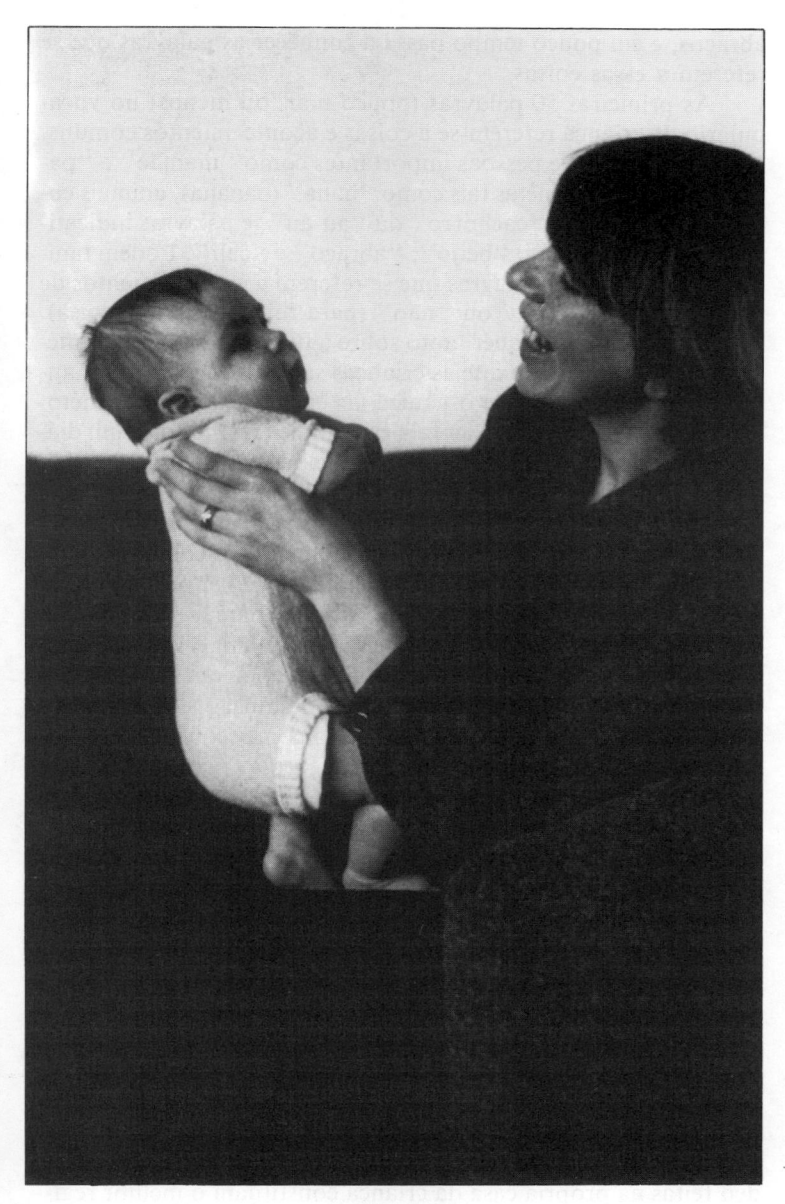

Figura 9.3 *Mesmo sem falar, os bebês comunicam-se com sons e gestos.*

abraços, e em pouco tempo passa a conhecer as palavras que se referem a essas coisas.

As primeiras 50 palavras (pouco mais ou menos) no vocabulário da criança referem-se a coisas e acontecimentos comuns. Incluem o nome de pessoas importantes como "mamãe" e "papai", comidas prediletas tais como "nana" (banana), animais conhecidos tais como "cachorro" ou "au-au", e palavras indicativas de ação, tais como "beijo", "abraço" e "cair". Podem também estar incluídas palavras que se referem a acontecimentos de rotina, como "banho" ou "não" (para rejeitar alguma coisa).

Como viemos a saber tanto sobre a linguagem? Há dois métodos para descobrir o que as crianças sabem sobre palavras antes que sejam capazes de organizá-las em frases. Um dos métodos consiste em registrar sua fala espontânea, fazendo-se um diário contendo o que elas disseram em cada dia. Alguns dos primeiros registros desse tipo foram feitos por Leopold e Gregoire, bem como por Piaget. Outro método consiste em fazer gravações em áudio ou vídeo das crianças em momentos escolhidos (digamos, por duas horas a cada duas semanas). O método do diário tem a vantagem da completude, pois pode abarcar todos os dias da vida da criança. Se as gravações são feitas a intervalos de duas semanas, uma palavra que esteja presente por um ou dois dias pode ser completamente ignorada pela pesquisa. Mas os diários também têm seus pontos negativos: são com freqüência escritos à noite, ou às pressas no decorrer de um dia corrido. Por isso, a pessoa que escreve pode esquecer-se de fatos importantes ou fazer uma seleção daquilo que incluirá nas notas. Outro problema dos registros em diário é o fato de não haver um registro permamente de como a palavra realmente soava. Já as gravações acham-se disponíveis para serem vistas ou ouvidas inúmeras vezes, de modo que cada detalhe de fala e comportamento possa ser observado a fundo, sem que nada seja deixado a cargo da memória. No entanto, as gravações são tecnicamente difíceis de fazer, e sua análise leva bastante tempo. Além disso, o equipamento se intromete em meio à vida da família, fazendo com que, às vezes, os adultos se sintam "formais" ou tolhidos em suas atividades com a criança. Vê-se, portanto, que não há um método perfeito para o estudo da linguagem, embora as gravações em vídeo feitas na própria casa da criança constituam o melhor registro do desenvolvimento das palavras e frases.

Uma vez feita a gravação da fala da criança, o pesquisador depara-se com a tarefa de interpretar seu significado. Isto não é tão fácil quanto parece, pois as crianças não usam as palavras como o fazem os adultos. Eis uma lista de palavras faladas cedo pelas crianças, lista tirada de registros diários de várias crianças diferentes, e que inclui os referentes que a criança parece designar com cada palavra[4].

Palavra	Aplicada em primeiro lugar a	Depois aplicada a
mooi	*moon* (lua)	bolos, marcas redondas em janelas, coisas escritas em janelas e livros, figuras redondas em livros, estampas em encadernações de couro, marcas postais redondas, a letra O
buti	*ball* (bola)	brinquedo, rabanete, esferas de pedra na entrada
ticktock	relógio	todos os relógios de parede e de pulso, registro do gás, mangueira de incêndio enrolada em bobina, balança de banheiro com mostrador redondo
baw	*ball* (bola)	maçãs, uvas, ovos, abóbora, badalo de sino, qualquer coisa redonda
sch	som de trem	todas as máquinas móveis
ass	bode de brinquedo com couro áspero, sobre rodas	algumas coisas que se movem (por exemplo, animais, irmã, carroça), todas as coisas que se movem, todas as coisas dotadas de superfície áspera
fly	*fly* (mosca)	partículas de poeira, poeira, todos os insetos pequenos, dedos do pé da própria criança, migalhas de pão, um sapo
bow-bow	cachorro	cachorro de brinquedo, objeto de pele com cabeça de animal, outros objetos de pele sem cabeças

Tabela 9.1 *As palavras de crianças pequenas, e o que elas significavam.*

Note-se que as palavras muitas vezes referem-se a um conjunto maior de coisas do que as palavras de um adulto. Os psicólogos dizem que as crianças "alargam" o significado de muitas palavras. E por que fariam isso? Uma teoria, proposta por E. Clark, afirma que a criança nova começa por associar uma palavra a uma ou duas características particulares de um objeto. Por exemplo: a criança começou a usar "mooi" para referir-se a "moon" (lua). Depois, estendeu-a a marcas em janelas e em livros, e mesmo à letra O. Talvez tivesse desenvolvido uma regra segundo a qual "todas as coisas redondas são chamadas mooi". Por usar demasiado poucas características para definir uma coisa, a criança nova coloca numa mesma categoria mais objetos do que lá deveriam estar, tomando-se em conta a linguagem adulta correta.

Nem todos os "alargamentos" da tabela são resultado de a criança escolher uma propriedade para a definição; a palavra "ticktock" parece ser definida por duas características: *redondo* e *semelhante a máquina*.

Por mais categorias que a criança use em suas primeiras definições, não resta dúvida de que grande parte da sutileza dos adultos é deixada de lado. Segundo Clark, à medida que a criança fica mais velha, torna-se capaz de usar cada vez mais características para definir uma palavra, até que passa a defini-las como o fazem os adultos. Examinemos, por exemplo, o termo "relógio de pulso". Aqui, o objeto é definido por sua função de marcar o tempo, por seu tamanho e forma, e também por sua localização costumeira no corpo. Isto coloca-se em aguda contraposição à palavra "mooi", que se define por uma única característica.

Há outros dados referentes aos primeiros significados das palavras, dados que nos vêm de experimentos sobre a linguagem, e não de observações da fala espontânea. No caso, apresentam-se às crianças pequenos objetos ou desenhos, e pede-se-lhes que "mostrem o cachorrinho", ou a "maçã", ou o que for. Como as crianças respondem apontando, trata-se de um teste de compreensão de palavras, e não de sua produção. Um estudo valeu-se deste método experimental para descobrir que as crianças sabem mais sobre o significado das palavras do que sua fala espontânea nos deixa entrever. Por exemplo: uma criança, ao deparar-se com diversos objetos que chamava de "maçã" (e alguns dos quais *não* eram maçãs), apontou para o desenho correto e ignorou os objetos menos adequados. Em casos como este, a criança "alargou" quanto à produção, mas não quanto à compreensão.

Os Clark resumem sua opinião[4]:

Estes resultados indicam que talvez haja dois passos diferentes nos "alargamentos" das crianças. No primeiro passo, elas formam uma hipótese sobre o significado de uma palavra — a de que cachorrinho, por exemplo, abarca todos os objetos com forma de animal mamífero —, e usam esse significado tanto para a produção como para a compreensão. No passo seguinte, começam a colher mais informações sobre os referentes adultos de cachorrinho, auxiliadas pelas pistas não-lingüísticas que os adultos dão enquanto falam com as crianças novas. Para a palavra cachorrinho, os adultos podem acrescentar que os animais são peludos, latem, e assim por diante, resultando daí que as crianças aos poucos aprendem a escolher os referentes adequados da palavra. Mas, como ainda não têm palavras para designar muitos dos objetos que se parecem com os cachorros na aparência, continuam a "alargar" a palavra cachorrinho para mostrar ou pedir alguma coisa. Levam seu parco vocabulário aos seus limites, na tentativa de se comunicar. Os adultos fazem coisa muito semelhante ao aprenderem uma língua estrangeira ou quando deparam com objetos que nunca viram antes. Ao deparar pela primeira vez com uma zebra, por exemplo, alguém poderia certamente dizer tratar-se de uma espécie de cavalo.

AS PRIMEIRAS FRASES

Embora a transição do *balbucio* para as *palavras* marque um triunfo no desenvolvimento lingüístico, adiante há um outro triunfo. Com as frases, as crianças podem aumentar bastante a complexidade da comunicação. O falante que fica restrito a pronunciar palavras isoladas acha-se limitado quanto à história que pode contar e aos fatos que pode descrever. Imagine que você testemunhasse o seguinte acontecimento: um menino, carregando uma sacola de compras, corre rua abaixo. Um outro menino corre atrás dele, conseguindo finalmente alcançá-lo. O segundo menino atinge o primeiro com um soco no nariz, pega a sacola e oculta-se numa loja.

Como você conseguiria contar a história inteira a um amigo, se não fosse capaz de combinar palavras de modo a formar frases? Bem, talvez você pudesse dizer algo assim: "Menino. Sacola. Menino. Correu. Bateu. Loja."

Mas, se você dissesse isso, a pessoa que o ouvisse teria pouca probabilidade de entender o que você vira. Quem bateu em quem? Quem correu? O que tinha a sacola a ver com tudo isso? E quem foi fazer compras na loja? Com este pequeno exemplo pode-se perceber que as regras para a combinação de palavras de modo a formar frases capacitam os usuários da língua a descrever em minúcia aquilo que viram. Além disso, as frases permitem que descrevamos acontecimentos imaginários, como "Eu vi dois unicórnios dançando no jardim ontem à noite." Também nos capacitam a comunicar nossos pensamentos e sentimentos. "Tenho medo de errar." "A realidade é mais estranha que a ficção." Tente comunicar essas frases por meio de palavras isoladas!

Como as crianças aprendem as regras que governam o fazer frases? A maior parte das crianças de dois anos conhecem a diferença entre "a menina bateu no menino" e "o menino bateu na menina". Considere a sutileza dessa diferença: as palavras nas frases são as mesmas; só o que muda é a sua ordem. Nas frases, a ordem das palavras conta grande parte da história. Note também, no exemplo, que a ação ocorreu no passado. Em vez de "a menina está batendo no menino" (ação ocorrendo no presente), temos uma ação completada no passado (por exemplo, a terminação em *u* do pretérito perfeito). Em suma, tanto a ordem das palavras nas frases quanto as terminações das palavras fazem parte do conhecimento dos usuários maduros da linguagem. Com isso, eles podem comunicar-se com precisão, descrever acontecimentos longínquos e até inventar seres imaginários. Com a idade de dois anos, as crianças já adquiriram os rudimentos da formação de frases, embora o modo pelo qual o façam seja ainda um mistério. No decorrer dos dez anos seguintes, elas devem incrementar essas habilidades.

ESTUDOS DAS PRIMEIRAS FRASES

Um pesquisador bem conhecido da linguagem infantil, Roger Brown, estudou a linguagem de três crianças como parte de um projeto de pesquisa que durou mais de uma década[5]. Os nomes das crianças eram Adam, Eve e Sarah. As duas primeiras foram visitadas em casa por duas horas a cada duas semanas, enquanto Sarah era vista a cada semana por uma hora. As sessões de gravação começaram quando as crianças estavam começando a aprender a combinar mais de duas palavras, e terminaram, ao menos nos casos de Adam e Eve, quanto elas já produziam frases complexas com fluência.

As fitas de áudio gravadas por Brown e seus colegas foram transcritas por datilógrafos e cotejadas de acordo com a idade da criança. Assim, para cada criança, elaborou-se um *"corpus* de linguagem", consistindo na fala típica dessa criança em várias idades.

Para começar, qual o aspecto das primeiras frases? Eis, abaixo, um pequeno trecho de conversa gravada em fita entre Adam e sua mãe.

Adam	*Mãe*
Olha caminhão, mamãe.	
Olha caminhão.	
	Você viu o caminhão?
Não eu vi caminhão.	
	Não, você não viu?
	Lá vai um andando.
Lá um andando.	
	É, lá vai um andando.
Olha um caminhão.	
Olha caminhão, mamãe.	
Olha caminhão.	
Caminhão.	
Põe caminhão, mamaê.	
	Pôr o caminhão aonde?
Põe caminhão na janela.	
	Eu acho que esse é muito grande para caber na janela.

Brown descobriu semelhanças nas frases produzidas pelas três crianças. Em primeiro lugar, as frases eram notavelmente curtas. Na verdade, Brown descreveu-as como "telegráficas". As pessoas que mandam telegramas pagam por cada palavra, o que as

incita à brevidade, mas mesmo o remetente mais sovina não pode eliminar palavras aleatoriamente, pois algumas são mais fundamentais para o significado do que outras. Suponhamos que alguém quisesse enviar a mensagem "Devo chegar na terça-feira próxima no trem das 8:05". Qual dos grupos de palavras abaixo transmite sua essência:
"chego terça trem 8:05"
ou
"devo próxima no das"?
Embora as duas frases contenham quatro palavras, a primeira conserva o sentido da original, e a segunda não. Brown formulou a hipótese de que as crianças atuem como os remetentes de telegramas; conservam as palavras importantes, que transmitem melhor o significado, e eliminam as que têm a função de modular o significado.

As crianças não só sabem quais são as palavras "importantes" e quais são as que podem ficar de fora, como também conhecem a ordem correta das palavras. Estão registradas abaixo algumas frases de crianças, seguidas da "expansão" que as mães fizeram da fala de seus filhos de modo a enquadrá-las no estilo adulto[5].

Criança	Mãe
Nenê cadeirão	O nenê está no cadeirão
Mamãe gemada	Mamãe tomou sua gemada
Eva almoço	Eva está comendo o almoço
Mamãe sanduíche	Mamãe vai comer um sanduíche
Joga papai	Joga para o papai
Pega luva	Pega a luva do chão

Note-se que as crianças têm um conhecimento suficiente das regras da gramática para saber colocar o sujeito das frases no início (quando a frase tem um sujeito) e o objeto do verbo no fim (quando o verbo é complementado por objeto). Uma **gramática** pode ser entendida como um sistema de regras que governam a combinação de palavras de modo a formar frases. Qualquer pessoa que tenha um conhecimento de gramática saberá que estas frases estão de acordo com ela:

Todos os alunos estudam com diligência
Um fantasma me visitou ontem à noite

enquanto estas não estão:

Diligência com alunos estudam os todos
Noite à ontem visitou fantasma um me

Para resumir o que foi dito até aqui, as primeiras frases das crianças são mais curtas que as dos adultos porque as crianças eliminam as palavras que modulam o significado (como "o", "para" e "estou"), bem como as terminações das palavras (como as que indicam os tempos verbais). O uso que fazem da ordem adulta das palavras mostra que possuem um conhecimento rudimentar de gramática. Com ele, podem inventar frases que nunca ouviram antes.

"Luz tchau-tchau" (quando uma vela se apaga)
"Porta chora" (quando uma porta velha range)

Com esse conhecimento recém-adquirido do modo como as palavras se combinam para formar frases, as crianças são capazes de expressar os seguintes significados[6].

---
1. Falam sobre ações, sobre o que aconteceu a que e quem faz o que:
"Eu cai."
"Bate mesa."
"Carro vai vruum!"
2. Têm vivo interesse, para não dizer uma obsessão, pela relação de posse:
"Meu ursinho."
"Chapéu mamãe."
"Cabelo papai."
3. Prevalece também a relação de localização:
"Copo na caixa."
"Carro garagem."
"Mamãe fora."
4. Entre outros significados primitivos que nessa época encontram expressão, acha-se a recorrência:
"Mais leite."
"Cócegas de novo."
5. A nomeação, ou rotulação:
"Aquele ursinho."
"Este rolo compressor."
6. E a não-existência:
"Bolinhos todas embora."
"Acabou sopa."

Tabela 9.2 *Seis categorias diferentes de significados primitivos.*

Embora as frases de crianças de dois ou três anos de idade sejam curtas e não tenham palavras indicadoras de nuanças, elas expressam uma diversidade de significados, entre os quais afirmações de ação, afirmações sobre posse e localização, e até sobre a não-existência. O que é mais interessante é que as crianças que aprendem diferentes línguas, incluindo o alemão, o hebraico e até o samoano, expressam os mesmos tipos de significados em suas frases de duas ou três palavras. Brown afirma que as primeiras frases são bastante parecidas, qualquer que seja a língua que a criança fale, porque se acham na dependência dos esquemas cotidianos de inteligência sensório-motora, e estão limitadas a eles.

Embora não saibamos ao certo como as crianças aprendem a combinar palavras para formar frases, estudos como o de Roger Brown nos dão alguns indícios. É possível que sua tarefa de aprendizagem seja simplificada por elas não terem de exprimir, de início, *todos* os tipos de significados expressos pelos adultos. Concentrando-se no conjunto limitado de significados arrolado acima, as regras que elas precisam aprender reduzem-se a um número manejável.

Quais são os significados que as crianças novas são incapazes de expressar? De que modo sua linguagem é limitada? Notemos que as frases apresentadas acima não registram casos de negação (eu *não* vou), tempo passado (eu and*ei* para casa), plurais (eis as maçã*s*), artigos (eu comi *uma* maçã) ou perguntas (você está brava comigo?). Não há dúvida de que as crianças percebem coisas tais como o número e os tempos passado e presente, mas não são ainda capazes de expressá-las em frases gramaticais. Mas, no momento em que as crianças entram na escola, tais complexidades da gramática já são café pequeno.

BRINCANDO COM A LINGUAGEM

Bruner diz que as brincadeiras sonoras do bebê e os jogos de permuta ajudam-no a adquirir habilidades de revezamento. Mas será que a utilidade da brincadeira diminui depois que a criança já aprendeu a falar? Courtney Cazden crê que a brincadeira com a linguagem seja tão importante para crianças em idade

escolar quanto o é para os bebês, pois *focaliza a atenção* nos sons e significados da linguagem[7]. Na idade escolar, os jogos de rimas, as canções sem sentido e mesmo as charadas concentram a atenção nos sons e sentidos da linguagem e ajudam as crianças a soletrar, ler e escrever. Pense nos tesouros educacionais contidos na seguinte charada:
PERGUNTA: O que faz BRM BRM debaixo d'água?
RESPOSTA: Motor pike and side carp*.

---

* Trocadilho intraduzível. *Pike* (lúcio) e *carp* (carpa) têm semelhança fonética com *bike* e *car* — *motor bike and side car* significa "motocicleta com carro lateral". (N. T.)

PARTE II
DA TEORIA À PRÁTICA

Quem precisa da psicologia? Os psicólogos estudam sistematicamente os seres humanos (e os animais) para descobrir "o que faz as pessoas piscarem" e as causas de diversos tipos de comportamento. Os psicólogos do desenvolvimento interessam-se particularmente pelas crianças e pelos processos de desenvolvimento normal e anormal. Pelo fato de os seres humanos serem organismos complicados, há muitos aspectos diferentes do desenvolvimento das crianças: os principais âmbitos são o emocional, o físico, o social e o intelectual. A Parte I examinou alguns estudos de psicologia do desenvolvimento que produziram teorias do desenvolvimento. "Gigantes" da psicologia, como Bowlby, Freud e Piaget, procuraram explicar como e por que as crianças se desenvolvem tal como o fazem. Outros fizeram-se perguntas como: "Quantas são as capacidades básicas que o bebê possui ao nascer, e quanto ele precisa aprender?" Os psicólogos fascinaram-se pelo modo como um bebê adquire habilidades como a fala, e, mais tarde, outras habilidades complexas.

George Miller, psicólogo norte-americano bastante conhecido, formulou uma questão particularmente importante durante uma palestra intitulada "A psicologia como meio de promover o bem-estar humano". A questão era: "Por que não conseguimos difundir a psicologia?" Em outras palavras, por que os profissionais não estão usando a psicologia? Embora, como veremos, haja cada vez mais áreas cujos profissionais *estão* aplicando as descobertas da pesquisa psicológica, muitos conhecimentos novos são simplesmente desconsiderados, e o porquê de isso ocorrer é uma questão urgente que se apresenta ante os futuros psicólogos do desenvolvimento.

Considere a idéia de "psicologia como um meio de promover o bem-estar humano". As enfermeiras, os professores, os assistentes sociais, todos os que se dedicam às profissões de "auxílio" e "assistência", todos empregam, em seu trabalho cotidiano, a sua própria explicação do comportamento humano. As enfermeiras usam a psicologia ao lidar com os pacientes, e também com os médicos; os professores muitas vezes demonstram ter um discernimento psicológico ao lidar com alunos difíceis (ou não tão difíceis); e os adultos que trabalham com grupos de pré-escola freqüentemente revelam ter uma compreensão intuitiva do desenvolvimento infantil no trabalho que fazem com as criancinhas de quatro anos. O mesmo ocorre, é claro, com os pais. Todas essas pessoas estão usando algum tipo de compreensão ou conhecimento psicológico. Vimos, no capítulo 1, que os psicólogos procuram ir além do senso comum para construir uma teoria científica do comportamento humano. No entanto, as teorias que são apresentadas num compêndio introdutório de psicologia às vezes parecem ser irrelevantes para a prática nesse campo.

Por que isso ocorre? Uma das razões é que os psicólogos que fazem pesquisa tenderam a usar métodos experimentais no laboratório, e isto os conduziu forçosamente a situações artificiais. Na tentativa de elaborar teorias científicas, estudaram o comportamento isolados da vida real, dentro de condições laboratoriais cuidadosamente controladas. Os profissionais práticos, por seu lado, trabalharam sobretudo por tentativa e erro, numa situação em que eram pouquíssimas as variáveis que se conservavam constantes. Assim, embora os psicólogos possam ter produzido teorias elegantes, pouco foi o que ofereceram aos profissionais que trabalham na sala de aula atarefada, na família carente ou na creche barulhenta. A artificialidade da situação de laboratório fez com que muitos profissionais práticos duvidassem da validade dos resultados das pesquisas, e levou-os a procurar amparo teórico em outras disciplinas. Além disso, a comunicação das descobertas psicológicas sempre foi difícil, pois geralmente é feita em periódicos eruditos e não se torna prontamente acessível aos profissionais práticos.

Todos conhecemos o fato de os bebês e as crianças comportarem-se de modo diferente em diferentes situações. A verdade é que seus pais fazem a mesma coisa. Como será debatido no capítulo 16, fatores como esses conduziram a um interesse crescente pelas pesquisas realizadas na própria casa da criança, ou em seu "ambiente natural", onde se espera que as constatações produzam um quadro mais completo do desenvolvimento "integral" da criança, e assim tenham maior relevância para a prática. Recentemente, os psicólogos do desenvolvimento têm realizado estudos de observação de mães e bebês em casa, de crianças no grupo de brincadeiras e na creche, e também de crianças mais velhas na escola. Estas são áreas em que a teoria psicológica vem informando cada vez mais a prática, ou onde os psicólogos clínicos têm empregado a teoria psicológica com pacientes ou estudantes. As pesquisas sobre maternagem e as observações de interações entre mães e bebês estão hoje informando a prática e os programas de cuidado substituto; as observações de creches e grupos de brincadeiras hoje ajudam os professores e líderes de grupos a estruturar e planejar o ambiente da pré-escola e tirar o máximo proveito do tempo, do material e dos adultos disponíveis. As teorias da aprendizagem informam a prática de sala de aula, e as teorias do desenvolvimento anormal constituem o fundamento das técnicas terapêuticas.

Algumas dessas áreas constituirão a base da Parte II deste livro. Embora as aplicações não coincidam diretamente com as teorias apresentadas na Parte I, há muitos vínculos estreitos entre as duas coisas. Muito da obra de Bowlby e de pesquisas subseqüentes influenciou as orientações quanto ao cuidado substituto e às mães que trabalham. As teorias de Freud têm tido grande influência tanto sobre a prática terapêutica (psicanálise e ludoterapia) quanto sobre nossas explicações e nossa compreensão cotidiana de alguns comportamentos humanos. A obra de Piaget prestou contribuições à educação, e muitos professores, sobretudo nos EUA, testaram currículos piagetianos; muitas escolas maternais e pré-escolas no Reino Unido manifestam os efeitos da concepção piagetiana do desenvolvimento.

Algumas aplicações são mais conhecidas que outras. Aqueles que se dedicam à psicologia aplicada, na área da educação, por exemplo, desenvolveram sofisticadas técnicas de avaliação de inteligência. Também os psicólogos clínicos criaram terapias diferentes e sensíveis. Por outro lado, as teorias de aprendizagem descritas no capítulo 8, embora pesquisadas exaustivamente pelos psicólogos, têm demorado para influenciar a prática de professores ou alunos, o que talvez não seja de surpreender, visto que grande parte das primeiras pesquisas foi realizada em animais e no laboratório. Não obstante, há interessantes aplicações derivadas das teorias da aprendizagem, como ficará patente no capítulo 13. A área da pré-escola, que inclui aspectos de maternagem, assistência, educação e desenvolvimento social, é uma das áreas em que o crescimento é mais prolífico e frutífero, tanto na pesquisa como na prática. Os empreendimentos conjuntos realizados por pesquisadores e profissionais práticos é um dos modos mais importantes mediante os quais a psicologia pode contribuir para a prática, pois os pesquisadores beneficiam-se da experiência prática ao mesmo tempo que os profissionais práticos lucram com a disciplina e o distanciamento da ciência.

A Parte II apresenta aplicações da psicologia em diferentes idades ao longo de toda a infância. Isto não significa que cada área de aplicação seja adequada apenas àquela idade em particular. A terapia e os testes de inteligência são debatidos aqui no contexto de crianças mais velhas, embora, evidentemente, sejam úteis também com crianças mais novas. A aprendizagem ocorre ao longo de toda a vida, e não apenas na infância. As aplicações na pré-escola são, por definição, restritas sobretudo à criança mais nova, mas grande parte da teoria psicológica subjacente se aplica quase tão bem a crianças mais velhas.

David Woods afirmou que "claramente, o desafio que se coloca para a próxima geração de psicólogos do desenvolvimento não é o desafio de refinar e revolucionar as hipóteses acerca da natureza do crescimento humano. Talvez não seja inteiramente fora de propósito dizer que o principal problema que terão a resolver será o de 'difundir a psicologia'".

CAPÍTULO 10
PRIMEIRA INFÂNCIA: MÃES SUBSTITUTAS

Hoje, há muitas crianças que não passam todo o tempo sob o cuidado dos pais. Tanto os pais que criam seus filhos sozinhos quanto as mães que saem para trabalhar precisam de um auxílio em meio-período para o cuidado de suas crianças. Algumas mães vivem sob tensão e são incapazes de cuidar de seus filhos, e também estes precisam de algum tipo de maternagem alternativa. Há crianças que nascem de pais que não as desejam. Há uma larga variedade de opções para as crianças cujos pais não lhes podem dar um cuidado completo. Tais opções vão da adoção permanente ou criação temporária às creches ou babás que cuidam das crianças por meio-período. Cada vez mais crianças recebem esse tipo de cuidado, à medida que as pressões econômicas e sociais tornam cada vez menos possível às mães passarem o dia inteiro em casa. Com que a pesquisa psicológica contribui para a prática nessa área?

Se aceitássemos a teoria de Bowlby (capítulo 3), segundo a qual o cuidado contínuo dado por uma mãe (ou uma pessoa que substitua a mãe em tempo integral) é tão essencial para o desenvolvimento emocional do bebê quanto as vitaminas para sua saúde, então teríamos que temer pelo bem de milhares de crianças em idade pré-escolar. Bowlby pensava haver um vínculo único e irreversível entre a mãe a criança, vínculo cuja quebra ou não-existência causaria anormalidades em anos posteriores. Felizmente, pesquisas recentes (ver capítulo 4) demonstraram que os bebês são mais flexíveis e resistentes do que Bowlby imaginava, e que o vínculo entre mãe e filho, embora seja importante, não é exclusivo, insubstituível ou irreversível. Na verdade, os bebês são

Figura 10.1 *O começo do dia de um menininho com uma babá.*

capazes de ter apego por vários adultos; adaptam-se a novas situações e chegam mesmo a recuperar-se de perdas severas ocorridas bem cedo na vida. Isto não significa que o cuidado afetivo e contínuo não seja importante para o desenvolvimento emocional das crianças, mas apenas que ele não precisa ser administrado segundo a forma rígida suposta por Bowlby.

Neste capítulo, examinamos as pesquisas feitas com crianças deixadas em tempo parcial ou integral aos cuidados de outros adultos que não seus pais. Isto não deve apenas revelar qual o grau de êxito dessas formas de cuidado; deve ajudar a demonstrar quais aspectos da relação mãe-filho são importantes e devem ser incorporados aos cuidados fornecidos. Este capítulo examinará a adoção, a criação temporária, o cuidado diário por babás e as creches de tempo integral; examinará também os resultados dessas várias formas alternativas de cuidado. A maternagem substituta é discutida aqui principalmente no que se refere aos bebês, embora as constatações também se apliquem, evidentemente, a crianças mais velhas.

ADOÇÃO E CRIAÇÃO

Recentemente demonstrou-se que as crianças adquirem apego por uma mãe adotiva mesmo quando adotadas numa idade bastante tardia, e que não há um ponto crítico antes do qual é necessário que as crianças já tenham formado seus apegos, como pensava Bowlby. A maioria das crianças adotivas formam relacionamentos bem-sucedidos com suas "novas" mães e desenvolvem-se normalmente, embora seja claro que isto também depende de seu ambiente emocional, tanto antes como depois da adoção. Uma criança que teve várias pessoas que sucessivamente cuidaram dela antes da adoção, ou uma que foi adotada por um lar cheio de conflitos, têm grande probabilidade de encontrar maior dificuldade para estabelecer-se e formar apegos, se comparada a outra criança dotada de mais sorte, ainda que parecida sob outros aspectos.

É freqüente que as crianças criadas por outra família que não a sua própria (*foster children*) sejam entregues a suas famílias de criação com mais idade do que as crianças adotadas. É freqüente também que permaneçam em contato com sua própria família (a qual pode ser bastante problemática); e podem ter padecido de privações e conflitos prolongados e severos antes de terem sido assumidas pela família de criação. Mas, também para elas, as relações de apego dentro da família de criação são possíveis e em geral bem-sucedidas.

Estudos de continuidade

A maioria dos estudos de continuidade feitos com crianças adotadas ou criadas por outra família, e que hoje encontram-se crescidas, indicam que a maior parte das crianças se recuperam das circunstâncias adversas do começo da vida e chegam a viver vidas normais e sadias enquanto adultos. Esses estudos são, geralmente, de caráter retrospectivo: são realizados com adultos que, quando crianças, foram adotados. Não há muitos estudos desse tipo, em parte por serem estudos difíceis de realizar, mas os pesquisadores, tanto britânicos como norte-americanos, encontraram testemunhos indicativos de que a grande maioria das crianças adotadas ou criadas por outra família crescem e tornam-se capazes de enfrentar a vida. Parece que as crianças encaminhadas antes do quinto aniversário são as que se dão melhor (embora possa ocorrer que as crianças adotadas quando novas sejam exatamente aquelas que desde o começo parecem ter menos problemas). Mas os resultados gerais indicam que a adoção tem resultados largamente favoráveis, talvez porque os pais adotivos sejam até mais motivados e cuidadosos do que a média dos pais naturais.

O estudo de continuidade de Triseliotis

John Triseliotis comunicou um estudo de continuidade realizado com quarenta pessoas nascidas em 1956 e 1957, que haviam passado, cada uma, entre sete e quinze anos num único lar de criação antes dos dezesseis anos de idade[1]. Triseliotis entrevistou tanto os jovens quanto seus pais de criação quando os primeiros tinham entre 20 e 21 anos de idade, e tentou avaliar o grau de êxito da relação de criação. Mais uma vez, o que pareceu ter importância foram a qualidade e a continuidade do cuidado e do relacionamento; Triseliotis constatou que, se estes fatores fossem satisfatórios, os efeitos de rompimentos e sofrimentos anteriores dissipavam-se e eram por fim revertidos, de modo que as crianças podiam desenvolver-se normalmente. Constatou que 60 por cento das pessoas que haviam sido entregues para criação quando crianças estavam se saindo muito bem, e concluiu que as pessoas que crescem por períodos prolongados em lares de criação, nos quais são queridas e integradas como parte da vida da família, geralmente se dão bem mais tarde na vida.

O estudo de Tizard de crianças adotadas

Barbara Tizard e suas colegas Judith Rees e Jill Hodges estudaram uma amostra de 65 crianças que haviam sido internadas em berçários residenciais antes dos quatro meses de idade, e que, aos três anos de idade, foram adotadas, devolvidas às mães ou deixadas no berçário[2,3]. Trata-se de um ESTUDO LONGITUDINAL que acompanhou o desenvolvimento dessas crianças por um certo período de tempo, a fim de examinar atentamente como elas estavam progredindo.

ESTUDO LONGITUDINAL
Num estudo longitudinal, o investigador estuda um grupo de sujeitos a intervalos regulares no decorrer de um longo período de tempo — por exemplo, uma vez por ano ao longo de dez anos. Fica claro que esse método leva tempo para produzir resultados, em contraposição ao ESTUDO TRANSVERSAL, que toma amostras de vários grupos de diversas idades.
    Barbara Tizard realizou um estudo longitudinal ao acompanhar um grupo de crianças internadas numa instituição para verificar como o fato de ficarem na instituição, serem adotadas ou serem devolvidas aos pais as afetava.

Nos berçários não faltavam estímulos, brinquedos e enfermeiras, mas estas raramente ficavam por muito tempo no berçário, de modo que eram ativamente encorajadas a não formar relacionamentos íntimos com as crianças, visto que tais relacionamentos seriam inevitavelmente interrompidos. Com efeito, constatou-se que, em média, 25 enfermeiras diferentes haviam trabalhado com cada criança por pelo menos uma semana, antes de a criança completar dois anos. Assim, até a idade de cerca de três anos e meio, nenhuma das crianças teve a oportunidade de desenvolver um apego por uma figura materna determinada, e a atmosfera emocional dos berçários era fria. Em comparação com crianças vivendo em família, as crianças dos berçários eram mais dependentes e menos dispostas a aproximar-se de adultos estranhos, mas também tinham um apego superficial por um grande número de enfermeiras. Em outros aspectos, seu comportamento não era muito diferente do de qualquer outra criança.

Compararam-se quatro grupos de crianças: um grupo que permaneceu na instituição, um grupo adotivo, um grupo que retornou às mães e um grupo de CONTROLE que permaneceu todo o tempo em família. As crianças foram acompanhadas com dois anos, quatro anos e meio e oito anos de idade. Aos dois anos, quando todas as crianças (exceto as do grupo de controle) estavam ainda na instituição, nenhuma havia desenvolvido apego por uma mãe ou mãe-substituta; mas, aos quatro anos e meio, isso já ocorrera com mais da metade. Vinte dos vinte e cinco pais adotivos estavam profundamente apegados a "suas" crianças, e acreditavam que também estas, por sua vez, estavam profundamente apegadas. Entretanto, embora os pais adotivos estivessem altamente motivados e gastassem bastante tempo e energia para dar às crianças a atenção e a afeição adultas de que elas necessitavam, essas crianças, aos quatro anos e meio, ainda procuravam mais a atenção e eram mais dependentes que as crianças do grupo de controle. Assim, claramente, ainda havia algum efeito residual da criação que haviam recebido na instituição no começo da vida.

Aos oito anos, as crianças foram comparadas novamente. A essa altura, todos os pais adotivos acreditavam que as crianças haviam desenvolvido por eles um profundo apego, mas muitos deles ainda afirmavam crer que a vida no berçário havia afetado adversamente as crianças, visto terem estas crescido e se tornado difíceis de controlar, e por serem ainda, de um modo não natural, superafeiçoadas. Também na escola as crianças adotadas (e as crianças que haviam sido devolvidas a seus pais) tendiam a ser mais inquietas, agitadas, irritáveis e briguentas, e a ter problemas para fazer amizade com outras crianças. Tudo isto indica que, embora as crianças vindas de instituições tornem-se apegadas a seus novos "pais", e embora cresçam e habilitem-se a levar vidas bastante normais, podem ser necessários muito tempo e esforço para que sejam alterados alguns aspectos de seu comportamento. Isto requer uma grande paciência e maturidade, e forte motivação — coisas que os que se dispõem a assumir os encargos da adoção geralmente possuem. Na verdade, segundo o estudo de Tizard, as crianças devolvidas a seus próprios pais deram-se menos bem que as crianças adotadas.

Embora seja evidentemente melhor que a adoção se dê o quanto antes, as crianças podem ser adotadas com bom êxito mesmo quando já são maiores. No estudo de Tizard, seis crianças que ainda estavam no berçário com quatro anos e meio foram depois adotadas. Nos Estados Unidos, Alfred Kadushin fez um estudo de continuidade de noventa e uma crianças adotadas entre os cinco e doze anos de idade, e constatou que a grande maioria teve perfeito êxito. Tizard conclui que "em comparação com os encaminhamentos alternativos que essas crianças poderiam ter, isto é, a continuidade da internação institucional, a entrega por longo prazo a uma família de criação e a devolução às famílias naturais, a adoção parece ser claramente a solução que melhor responde às necessidades das crianças".

Esses estudos demonstraram que as crianças são capazes de desenvolver um forte apego por suas "novas" mães mesmo com bastante idade (doze anos). Claramente, há enormes diferenças nas primeiras vivências das crianças dadas em adoção e nos modos pelos quais essas crianças reagem e adaptam-se a suas circunstâncias. Não obstante, a grande maioria demonstra ter uma grande resistência face à privação e uma capacidade de acolher um relacionamento caloroso e contínuo com um adulto, mesmo depois de uma primeira infância severamente perturbada. As qualidades que parecem ser importantes numa mãe adotiva ou mãe de criação são, naturalmente, aquelas que têm importância numa mãe de sangue (a não ser pelo fato de, na adoção ou criação, serem necessárias em maior medida): o calor, a coerência e continuidade e a estimulação e atenção que fazem com que a criança sinta que pertence a alguém. Afirmou-se que a característica decisiva do papel materno é sua parcialidade em favor da criança individual; a criança precisa saber que há alguém para quem ela importa mais do que as outras crianças, alguém que *ultrapassará os limites do razoável* pelo seu bem. Isto de fato ocorre para a maior parte das crianças adotivas, visto que estas em geral suprem o antigo desejo dos pais adotivos por um filho.

PRIMEIRAS VIVÊNCIAS

Os resultados das pesquisas não deixam margem a dúvidas: os primeiros cinco anos de vida são importantes para o desenvolvimento emocional, intelectual e social. Trata-se de uma época em que a criança está se desenvolvendo do modo mais rápido, e está aprendendo mais do que em qualquer outra época de sua vida. Com efeito, Freud escreveu que "as neuroses só são adquiridas durante a infância (até os seis anos), muito embora seus sintomas possam só vir a manifestar-se muito tempo depois... os acontecimentos dos primeiros anos são de suprema importância para... toda a vida subseqüente de uma criança".

No entanto, mais recentemente, os psicólogos chegaram à conclusão de que não são *só* os cinco primeiros anos que têm tanta importância. Os anos posteriores também são importantes. As influências duradouras deixam uma marca duradoura, ao passo que as crianças geralmente recuperam-se de perturbações ou rompimentos transitórios. Ann e Alan Clarke, que foram dos primeiros a assumir esta opinião, salientaram que, na vida real, é raro que a ocorrência de problemas antes dos cinco anos de idade *não* seja seguida por problemas posteriores, de modo que não se pode afirmar que só os problemas ocorridos antes dos cinco anos tiveram importância. Um colapso familiar aos quatro anos, por exemplo, pode ser seguido por padrões mais baixos de cuidado, um padrão de vida mais baixo, problemas comportamentais na escola, todos os quais conduzem a outros problemas e distúrbios. Não se poderia dizer que seria só o colapso familiar a afetar o comportamento futuro da criança: os acontecimentos que se seguiram ao colapso teriam igual responsabilidade. Na verdade, não fosse pela continuidade do rompimento, a criança se recuperaria e passaria a comportar-se, mais uma vez, de modo bastante normal. As crianças são mais resistentes e adaptáveis do que antes se pensava, e o desenvolvimento é uma interação contínua entre a constituição genética da criança e seu ambiente perpetuamente mutável. E a criança, evidentemente, toma parte ativa na determinação de o que será seu ambiente. Seu comportamento afeta a maneira como as pessoas a tratam, a qual, por sua vez, afeta seu comportamento.

CUIDADOS FORA DE CASA

Numa sociedade em que as mães cada vez mais saem para trabalhar tendo os filhos ainda bastante pequenos, o cuidado em tempo parcial é algo cada vez mais necessário. A antiga asserção de Bowlby, de que a criança nova necessita da presença contínua e ininterrupta da mãe para crescer normalmente, e sua afirmação de que "se você não cumpre seus cinco anos de trabalho duro enquanto a criança é nova, você os cumpre depois", tiveram um efeito profundo sobre as mães dos anos 1950. As pressões que hoje se abatem sobre as mães são freqüentemente conflitantes. Fatores econômicos e outros exigem que elas trabalhem fora para suplementar a renda familiar, enquanto os livros sobre bebês apresentam conselhos diferentes a respeito das vantagens e desvantagens, para a mãe e para o bebê, de a mãe trabalhar fora de casa. Alguns recomendam que ela fique em casa ao menos nos primeiros anos, ao passo que outros evidenciam os benefícios que advirão, tanto para a mãe como para o bebê, de um intervalo em que ambos fiquem separados. Muitas mães não têm escolha e precisam sair para trabalhar. E há muitas mães e pais solteiros. Quais são as conseqüências do "cuidado compartilhado" quando a mãe ou pai saem para trabalhar e a criança é confiada aos cuidados de outrem?

Surpreendentemente, foram muito poucas as pesquisas feitas sobre este assunto, mas aquilo que já foi feito indica que o cuidado compartilhado não altera necessariamente o modo como uma criança se torna apegada. As crianças conseguem ter apego por vários adultos (ver capítulo 4), e a força de seus apegos parece depender menos da presença contínua que da qualidade do tempo passado em companhia. É mais provável que uma criança desenvolva um forte apego por um adulto que brinca, conversa e responde com atenção por duas horas a cada dia, do que por um adulto que está presente o dia inteiro, mas ocupado lavando louça ou realizando outras atividades que não envolvem a criança.

Quem toma conta da criança enquanto a mãe (ou pai) está fora, trabalhando? Há vários serviços disponíveis: babás ou creches de tempo integral para o cuidado ao longo de todo o dia; escolas e grupos de brincadeira (bem como outros grupos locais) para tempo parcial. As babás (*childminders*) geralmente são mulheres que, em suas próprias casas, tomam conta de crianças novas. As creches de tempo integral são mantidas pelos Departamentos de Serviço Social, e recebem crianças de um mês a cinco anos de idade, caso se considere que tais crianças necessitam de cuidados sociais ou médicos. As escolas maternais, por outro lado, são administradas pelas autoridades da área de educação, e interessam-se mais pela primeira aprendizagem do que por cuidados físicos. Há também alguns centros combinados, cujo objetivo é integrar as duas formas de serviço maternal. No restante deste capítulo, debateremos as babás e creches de tempo integral. As escolas maternais e os grupos são abordados no Capítulo 12.

Qual o grau de êxito do cuidado pré-escolar no sentido de contribuir para o bem-estar da criança? Quais aspectos da relação mãe-filho são transferíveis para o cuidado que se provê fora de casa? Qual o tipo de relacionamento que a babá tem com a criança? As crianças desenvolvem-se bem numa creche de tempo integral? O que uma mãe pode fazer para ajudar a criança a sentir-se tranqüila com um novo cuidador, fora da própria casa?

BABÁS

As babás geralmente são mulheres casadas que têm sua própria família e ganham algum dinheiro tomando conta dos filhos de outras pessoas parte do dia; a lei exige que elas sejam registradas junto às autoridades locais, e a responsabilidade sobre elas é dos Departamentos de Serviço Social. As babás geralmente recebem de uma a quatro crianças em suas casas e cuidam delas enquanto cuidam de seus próprios filhos. Partindo daquilo que sabemos a respeito de as crianças serem apegadas a muitos adultos, o cuidado das babás deve ser a forma ideal de cuidado. Também, de acordo com Lady Plowden, "as babás... podem dar a uma criança nova aquela continuidade de relacionamento dentro de uma atmosfera caseira no interior da comunidade, continuidade essa que é tão importante para o desenvolvimento da criança quando sua mãe não pode tomar conta dela durante o dia". Idealmente, a babá daria à criança a oportunidade de constituir outro apego forte e aumentar sua experiência do mundo fora de casa, ao mesmo tempo em que a deixaria conservar seu apego principal — por sua mãe. Mas qual é a realidade?

Dois estudos sobre babás

Betty Mayall e Pat Patrie usaram métodos de ENTREVISTA e OBSERVAÇÃO NATURALISTA para estudar 39 babás registradas que habitavam em Londres: entrevistaram as babás e as mães, e observaram as crianças com ambas[4]. Encontraram notícias pouco encorajadoras: "As crianças", disseram, "passavam um dia de baixo nível, subestimuladas, em condições ambientais que não mudam, muitas vezes apertadas. Muitas não recebiam o amor e atenção de que precisavam." Mas esse estudo se realizou numa região difícil, pobre, no centro da cidade, dotada de todos os tipos de problemas. Talvez essa amostra de babás não tenha sido boa (embora a pesquisa nos diga muito sobre a vida no centro de cidades grandes).

LEVANTAMENTO
O levantamento é uma coleta de informação sobre pessoas ou acontecimentos. Os investigadores podem valer-se de ENTREVISTAS para coletar a informação, ou podem, alternativamente, usar registros oficiais ou questionários. Alguns levantamentos abordam grande número de sujeitos — como, por exemplo, o Inquérito Nacional de Opinião. O Recenseamento é um levantamento de toda a população.

Figura 10.2 *Na casa da babá. Esta babá conhece a importância da brincadeira.*

O outro estudo, de Bridget Bryant, Miriam Harris e Dee Newton, examinou babás em Oxfordshire[5]. Elas não encontraram más condições de habitação e nem superpopulação — nenhum dos problemas do centro decadente de Londres. As babás eram calorosas, afetivas e conscienciosas. Mas, mesmo assim, havia problemas.

Este estudo foi um LEVANTAMENTO. As pesquisadoras entrevistaram mães e babás. (As entrevistas basearam-se num questionário, para que seguissem o mesmo padrão e pudessem ser comparadas entre si.) Fizeram também uma entrevista gravada de diários feitos por babás e mães sobre "ontem", e fizeram observações de 20 minutos de cada criança em casa e com a babá. Sua intenção era tanto a de examinar a qualidade do cuidado como verificar se as crianças estavam se desenvolvendo bem. Suas constatações são muito interessantes.

No que se refere ao cuidado:

1. Menos de uma a cada quatro babás achavam que as mães deveriam ficar lá e acomodarem suas crianças nos primeiros dias. Mais da metade preferia que as mães largassem

as crianças na porta e fossem embora imediatamente. No entanto, as pesquisas psicológicas sobre apego nos dizem que esse tipo de atitude tende a produzir sofrimento.
2. A vida das babás era cheia de ocupações, e elas tinham pouco tempo para dar atenção individual às crianças sob seu cuidado.
3. Elas também sentiam que seu serviço era o de cuidar, e não o de estimular ou educar. No entanto, as pesquisas mostram que uma relação amorosa precisa de muitas brincadeiras e conversas — interação e estímulo tanto para a criança como para o adulto. Também sabemos que a subestimulação resulta em um baixo desenvolvimento intelectual, emocional e lingüístico.

E como se desenvolviam as crianças?

1. Uma a cada quatro parecia desenvolver-se bastante bem.
2. Dentre as restantes, cerca de metade era anormalmente quieta, passiva, distante e "boazinha" na casa das babás, mas bastante alegre em casa. E metade era demasiado quieta e boazinha nos dois lugares.
3. Algumas crianças, cerca de uma a cada quatro, estavam claramente perturbadas ou angustiadas, ou tinham a fala prejudicada. Precisavam de ajuda.

Bryant, Harris e Newton afirmam que, visto as babás das crianças infelizes não serem detectavelmente diferentes das babás das crianças felizes, talvez algumas crianças simplesmente não se adaptassem a ficar sob o cuidado de babás. Essas crianças seriam aquelas que já eram inseguras em casa, ansiosas por temer que os pais não as quisessem. Seriam "boazinhas" e retraídas em casa e tenderiam a comportar-se do mesmo modo num outro lar. A babá, depois de tentar e não conseguir "quebrar o gelo", talvez se tornasse ela mesma um pouco distante. Isso confirmaria os temores da criança quanto a ser rejeitada — ela teria um outro relacionamento "ruim".

Mas Bryant e suas colegas demonstraram que o cuidado por babás *pode* funcionar. Elas atribuem o fato de isso muitas vezes não ocorrer ao fato de as mães e babás mal falarem umas com as outras — pelo menos sobre aquilo que interessa. Seu relacionamento é um pouco ambíguo. A babá não se dispõe a substituir a mãe, mas ela mesma é uma mãe, e a criança está em sua casa e sob suas ordens. Se a criança parece não estar feliz, a mãe reluta em dizê-lo — ela estaria criticando uma outra mãe. E a babá pode sentir — muitas vezes com razão — que a mãe não quer aceitar que seu filho está infeliz. E se, por exemplo, a mãe *precisa* trabalhar fora, ela talvez não possa fazer nada além de ficar preocupada.

Os novos relacionamentos, para serem bons para a criança, precisam de uma cuidadosa preparação e manutenção. Em primeiro lugar, deve-se ter grande zelo em fazer com que cada criança conheça a sua babá, e em acomodá-la no início. A mãe e a babá devem, por algum tempo, tomar conta da criança juntas, antes de a babá assumir. E elas devem sempre comparar registros acerca de como a criança está se comportando e se desenvolvendo. Estaria apresentando algum comportamento anormal ou incomum enquanto está na babá? As babás também precisam passar menos tempo ocupadas com suas próprias tarefas, e mais tempo a estimular e brincar ativamente com a criança. Além disso, as crianças devem ser encorajadas, e deve-se-lhes permitir que levem seus próprios brinquedos à casa da babá, para que possam ter um sentimento de identidade e continuidade que as capacite a firmar-se e desenvolver-se. Por fim, as babás devem ficar vigilantes quanto a crianças excessivamente passivas, quietas e bem-comportadas; é possível que tenham problemas.

CRECHES DE TEMPO INTEGRAL

A outra forma de cuidado em tempo integral é a creche de tempo integral, geralmente administrada pelos Departamentos de Serviços Sociais em favor de crianças consideradas "necessitadas" sob os pontos de vista social ou médico. As razões que justificam a admissão à creche de tempo integral geralmente são más condições de moradia, uma deficiência da criança ou de seus pais ou a necessidade de proporcionar alívio a uma mãe ou pai sozinhos e altamente angustiados. Assim, as crianças que freqüentam essas creches são amiúde muito carentes — física, emocional e socialmente.

Figura 10.3 *A creche de tempo integral é um lar das nove às dezessete horas.*

Uma típica creche de tempo integral atende entre 20 e 65 crianças de uma larga faixa etária (de um mês a cinco anos). Na teoria, as creches têm quatro objetivos principais, embora o peso que se dê a cada objetivo varie, na prática, entre as creches: (i) cuidados e bem-estar físico, alimentação inclusive; (ii) desenvolvimento emocional e um sentimento de segurança e confiança; (iii) ajuda para administrar relacionamentos com outras crianças e com adultos; (iv) habilidades básicas de linguagem e educação, como preparação à escolaridade formal. Em contraposição

Figura 10.4 *As crianças brincam entre si enquanto seus pais trabalham.*

às escolas maternais e aos grupos de brincadeira, a maioria (mas nem todas) das creches de tempo integral tendem a dar ênfase ao cuidado e à educação físicas, sobretudo porque tantas dessas crianças encontram-se em estado de desesperada necessidade de cuidados básicos e bem-estar físico.

Observação de creches

Caroline Garland e Stephanie White fizeram um estudo de OBSERVAÇÃO NATURALISTA de uma pequena amostra de crianças em creches de tempo integral (embora seu estudo tenha incluído também creches e grupos de brincadeira do setor privado)[6]. Constataram uma clara distinção entre as creches que julgavam ser sua principal tarefa a de ajudar crianças carentes com dificuldades *intelectuais* (como, por exemplo, aprender a falar) e as creches que julgavam serem tarefas principais o *cuidado* físico e o apoio emocional (de i a iii no parágrafo acima). O compromisso com as duas coisas ao mesmo tempo parecia impossível. Garland e White constataram que a distinção referente àquilo que as creches julgavam ser sua finalidade coincidia exatamente com uma outra distinção. As creches orientadas para o cuidado tendiam a ser lugares mais centrados na criança (ou na criança e nos pais), onde as atendentes acreditavam que as crianças deviam decidir o que queriam e precisavam, e que suas opiniões deviam ser, quando possível, respeitadas. As creches orientadas para a educação tendiam a ser lugares muito mais rígidos, onde as atendentes sentiam-se como as especialistas que conheciam o melhor, e sentiam que, se soltassem as rédeas, o caos poderia sobrevir.

As creches de tempo integral diferem muito no tocante à medida de sua crença em que "o cuidado é a educação e a educação é o cuidado", mas, uma vez que elas atendem crianças pequenas necessitadas — e também seus pais, que podem estar igualmente necessitados, deprimidos ou inaptos —, Garland e White afirmam que a orientação correta é a orientação para o *cuidado*, e que, de qualquer modo, as crianças não progredirão muito sob o ponto de vista intelectual se estiverem se sentindo inseguras. É claro que também precisa haver estimulação, mas não à custa do calor emocional.

AS MÃES SUBSTITUTAS TÊM ÊXITO?

Ao examinar-se a adoção e a criação por uma outra família, a resposta parece ser sim, de modo geral. As mães adotivas e de criação são capazes de assumir os aspectos essenciais da função materna, formam um forte apego por "seus" filhos e conseguem trazê-los de volta a um desenvolvimento sadio, mesmo depois de uma severa carência. De muitas maneiras, parece ser mais fácil ser uma mãe substituta em tempo integral do que em tempo parcial.

Ao examinar-se as babás e as creches de tempo integral, a resposta é menos clara. De acordo com a teoria atual do apego, o cuidado compartilhado deve funcionar bem. Depois de formado o apego primário, as mães devem poder sair para trabalhar, desde que passem todos os dias algum tempo ativa e atenciosamente envolvidas com seus filhos. Essas crianças devem ser capazes de ter um apego "secundário" por outros adultos, inclusive babás ou atendentes de creche. As crianças novas geralmente formam apego por vários adultos — uma hierarquia de apegos, com um ou dois adultos como objeto de apego primário e possivelmente diversos outros com os quais terão formado apegos menos fortes. Um cuidador externo, como uma babá ou atendente de creche, não é uma mãe substituta, mas parte de um *continuum* de cuidados nos quais diversos níveis de apego coexistem de modo a assegurar a segurança emocional de uma criança nova. Visto sob este ângulo, as babás e creches de tempo integral devem "funcionar". O fato de isso muitas vezes não ocorrer pode ser explicado pela falta de comunicação e falta de conhecimento. Este é um campo em que a pesquisa psicológica realmente tem muito a oferecer.

CAPÍTULO 11
PRIMEIRA INFÂNCIA: BRINCADEIRA

Quando uma mãe diz a seu filho pequeno: "Vá brincar", ela pode querer dizer jogar bola, fingir-se de médico, fazer um boneco de massinha, pintar um quadro, agitar um chocalho, correr atrás de outra criança, jogar bolinha de gude, ou qualquer uma dentre uma larga gama de atividades. Talvez seja difícil ver o que todas essas diversas atividades têm em comum, mas fica claro que todas são espontâneas, ativas e por si mesmas prazerosas. A maioria das pessoas concordaria em que a brincadeira é algo "bom". Crianças novas obtêm enorme prazer da pintura, do faz-de-conta, de histórias, de fazer coisas e de outras atividades lúdicas. Ninguém duvidaria do puro valor de diversão da brincadeira. Mas qual é sua importância? É suficiente deixar a criança num quarto com brinquedos ou objetos? Ela brincará espontaneamente? Quais as atividades preferidas pelas crianças de diversas idades? Há na brincadeira outro propósito além da diversão? Qual a melhor maneira de os adultos participarem? Estas são algumas das questões para as quais psicólogos têm se voltado, percebendo, nesse processo, que os primeiros cinco anos de vida da criança, anos esses em que ela pode passar um tempo considerável brincando, são de particular importância. Como a brincadeira contribui para o desenvolvimento geral no período pré-escolar? Ela é importante? Seria útil conhecer as respostas a algumas destas perguntas, para que as crianças em idade pré-escolar, tanto em casa como no grupo de brincadeira, pudessem usufruir ao máximo suas brincadeiras. As professoras de escolas maternais e os líderes de grupos de brincadeiras poderiam ter mais con-

Figura 11.1 *Brincadeira*.

fiança de estarem proporcionando a melhor oportunidade a que cada criança poderia ter acesso.

Durante toda a infância, cada nova habilidade que se aprende significa um novo jogo a ser jogado. A criança de um ano e meio geralmente está feliz quando brinca sozinha, descobrindo e repetindo diversas ações, praticando habilidades que dominou e explorando suas variações, aparentemente desfrutando os movimentos em si mesmos. Depois, aos três anos de idade, as crianças estão felizes quando brincam juntas em pequenos grupos e aprendem sobre a vida por meio do faz-de-conta; a mais simples caixa de sapatos pode tornar-se um carro de bombeiros, e o ursinho de pelúcia, uma criança em perigo. Esse faz-de-conta evidentemente serve a uma importante função, e será considerado adiante. Depois de a criança entrar na escola, com cinco anos de idade, suas brincadeiras tendem cada vez mais a serem dominadas por complicadas regras e situações, pondo à mostra a crescente complexidade de sua compreensão e de seu pensamento.

Neste capítulo, estaremos examinando como os vários tipos de brincadeira se ligam intimamente com o desenvolvimento da criança. Jean Piaget (ver capítulo 7) estudou detidamente os diversos tipos de brincadeira de crianças de diversas idades, inclusive seus próprios filhos. Depois elaborou uma teoria que explica como a brincadeira se encaixa no desenvolvimento geral e a importante função que a brincadeira desempenha no desenvolvimento da inteligência.

A TEORIA DE PIAGET

Piaget achava que o desenvolvimento da brincadeira estava intimamente ligado com o desenvolvimento da inteligência, e, além disso, que um dos indicadores do estágio de desenvolvimento de uma criança poderia ser obtido pela observação de sua brincadeira. Para Piaget, a brincadeira desempenha papel importante no desenvolvimento da inteligência; exemplo disso é a oportunidade de dominar e praticar habilidades em diversos estágios do desenvolvimento.

O capítulo 7 apresentou a teoria piagetiana do desenvolvimento da inteligência e de seus estágios: sensório-motor, pré-operativo, operativo. Estes estágios espelham-se nos diferentes tipos de brincadeira (brincadeira de domínio, brincadeira simbólica ou de faz-de-conta, e brincadeira com regras) que caracterizam as crianças de diversas idades, embora as crianças absorvam e incorporem brincadeiras de estágios anteriores às brincadeiras apropriadas à sua idade.

Eis, por exemplo, a filha de Piaget, Jacqueline, com cerca de um ano de idade[1]:

J. estava sentada em seu berço e eu pendurei seu pato de celulóide acima dela. Ela puxou uma corda que pendia da parte de cima do berço e assim sacudiu o pato por um instante, rindo. Seus movimentos involuntários deixaram uma marca em seu acolchoado: ela então esqueceu o pato, puxou o acolchoado para cima de si e o movimentou inteiro com seus pés e braços. Como a parte de cima do berço também estava sendo sacudida, ela olhou para cima, esticou-se para lá e caiu pesadamente, balançando o berço inteiro. Depois de fazer isso umas dez vezes, J. notou o pato de novo: agarrou então uma boneca que também pendia da parte de cima do berço e começou a sacudi-la, o que fez o pato balançar. Então, notando o movimento de suas mãos, ela largou tudo para que pudesse juntar as mãos e agitá-las (dando continuidade ao movimento anterior). Então puxou o travesseiro de baixo de sua cabeça e, tendo-o agitado, bateu nele com força e bateu nas laterais do berço e na boneca com o travesseiro. Enquanto dobrava o travesseiro, notou as franjas deste, as quais começou a chupar. Esta ação, que a lembrou daquilo que ela todos os dias fazia antes de ir dormir, fez com que ela se deitasse de lado, na posição de sono, segurando uma ponta das franjas e chupando o polegar. Isto, porém, perdurou por menos de trinta segundos, e J. retomou sua atividade anterior.

Esta seqüência de comportamentos torna clara a diferença entre a brincadeira e a atividade estritamente inteligente. No caso dos esquemas sucessivamente testados em novos objetos, J. meramente tentava assimilar os objetos e, por assim dizer, "defini-los pelo uso". Por haver uma adaptação dos esquemas a uma realidade exterior que constituía um problema, havia inteligência propriamente dita. Mas no caso presente, ao contrário, embora trate-se do mesmo processo, os esquemas seguem-se um ao outro sem qualquer objetivo exterior. Os objetivos a que se aplicam não são mais um problema, mas servem tão-somente como uma oportunidade para a atividade. Esta atividade já não é um esforço para aprender, mas só uma manifestação alegre de ações conhecidas.

Piaget chamou isso de brincadeira de domínio, ou brincadeira prática, que correspondia ao seu estágio sensório-motor do desenvolvimento (de 0 a 2 anos). Assim como o bebê, no estágio sensório-motor, desfruta os movimentos pelo que são em si mesmos e aprende a dominar e coordenar habilidades motoras, também ele, na brincadeira, começa a praticar e controlar seus movimentos e a explorar o mundo do tato, da visão e do som, e os efeitos que nesse mundo pode produzir. Este tipo de brincadeira consiste principalmente em movimentos repetitivos e em exploração. Piaget distingue entre a brincadeira e a "atividade estritamente inteligente", e escreveu: "Depois de aprender a agarrar, balançar, atirar, etc., que envolvem tanto um esforço de acomodação a novas situações quanto um esforço de repetição... a criança, mais cedo ou mais tarde (às vezes mesmo durante o período de aprendizagem), agarra pelo prazer de agarrar, balança pelo prazer de balançar, etc. Em uma palavra, ela repete seu comportamento, não num novo esforço para aprender ou investigar, mas pelo simples prazer de dominá-lo e exibir para si mesma o seu próprio poder de sujeitar a realidade."

BRINCADEIRA SIMBÓLICA OU FAZ-DE-CONTA

Piaget observou que sua filha Jacqueline, por volta dos dois anos de idade, executava uma brincadeira nova e muito diferente[1].

Aos 2;1(9), J. passou a cabeça de sua boneca pelas grades do terraço, tendo a boneca o rosto voltado para a rua, e começou a contar-lhe o que ela via: "Você vê o lago e as árvores. Você vê uma carruagem, um cavalo", etc. No mesmo dia, ela sentou sua boneca num sofá e contou-lhe o que ela mesma vira no jardim.

Aos 2;1(13) ela a alimentou, falando com ela por longo tempo segundo o modo usado para encorajá-la a comer suas próprias refeições: "Um pouquinho mais. Para agradar a Jacqueline. Coma só esse bocadinho." Aos 2;3(25) ela colocou-a sobre um portão como se fora sobre um cavalo, e puxou seus cabelos para trás das orelhas para fazê-la ouvir uma caixa de música. Aos 2;7(15), ela explicou à boneca suas próprias brincadeiras: "Olha só, estou jogando a bola", etc.

Aos 2;5(25), ela preparou um banho para L. Uma folha de grama representava o termômetro, a banheira era uma caixa grande, e ela simplesmente afirmou que a água estava lá. J. então mergulhou o termômetro na banheira e constatou que a água estava muito quente. Esperou um momento e depois pôs a grama de novo lá

dentro: "Está bom, graças a Deus." Depois aproximou-se de L. (o que fez de verdade) e simulou tirar seu avental, seu vestido, sua camisa, fazendo os movimentos sem porém encostar nas roupas. Aos 2;8(0) brincou da mesma brincadeira.
Aos 2;6(22) ela andou de um lado para outro fingindo segurar um bebê nos braços. Cuidadosamente deitou-o numa cama imaginária, fê-lo dormir, "Vá dormir, nenê", depois o acordou e pegou nos braços. No mesmo dia, simulou estar carregando sua mãe: "A mamãe é muito pesada"; depois imitou a mulher do fazendeiro a alimentar as galinhas, segurando o avental voltado para cima (mas sem nada dentro). Os detalhes de todas essas cenas já estavam bastante desenvolvidos, mas não havia objeto simbólico; as palavras eram acompanhadas só de gestos. A brincadeira com o bebê imaginário surgiu novamente aos 2;7(1) com novos detalhes, mas J. parava de falar toda vez que alguém se aproximava. De longe, pôde-se ouvi-la dizer: "Agora vamos passear", etc. No mesmo dia ela estava carregando nos braços uma moça que ela vira recentemente. Aos 2,7(1) ela acrescentou um novo tema, o carteiro, e ler uma carta.

Esta brincadeira simbólica, ou de faz-de-conta, coincidia com o estágio pré-operativo (aproximadamente dos 2 aos 7 anos). Esta é a idade na qual a criança usa símbolos nas brincadeiras, aprende a linguagem e aprende a simular, fazendo com que algo represente alguma outra coisa. A essência do faz-de-conta consiste em que a criança transforma a si, ou a um objeto, em alguma outra coisa. Jacqueline fez com que a grama representasse o termômetro e ela mesma representasse sua mãe. Neste estágio, a brincadeira simbólica torna-se a principal forma de brincar, visto que a criança está rapidamente aprendendo a linguagem e testando o uso que pode dar às palavras e símbolos.

Para Piaget, esta capacidade de simbolizar, ou fazer que algo represente alguma outra coisa, é importante para ajudar a criança a transformar os esquemas sensório-motores em conceitos. A criança de dois anos que compreende como fazer uma folha de grama representar um termômetro, por exemplo, também está aprendendo a fazer com que uma palavra represente uma coisa.

Uma psicóloga norte-americana, Catherine Garvey, demonstrou admiravelmente que a linguagem é o veículo do faz-de-conta,

Figura 11.2 *Meninos de seis anos transformam-se em bombeiros na brincadeira de faz-de-conta, enquanto duas meninas tornam-se "senhoras" conversando pelo telefone.*

ao realizar um estudo de OBSERVAÇÃO NATURALISTA com pares de crianças que brincavam por trás de uma janela, transparente só de um lado, numa escola maternal[2]. As crianças foram observadas numa sala de brinquedos, e cada sessão de 15 minutos foi gravada em vídeo. Deste modo, ela foi capaz de fazer uma análise detalhada da brincadeira espontânea das crianças numa situação social, e constatou que, embora as crianças novas demorem a aprender a interagir com outras crianças, as crianças de três anos eram capazes de sustentar juntas uma conversa de faz-de-conta, particularmente quando deixadas sozinhas pelos adultos. Eis, a seguir, uma das gravações de Catherine Garvey, que ilustra alguns dos componentes do faz-de-conta e da conversação.

No início do excerto, a menina está segurando um bebê-boneca e o menino está observando enquanto ela põe o bebê na cama. Em (3), ela mesma assume o papel do bebê, e o demonstra ao falar numa tonalidade mais aguda que o normal, com uma sonoridade gemida. Os asteriscos indicam quando ela se retira do papel de bebê (isto é, os momentos em que ela é ela mesma e dá orientações ao menino, cujo papel paterno está estimulando). Tais estímulos são produzidos com a voz de sua fala normal. Em (26) ela retoma sua própria identidade e faz uma pergunta literal, pondo um fim ao episódio de faz-de-conta.

MENINA (3 ANOS E 3 MESES)

*(1) Diz "Vai dormir agora."

(3) Por quê? (gemendo).

(5) Por quê?

*(7) Não, diz "Porque sim!" (com ênfase).

(9) Por quê? Porque sim o quê?

(11) Por quê...

*(13) Não, "Porque eu mordi alguém".

MENINO (2 ANOS E 9 MESES)

(2) Vai dormir agora.

(4) Nenê...

(6) Porque.

(8) Porque sim! (com ênfase).

(10) Não está bom. Você mau.

(12) Porque você derrama seu leite.

DA TEORIA À PRÁTICA   225

*(15) Diz "Vai dormir. Deita a cabeça" (gravemente).
(17) Não.
(19) Não.
(21) Minha cabeça está levantada (ri).
(22) Quero meu ursinho de pelúcia (voz petulante).
(24) Por quê?
*(26) Você vai guardar seu ursinho na bolsa?

(16) Deita a cabeça (gravemente).
(18) Sim.
(20) Sim, tá bem, vou te bater. Menino mau (bate nela).
(23) Não, seu ursinho vai embora (gravemente).
(25) Porque sim (sai andando com o ursinho).

Este diálogo de faz-de-conta apresenta a criança usando efeitos especiais de voz para assinalar a simulação. Estas crianças estão explorando aspectos de sua vida e de sua rotina por meio da brincadeira de assumir papéis que observam e ainda não vieram a assumir em suas próprias vidas.

BRINCADEIRAS COM REGRAS

Por fim, Piaget observou a *brincadeira com regras*, que caracteriza a criança no estágio operativo (aproximadamente a partir dos sete anos)[1].

O jogo com o banco generalizou-se na classe, pela imitação. As crianças que brincavam pulavam, duas a duas, sobre um banco, uma em cada extremidade, e corriam por cima do banco uma em direção à outra; a colisão, quando elas se encontravam, fazia com que uma delas caísse e deixasse o caminho livre para o vencedor. Mas enquanto os menores (que começaram com o jogo) brincavam quase que sem regras, as crianças mais velhas, de sete ou oito anos, logo começaram a observar certas normas. Partiam no mesmo momento de cada extremidade, às vezes paradas a uma mesma distância do banco; além disso, as meninas e os meninos brincavam separados, mas isto pode ter ocorrido por escolha, sem uma decisão prévia.

Três meninos de cinco anos, brincando de pular de um, dois, três ou mais degraus da escadaria da escola, chegaram a um estágio em que surgiram regras incipientes. Tinham de pular tão longe quanto possível; quem caía perdia, e a vez só contava se o menino pulasse do mesmo degrau do qual pulavam os outros. Evidentemente, nada há de muito complexo nestas regras, mas elas representam um começo que é passível de extensão.

À medida que o pensamento da criança se torna mais lógico, seus jogos e atividades começam a incorporar regras. De início, as crianças preferem fazer suas próprias regras, e são incapazes de seguir "as regras do jogo"; é só mais tarde em seu desenvolvimento que elas se tornam capazes de seguir regras padronizadas estabelecidas para todos. Isto coincide com o desenvolvimento do pensamento.

A teoria de Piaget é complicada, e ele usa palavras difíceis para descrever idéias muito complexas e abstratas. Recorde-se de que a adaptação intelectual é caracterizada por dois processos, a **assimilação** e a **acomodação**. Por meio da assimilação, a criança absorve informações sobre o exterior e as modifica para ajustá-las à sua própria compreensão e experiência, ao passo que, pela acomodação, ela modifica e desenvolve sua própria compreensão, ajustando-se assim aos objetos e acontecimentos do mundo exterior. Na brincadeira, a assimilação é mais importante que a acomodação, uma vez que, na brincadeira, a criança age sobre o mundo e o modifica de modo a ajustá-lo a suas próprias experiências e compreensão.

Embora Piaget não tenha manifestado a pretensão de dar conselhos práticos, suas idéias tiveram amplo efeito sobre a prática da educação da primeira infância. Quando as crianças chegam aos dois ou três anos de idade, podem começar a freqüentar o grupo de brincadeiras por parte do dia. Ali aprendem a brincar com outras crianças, a compartilhar, a cooperar e a desenvolver as habilidades da vida social. O que foi constatado por pesquisadores mais recentes que se debruçaram sobre a brincadeira na escola maternal ou no grupo de brincadeiras?

O ESTUDO DE SYLVA EM OXFORDSHIRE

Quando Kathy Sylva e suas colegas visitaram grupos de brincadeira em Oxfordshire, elas encontraram a brincadeira de domínio e a brincadeira simbólica, pois estavam observando crianças que tinham entre três e cinco anos, que estavam no estágio pré-operativo e haviam incorporado a brincadeira de domínio em suas atividades lúdicas atuais[3]. Não havia brincadeiras com regras, pois isso se desenvolve por volta da época em que a criança entra na escola. A principal pergunta deste estudo de OBSERVAÇÃO NATURALISTA era como os fatores no ambiente da pré-escola prejudicam ou estimulam a brincadeira. Sabendo-se que a brincadeira é parte importante do desenvolvimento pré-escolar de uma criança (desenvolvimento intelectual, social e emocional), quais os fatores que, no ambiente da pré-escola, dão à criança as melhores oportunidades de desenvolvimento? Quais aspectos encorajam a conversação e a concentração, e quais parecem apenas "ocupar" a criança? Sylva fez um estudo de observação de 120 crianças de três a cinco anos de idade, fazendo duas observações de 20 minutos de cada "criança-alvo" e registrando:

A tarefa da criança, quer fosse artes plásticas, ouvir histórias ou observar os outros
Com quem ela o fazia
O que ela dizia e o que lhe era dito
Quais materiais utilizava
Qual o "programa" vigente no momento da observação; se era, por exemplo, a brincadeira livre ou a história em grupo
Se havia sinais de dedicação ou desafio, tais como lábios franzidos ou olhar atento.

Examinaram muitas atividades diferentes e tentaram avaliar quais eram os fatores que mais propiciavam o desenvolvimento das crianças durante a brincadeira. Quatro tipos de informação foram registrados: atividade (o que a criança estava fazendo?), linguagem (a criança-alvo falou com outra criança ou adulto, ou foi-lhe dito algo?), contexto social (a criança estava sozinha ou num grupo?) e temas de brincadeiras (havia um tema coerente de determinado período de atividade?). Eis um excerto de uma observação de 20 minutos, registrada e codificada.

228 INICIAÇÃO AO DESENVOLVIMENTO DA CRIANÇA

Minuto	Atividade	Linguagem*	Contexto social	Tema de brincadeira
1	Põe chapéu. Faz barulhos de "carro de bombeiros".	CAKCS (sobre chapéus) CA+CS: "Uó, Uó, Uó." CA K C: "O que tem aqui?"	grupo pequeno	faz-de-conta
1,5	CA com 2 CS na escada.	CKCA: "Olha o meu." (mostrando um brinquedo)	grupo pequeno	
2	Falando e movendo-se com as 2 CS, brincando na escada.	CAKCS: "O que você tem aí?" CAKCA: "carro de bombeiros."	grupo pequeno	
2,5	Coloca grande caixa de papelão ao lado da escada, tira chapéu e o atira fora. Desce cuidadosamente do alto da escada para a caixa de papelão.	CAKC: "Pisa nela." CKCA: "Quero descer."	grupo pequeno	brincadeira motora grosseira
3	Sobe a escada e de novo desce para a caixa de papelão. Engatinha para vão debaixo da escada com C.	CAKC: "Posso entrar?" CKCA: "Sim." [diagrama: vão | caixa]	grupo pequeno	
3,5	Depois sai e deixa que outra C entre no vão. C empurra a caixa para longe.	CAKC: "Posso fazer isso para você?" CAKC: "Não faz isso." CKCA: "Não fui eu, foi o Simon." CAKC: "Pára."	grupo pequeno	
4	Se debruça da borda superior dos degraus. CS abaixo empurram caixa para longe, e depois de volta. CA desce cuidadosamente da parte de cima da escada para dentro da caixa.	CAKC: "Pára, Simon." CAKC: "Se você fizer isso... Eu vou descer — não empurra, tá?" CKCA: "Não."	grupo pequeno	
4,5	Busca grande papelão de caixa de ovos. Coloca-o debaixo da escada. Sobe a escada e desce para cima do papelão. C sobe no papelão. CA o empurra para dentro, depois observa.	CAKC: "Vou subir a escada." CAKC: "Vou subir a escada." CAKC: "Posso fazer isso para você?"	grupo pequeno	
5	Toma outra caixa de 2 outras CS. Observa 3 Cs com caixas.	CKCA: "Pega outra caixa." CAKCS: "A gente precisa dessa caixa."	grupo pequeno	

* CA = criança-alvo; C = outra criança; A = atendente; CS = outras crianças.

Minuto	Atividade	Linguagem*	Contexto social	Tema de brincadeira
5,5	Sai, vai até mesa próxima onde há o brinquedo Playplax. Coloca um anel sobre outro, depois examina outras peças de material de construção e tenta encaixá-las.		grupo pequeno	construção em pequena escala (playplax)
6	Trabalha com jogo de construção. (1 outra C)		par de crianças	
6,5	Corre até a extremidade da sala para buscar trabalho em madeira (que já havia feito antes — viu que A montava a bancada de marcenaria).		solitário	construção em pequena escala (madeira)
7	Segura sua peça em madeira (complexa — várias eças pregadas num conjunto). CS trazem grandes papelões para perto da bancada de marcenaria.	CAKCS: (sobre caixas)	pequeno grupo	
7,5	Pega e empunha o serrote. Hesitante, começa a serrar caixa de papelão — pára. (A e 3 CS ajustando bancada.)		pequeno grupo	
8	Segura a madeira sobre a morsa. Abre a morsa, a madeira escorrega para dentro, depois fecha a morsa.		pequeno grupo	
8,5	Serra a parte de cima do pedaço de madeira, que trepida muito. C observa CA e a madeira trepidando.	CAKC: "Cai." (sobre peça de madeira)	par de crianças	
9	Segura a morsa e estica braço para pegar algo (sem largar a morsa). C tenta pegar a morsa.	CAKC: "Não!" AKCA+C: "Só dois por vez na bancada."	par de crianças	

Instruções completas para realizar um estudo de observação de crianças tal como este podem ser encontradas em *Childtwatching at Playgroup and Nursery School*.

Este registro mostra em detalhe parte do dia de uma criança no grupo de brincadeiras; trata-se de um registro importante porque não se limita a apresentar as várias atividades diferentes, mas também conduz a uma espécie de avaliação de cada atividade.

Pois Sylva e suas colegas estavam particularmente interessadas pelos materiais, ocorrências e interações sociais que encorajassem a concentração e a atividade complexa. Traçaram uma distinção entre a brincadeira complexa e a brincadeira simples: "Há dois níveis de brincadeira. Um deles meramente mantém as crianças ocupadas, o outro contribui para o seu desenvolvimento emocional"[5]. As atividades lúdicas registradas foram catalogadas como "desafiantes" ou "comuns", e fez-se uma tentativa de descobrir quais atividades ou aspectos de atividades poderiam ser chamadas "educacionais", quais desafiavam as crianças e poderiam realmente estimular o desenvolvimento. Dê uma olhada em alguns exemplos de "brincadeira desafiante" e "brincadeira comum".

BRINCADEIRA DE CONSTRUÇÃO
Desafio de alto nível
Uma criança está na mesa de Lego. Ela vasculha a caixa de tijolinhos e encontra uma prancha-base. Cuidadosamente encaixa tijolinhos na base, escolhendo-os dos que estão na caixa. Continua esta cuidadosa construção, procurando na caixa de modo a encontrar os tijolos "certos", e não usando qualquer tijolo. Embora para o adulto sua construção não pareça uma representação de qualquer objeto real, a criança está seguindo sistemática e intencionalmente um plano de sua própria invenção.

Brincadeira comum
A criança na mesa de Lego destaca alguns tijolos e os espalha pela mesa. Constrói uma "torre", tomando da mesa os tijolos que lhe vêm à mão. Empilha os tijolos com calma, depois os separa, constrói outra torre do mesmo jeito. Ela está concentrada e suas ações são sistemáticas, mas a atividade é rotineira, repetitiva; a criança não acrescenta novos elementos e nem combina idéias, e é um pouco "desleixada".

ANDANDO DE VELOCÍPEDE
Desafio de alto nível
Uma criança está andando de triciclo pelo pátio quando, de repente, o triciclo pára de movi-

Brincadeira comum
Uma criança pega um triciclo e pedala em círculos pelo pátio. É evidente que ela gosta de an-

mentar-se embora a criança ainda pedale. Ela pedala por um instante, olhando para as rodas. Desmonta e se agacha, examinando-as. Volta-se para os pedais, toca outras peças, examina-as. Vê que a correia caiu e cuidadosamente procura colocá-la de volta no lugar. Está resolvendo um problema; sua atividade é complexa, combina idéias, direciona-se para um objetivo, é intencional e sistemática.

dar de triciclo, isso exige dela pouco ou nenhum esforço mental (só esforço físico), e ela não tenta dirigir o triciclo em torno de uma determinada pista de obstáculos; antes, parece estar apenas "descarregando energia". Sua atividade é rotineira, repetitiva, familiar, e não é complexa do ponto de vista cognitivo.

FAZ-DE-CONTA
Desafio de alto nível
CA e C construíram um trem com caixas grandes, etc., como no exemplo acima. C sobe na frente e anuncia que é o maquinista. CA sobe atrás e diz: "Comprei uma passagem. Vamos para a praia — eu trouxe a minha pá e a gente pode fazer um castelo de areia e entrar no mar." C chama: "Todos a bordo. Vamos para a praia." CA finge que toca o apito, puxando uma corda imaginária. "Piuííí!" C dirige o trem, auxiliada por CA. Outra C bate no trem com uma grande carreta. CA grita: "O trem trombou — chama uma ambulância!"

Brincadeira comum
CA está com duas outras CS no pátio. Uma diz: "Sou o homem biônico", e finge atingir uma outra com um "golpe de caratê". Todas lutam de brincadeira, fingindo estar batendo umas nas outras e atirando com "armas espaciais", enquanto gritam os nomes dos personagens que encarnam — Batman, o Incrível Hulk, etc. A brincadeira não vai além de anunciar o personagem e simular uma luta de caráter estereotipado.

O estudo de Oxfordshire produziu alguns resultados importantes. Jerome Bruner já colocara em questão a validade educa-

Figura 11.3 *Para os meninos de cinco anos da fotografia superior, o futebol resume-se a chutar a bola. Eles ainda não têm idade suficiente para compreender as regras do jogo. Os jogos formais, dotados de regras, requerem esquemas operativos.*

cional de gastar-se um tempo muito grande com atividades como brincadeiras turbulentas e usar-se em demasia materiais não-estruturados como água, areia e massa. Ocorre com demasiada freqüência que se deixem as crianças brincando com areia e água sem qualquer plano ou estrutura, e, embora isso seja divertido e possa proporcionar oportunidades para a expressão emocional, é algo que não apresenta desafios. O estudo de Sylva constatou que as atividades estruturadas dotadas de objetivos definidos *eram* atividades desafiantes, ao passo que os materiais não-estruturados e o "deixar que as crianças façam suas próprias coisas" não o eram tanto. Escreve Sylva: "Na maior parte das atividades em que existe uma grande proporção de comportamentos complexos, a criança constrói, cria ou completa algo tangível. Tem em mente um objetivo e é capaz de julgar se aquilo que está fazendo conduzirá ou não a esse objetivo. Evidentemente, é possível que não tenha em sua cabeça uma imagem da forma exata que uma pintura deve assumir, mas muitas vezes sabe se o resultado da agregação de uma cor mais forte ou de uma nova forma lhe agrada ou não. A percepção de que algo 'saiu' implica um padrão na mente, seja ele consciente ou não."

Bruner também realça o papel da brincadeira como fonte de novidades. Na brincadeira, a criança pode pôr à prova muitas combinações novas e criar diferentes objetos e situações por meio da exploração dos materiais e oportunidades que lhe são oferecidas. A descoberta de novas maneiras de compor ou combinar objetos ou símbolos dá à criança a oportunidade de ser criativa e vivenciar a flexibilidade; esse seria um benefício especial proporcionado pela educação pré-escolar e pelas oportunidades lúdicas. Por meio da criação de novos objetos, pinturas, modelos, formas, uma criança dá os primeiros passos em direção à criatividade. Os materiais mais expressivos, como areia e massa, podem incrementar a criatividade quando se toma cuidado com a apresentação dos materiais e incluem-se objetos junto com eles.

O estudo de Sylva demonstrou os proveitos que as crianças tiram de um equilíbrio sadio entre momentos livres e estruturados durante o dia, e deixou patente a importância de algumas atividades estruturadas a cada sessão de um grupo de brincadeiras. O estudo faz algumas recomendações relativas a como o grupo de brincadeiras ou escola maternal pode encorajar a brincadeira de modo a tirar dela o máximo rendimento.

Figura 11.4 *Problemas de engenharia estrutural tiveram de ser resolvidos para que fosse construída a alta torre — um exemplo de brincadeira desafiante. A pintura também requer concentração, e o menino à direita não se distrai facilmente.*

Em primeiro lugar, as crianças aprendem mais com objetos e atividades que tenham um objetivo claro. As atividades que encorajam a concentração e, assim, provavelmente, o desenvolvimento intelectual, são as artes plásticas, a construção em pequena escala (com Lego, por exemplo), o faz-de-conta e os quebra-cabeças. Podem ser materiais adequados, entre outros, tintas e papel, argila e massinha de modelar, os materiais construtivos e as roupas para fantasiar-se. É claro que também devem haver muitas outras coisas — as crianças pequenas não gostariam de ficar concentradas o tempo todo.

Em segundo lugar, as crianças trabalham bem aos pares, e já se demonstrou que isso incrementa o nível intelectual de suas brincadeiras. Os anos pré-escolares são importantes para a comunicação e a linguagem da criança, e as crianças aprendem muito umas com as outras. As atividades criativas, a construção e o faz-de-conta são tipos de brincadeira que obviamente proporcionam oportunidade para conversas entre as crianças; embora às vezes seja necessária uma orientação que estimule um uso mais amplo e flexível da linguagem.

DA TEORIA À PRÁTICA 235

Figura 11.5 *Uma criança de dois anos praticando habilidades motoras na brincadeira.*

Por fim, adultos adicionais que conversem com as crianças são valiosíssimos para qualquer escola maternal ou grupo de brincadeiras (e um rodízio de pais seria excelente para este fim). Os adultos que se acham ativamente envolvidos em atividades com as crianças proporcionam uma oportunidade única de estimular a linguagem e ajudar em algumas tarefas.

A BRINCADEIRA É IMPORTANTE?

Considere o fato de as crianças brincarem de maneiras diversas à medida que ficam mais velhas e se desenvolvem. Cada estágio do desenvolvimento é acompanhado por um tipo diferente de brincadeira. A criança muito nova aprende e explora movimentos e habilidades rotineiras por meio da brincadeira de domínio. Assimila informações sobre o mundo que a rodeia ao tocar objetos, perceber a causa e o efeito de diferentes movimentos, e observar as regularidades que pode causar pela simples repetição de um padrão de ações. À medida que a criança ingressa num mundo mais social, interagindo com mais adultos e outras crianças, ela desenvolve o faz-de-conta e aprende sobre os símbolos e, depois, sobre a linguagem. Mais uma vez, está absorvendo informações sobre seu mundo e sobre a causa e o efeito da interação com outros. Por fim, a criança desenvolve a capacidade de pensar logicamente, e põe isso à prova mediante os jogos com regras.

À medida que as crianças crescem e se desenvolvem, elas brincam de modos diversos que refletem seus próprios níveis de competência. Assim, é possível observar crianças brincando e inferir algo a respeito de seu estágio de desenvolvimento e possíveis atrasos e problemas no desenvolvimento (este tema é retomado no capítulo 14, dedicado à ludoterapia).

Este capítulo voltou-se sobretudo para os aspectos cognitivos da brincadeira e, em particular, para a teoria de Piaget. Há, evidentemente, muitas outras maneiras de se estudar a brincadeira e sua importância, e os psicólogos ainda não conhecem as respostas a todas as perguntas que foram feitas no início do capítulo. A brincadeira parece de fato ser importante para diversos aspectos do desenvolvimento. As crianças de fato necessitam de vários tipos diferentes de vivências lúdicas para se desenvolverem normalmente. A brincadeira se torna cada vez mais complexa à medida que a criança fica mais velha, porque seu intelecto está se desenvolvendo e suas vivências sociais e emocionais se alargam à medida que interage com muitos outros adultos e crianças. As crianças aprendem muito a respeito da língua e dos usos de sua própria sociedade mediante a observação dos que as rodeiam, e depois pela prática durante a brincadeira. É importante que as crianças sejam estimuladas a brincar, e é importante que se lhes dêem muitas oportunidades de brincar segundo seu próprio nível de desenvolvimento. A brincadeira é importante? Ela é o trabalho da criança em idade pré-escolar, e é uma das atividades mais significativas para seu desenvolvimento global.

CAPÍTULO 12
**PRIMEIRA INFÂNCIA:
SOCIALIZAÇÃO NA PRÉ-ESCOLA**

A criança de três anos que se aventura a sair de sua casa para ir à escola ou ao grupo de brincadeiras depara com um novo mundo social feito de adultos e outras crianças. Este pode ser o primeiro contato que ela tem com outras crianças de sua idade, as quais agora começam a desempenhar um papel importante em sua vida. Pode ser essa também a primeira vez que ela mantém um contato regular com um adulto, outro que não seus pais, e que seja importante para ela. O capítulo anterior examinou as vantagens intelectuais da brincadeira das crianças na escola maternal; este capítulo põe em foco a importância da **socialização** que também ocorre lá.

Neste capítulo, vamos nos concentrar na socialização e no desenvolvimento social das crianças na escola maternal. Dos três aos cinco anos de idade, as crianças desenvolvem, a partir de uma curiosidade egocêntrica, a capacidade de relacionar-se com seus pares e tirar bom proveito das atividades de grupo, tanto na escola maternal como no berçário. Como isto se dá? A socialização, segundo Dennis Child, é "o processo integral mediante o qual um indivíduo, nascido com uma gama enorme de potencialidades comportamentais, é levado a desenvolver um comportamento efetivo que se confina a um âmbito muito menor — o âmbito daquilo que é costumeiro e aceitável para o indivíduo de acordo com os padrões de seu grupo". Grande parte do que ocorre na escola maternal é socialização. Mas, antes de penetrar em profundidade no conceito de socialização, uma palavra a respeito dos vários tipos de escolas maternais.

Figura 12.1 *O pátio de uma escola maternal — fonte de todo tipo de habilidades.*

As escolas maternais são geralmente administradas pelas autoridades locais da área de educação, e partem da convicção de que uma criança de três ou quatro anos beneficia-se com as vivências sociais e o estímulo educacional de uma escola maternal, achando-se portanto melhor preparada para começar sua vida escolar aos cinco anos de idade. Em contraposição às creches de tempo integral e ao sistema de babás, as escolas maternais têm um propósito educacional especificamente estipulado (em lugar de um propósito voltado para o cuidado). A relação entre o número de funcionários e o número de crianças é alta (geralmente girando em torno de 1:13), o pessoal recebe treinamento profissional e o equipamento, em geral, é excelente. Das 1.221.495 crianças que freqüentaram algum tipo de serviço pré-escolar na Inglaterra e no País de Gales em 1977 (29,8 por cento de todas as crianças com menos de cinco anos), 6,7 por cento freqüentaram escolas maternais. Cerca de cinco vezes esse número de crianças freqüentaram grupos de brincadeira (ver a figura 12.2).

Os grupos de brincadeira parecem-se em muitos aspectos com as escolas maternais, a não ser pelo fato de serem particulares (não são organizados pelo Estado) e de o pessoal não ter formação profissional (embora a maioria receba formação por meio da Associação dos Grupos de Brincadeira Pré-Escolares). São geralmente organizados por pais que usam, por exemplo, um salão de igreja em diversas manhãs ao longo da semana. Os pais escolhem um líder de grupo que é o principal responsável pelos arranjos cotidianos, e geralmente revezam-se para ajudar. A essência do grupo de brincadeiras é o envolvimento dos pais.

Em geral, os grupos de brincadeira assemelham-se muito às escolas maternais no que diz respeito às atividades que são encorajadas, embora as escolas maternais geralmente disponham de equipamentos mais elaborados. Visto que os objetivos (estimular e incrementar o desenvolvimento intelectual e social das crianças) e os métodos são muitas vezes semelhantes, as referências que neste capítulo fazemos à escola maternal valem também para o grupo de brincadeiras.

SOCIALIZAÇÃO

O processo de socialização começa desde muito cedo em casa, mas, para a criança de três anos, a escola maternal amplia

240 INICIAÇÃO AO DESENVOLVIMENTO DA CRIANÇA

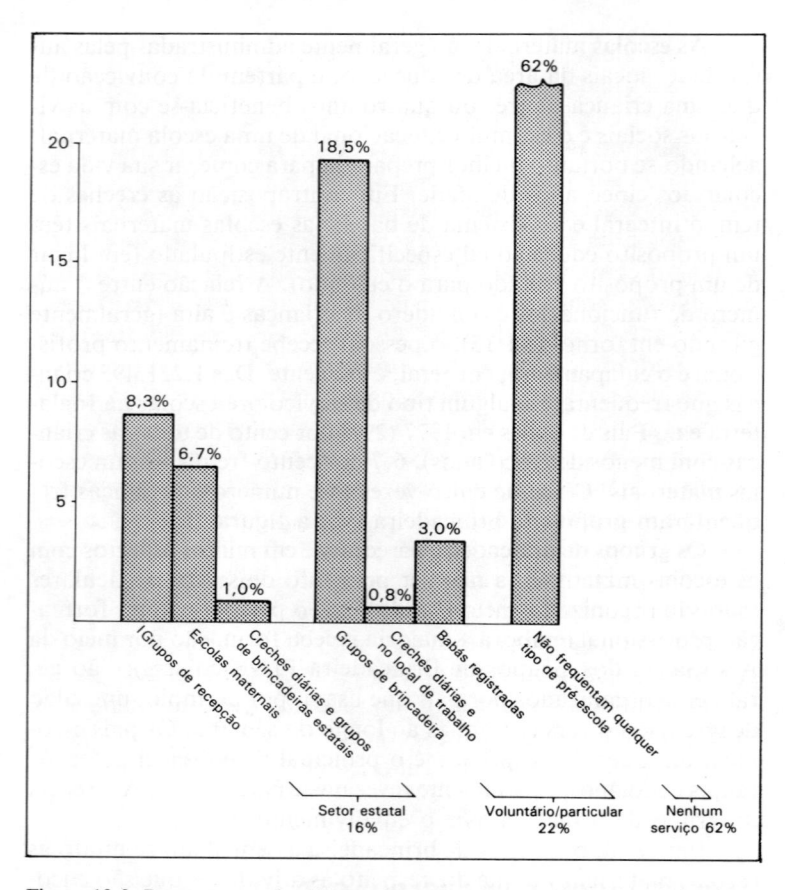

[Gráfico de barras com os seguintes dados:
- Grupos de recepção: 8,3%
- Escolas maternais: 6,7%
- Creches diárias e grupos de brincadeiras estatais: 1,0%
- Grupos de brincadeira: 18,5%
- Creches diárias e no local de trabalho: 0,8%
- Babás registradas: 3,0%
- Não freqüentam qualquer tipo de pré-escola: 62%

Setor estatal 16% | Voluntário/particular 22% | Nenhum serviço 62%]

Figura 12.2 *Porcentagem de crianças com menos de cinco anos que freqüentam diferentes tipos de serviços pré-escolares (Inglaterra e País de Gales, 1977).*

o seu âmbito. A escola maternal proporciona uma oportunidade para juntar-se com outras crianças e desenvolver competência social, e também coloca a criança numa posição na qual ela precisa levar em consideração os desejos, necessidades e exigências de outras crianças e adultos. É possível que, em casa, ela tenha começado a aprender a ser "educada" (por exemplo: dizer "por favor", ou comer com garfo e faca), e terá aprendido que nem sempre é possível ter as coisas do jeito que ela quer. Algumas reações aprendidas em casa serão mais reforçadas na escola maternal e, assim, adquirirão uma força maior enquanto hábitos, enquanto outras reações perdem força por não serem recompensadas pelas outras crianças (o "grupo de pares") ou pelos professores. (Lembremos que no capítulo 8 demonstrou-se que o reforço é um fator importante na aprendizagem.) Os pais (os primeiros e os mais importantes na socialização) começam a moldar o comportamento da criança ao recompensar os comportamentos bons que desejam encorajar e punir o comportamento mau que desejam eliminar. Os professores dão continuidade a este padrão de recompensa e punição (usando, como recompensas, os sorrisos, a atenção, os pontos positivos e até doces) em suas tentativas de mudar o comportamento das crianças e ajudá-las a tornarem-se seres sociais. Em certa medida, também as outras crianças proporcionam um forte reforço para certos tipos de comportamento, como, por exemplo, para a criança exibida cujo comportamento abusivamente atrevido é mantido pela aprovação e pelos risos de seus pares. Na escola maternal, as outras crianças desempenham um papel cada vez mais importante na vida de uma criança nova, tanto por darem reforço (consciente e inconscientemente) como por serem, cada vez mais, modelos. A idéia de aprender com um modelo (freqüentemente chamada aprendizagem por observação ou por imitação) é particularmente importante para uma compreensão do processo de socialização.

APRENDIZAGEM POR OBSERVAÇÃO

A aprendizagem por observação foi extensamente estudada por Albert Bandura[1] e vários colegas. Eles realizaram vários experimentos para descobrir em que medida os modelos influenciam o comportamento agressivo em crianças. Em um experimento, colocavam-se crianças em idade pré-escolar sozinhas, numa sala em que havia um adulto; cada criança divertia-se com um brinquedo em um dos lados da sala, enquanto o adulto, o "modelo", brincava do outro lado da sala. Numa das condições experimentais, a condição do "modelo agressivo", a criança observava o adulto comportando-se de maneira estranha e agressiva em relação a um grande boneco inflável (um joão-bobo), socando-o, chutando-o, atirando-lhe coisas e gritando com ele; na segunda condição experimental, a criança observava o mesmo adulto comportando-se de modo tranqüilo e não-agressivo em relação ao mesmo joão-bobo. Para fins de comparação, havia uma condição de controle em que o adulto brincava silenciosamente com vários brinquedos. Depois dessa sessão, todas as crianças eram levadas para uma outra sala (com o joão-bobo), onde ficavam levemente frustradas ao lhes serem retirados os brinquedos; observavam-se então suas reações à frustração. Bandura constatou que as crianças que haviam observado o modelo agressivo manifestaram um comportamento agressivo em relação ao boneco, muitas vezes imitando de modo exato as ações estranhas do modelo adulto agressivo. Por outro lado, as crianças que ha-

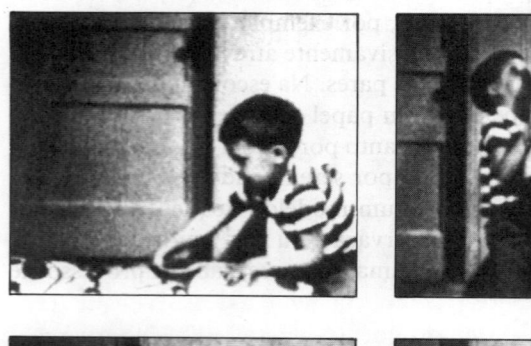

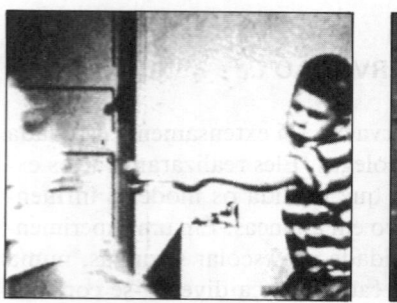

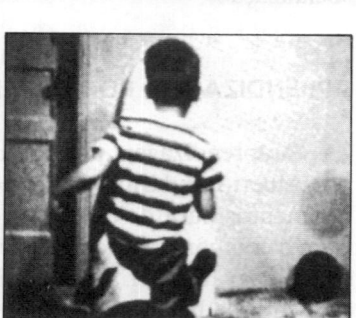

Figura 12.3 *O experimento do joão-bobo de Bandura. As crianças que haviam acabado de ver um adulto comportando-se agressivamente em relação ao boneco comportaram-se do mesmo modo. A má qualidade das ilustrações deve-se ao fato de elas serem tiradas de uma gravação em vídeo.*

viam estado expostas ao modelo adulto não-agressivo manifestaram um comportamento ainda menos agressivo que o do grupo de controle. Em experimentos posteriores, Bandura realizou o mesmo estudo, mas usou modelos adultos em filme cinematográfico; os resultados foram os mesmos, e os modelos filmados mostraram ser modelos tão eficazes para a aprendizagem por observação quanto os modelos corporalmente presentes.

Esses experimentos demonstraram a potência da aprendizagem por *imitação*. Em casa, os pais são poderosos modelos para suas crianças novas. Um pai agressivo, por exemplo, pode estar tendo êxito em moldar em seu filho um comportamento igualmente agressivo. Vimos no capítulo anterior como as crianças novas fazem o papel de adultos em suas brincadeiras de faz-de-conta, imitando com habilidade e exatidão os gestos e movimentos dos adultos. Do mesmo modo, na escola maternal, o professor torna-se um importante modelo para a aprendizagem por observação durante a brincadeira. Além de recompensar e encorajar comportamentos e características apropriadas, e punir ou ignorar as de outro tipo, a professora de escola maternal torna-se um modelo prontamente disponível, poderoso e, em geral, atraente — muitas vezes exercendo sobre a criança uma influência tão forte quanto a de seus primeiros socializadores — os pais. Por exemplo: se os pais ou os professores usam violência física ou verbal para punir um comportamento indesejável, pode ocorrer como resultado que a criança imite e aprenda o comportamento agressivo de punição em vez de pôr fim ao comportamento indesejável. Muitas vezes, mas nem sempre, a professora de escola maternal trabalha ao lado dos pais para encorajar (recompensar) *e* modelar o mesmo comportamento, e desencorajar (punir) um outro; claramente, onde isso ocorre o resultado será uma aprendizagem mais eficiente; os problemas podem ocorrer quando a criança recebe um determinado conjunto de reforços e um determinado tipo de modelagem em casa, e um outro completamente diferente na escola maternal.

Na escola maternal, o papel do grupo infantil é igualmente importante no que diz respeito ao reforço, e como modelo para imitação. De fato, as crianças aprendem as habilidades sociais das outras pelo menos na medida em que as aprendem dos adultos; descobrem, por tentativa e erro, as sutilezas da interação e da comunicação social. Em brincadeiras ou em tarefas que envolvem a cooperação, as crianças na escola maternal começam a aprender alguma coisa do toma-lá-dá-cá que é necessário para a vida real. Os grupos maternais são geralmente organizados de modo a haver oportunidades consideráveis para a brincadeira livre; isto permite que as crianças descubram por si mesmas as "regras" da amizade e do contato social — como aproximar-se dos outros, controlar impulsos agressivos e expressar afeto.

Algumas das mais impressionantes mudanças de comportamento nesta idade estão ligadas ao crescente sentido que a criança tem de sua própria identidade, e à sua crescente independência. Ela se deleita em dominar novas habilidades e gosta de explorar o mundo exterior à sua casa. Compreendendo o afeto de seus pais e sentindo a segurança do apego que tem em casa, é capaz de interagir alegremente com outros adultos.

INDEPENDÊNCIA

O psicanalista Erik Erikson dá ênfase a esta idade no que toca ao desenvolvimento da "autonomia" e da independência. A criança aos poucos aprende a escolher e decidir, e a aceitar as conseqüências da escolha. Aos poucos percebe que os indivíduos são valorizados em diversos graus dependendo daquilo que sabem fazer, e aprende a formar relacionamentos fora de casa e a confiar em outros adultos e crianças. Dowling, um especialista em escolas maternais, escreve:

> As oportunidades para desenvolver a independência devem predominar em todas as áreas da escola maternal; sistemas de lanche em que a própria criança se sirva darão ao indivíduo a oportunidade de encher seu próprio copo e decidir qual a quantidade que pode beber; banheiros convenientes facultam à criança usá-los do modo que quer e quando quer; a escolha entre brincar dentro ou fora da sala com uma variedade de materiais, de ouvir ou não a uma sessão de histórias, de selecionar os próprios companheiros de brincadeira, tudo isso já são os rudimentos da tomada de decisões para a vida inteira. Uma criança capaz de tomar decisões e agir segundo a própria iniciativa crescerá rapidamente na autoconfiança.

O que encontramos quando examinamos o que está ocorrendo nas escolas maternais? Lesley Webb usou uma "técnica de ENTREVISTA informal" para perguntar às mães: "Qual foi, segundo a sua opinião, o principal proveito (que sua criança tirou) da escola maternal?"[2]:

> A principal coisa que eu notei foi a independência dela. Em tudo. Bem, comparada com suas amiguinhas — bem, mas não há comparação. Ela está muito à frente!

> Eles já não ficam te rodeando o tempo todo depois de irem à escola maternal. Parece que eles aprendem a não precisar tanto — bem, não o tempo todo, mas — bem, ele faz as coisas sozinho e depois diz, "Mamãe, vem ver". Eu não preciso tratá-lo como um bebê, entende?

e

> Eles ensinam eles a serem independentes. Não se pode fazer tudo isso em casa. Não do mesmo jeito.

Claramente, muitos pais acharam que a freqüência a uma escola maternal colaborou para desenvolver a independência das crianças.

APRENDIZAGEM DE HABILIDADES SOCIAIS

Vários pesquisadores fizeram estudos de observação de crianças em escolas maternais, com a finalidade de descrever o que tipicamente acontece num grupo maternal.

Peter Smith e Kevin Connolly, em Sheffield, examinaram a interação social de grupos de crianças em escolas maternais com idades que iam de dois anos e nove meses a quatro anos e nove meses[3]. Observaram as crianças durante sessões de brincadeira livre e registraram suas várias atividades, particularmente em relação ao período de tempo em que cada criança já freqüentara a escola. Descobriram que a sociabilidade nas brincadeiras, as brincadeiras mais agitadas, as gargalhadas e sorrisos, estavam mais relacionados com a quantidade de vivência de escola mater-

Figura 12.4 *Aprender a conviver um com o outro é uma parte importante da socialização.*

nal do que com a idade. Assim, parece que as crianças em escolas maternais de fato aprendem a brincar com outras crianças, a aproximar-se e a fazer amizades, e a apreciar e manejar as sutilezas da interação com outros.

APRENDIZAGEM DE ATIVIDADES ADEQUADAS AO SEXO

A aprendizagem dos papéis sexuais é uma parte importante do desenvolvimento social, e as atividades da escola maternal são importantes lá onde as crianças estão experimentando diferentes papéis, particularmente por meio do faz-de-conta. Este aspecto da **socialização** começa desde cedo em casa, com o reforço que os pais dão ao comportamento feminino (e os brinquedos e cores femininas) para as meninas, e ao comportamento masculino para os meninos. Já pelos três ou quatro anos de idade as crianças aprenderam que a sociedade espera tipos diferentes de comportamento dos meninos e das meninas, dos homens e das mulheres. O fato é que as coisas que as crianças aprendem nem sempre são favoráveis às meninas. Elas aprendem, por exemplo, que a "mamãe" toma conta da casa e das crianças (embora possa trabalhar fora) e o "papai" sai para trabalhar "de verdade". Sabem também que as meninas são encorajadas a brincar num canto da casa com bonecas e livros, enquanto os meninos podem brincar de maneira mais agressiva e com caminhões e triciclos, grandes blocos de construção e brinquedos construtivos como o Lego. Além disso, os programas de televisão, filmes e livros para crianças encorajam estereótipos de papéis sexuais; um levantamento feito nos EUA em 1972, por exemplo, examinou 2.750 histórias de 134 livros infantis e constatou uma tendência muito forte à estereotipia sexual: "Os meninos fazem as coisas. Usam sua própria cabeça para resolver problemas. São curiosos, inteligentes e aventureiros. Têm êxito; ganham dinheiro. As meninas e mulheres são incompetentes e medrosas. Pedem aos outros que resolvam seus problemas por elas... história atrás de história, as meninas são as observadoras, aquelas que puxam os aplausos... chegando a aceitar a humilhação e o ridículo. Em 67 histórias, um sexo avilta o outro — e 65 dessas histórias envolvem hostili-

Figura 12.5 *Os amigos, além dos pais, tornam-se importantes.*

Figura 12.6 *As crianças aprendem pela observação mútua.*

dades do sexo masculino contra o sexo feminino.'' Como isso se mantém na turma maternal?

Vimos como as crianças novas aprendem tanto por reforço como por imitação. São recompensadas por seus pais e professores (consciente e inconscientemente) por comportamentos adequados ao sexo. Vimos também que os companheiros na turma maternal são poderosos agentes de socialização, tanto de um modo como do outro; reforçam comportamentos uns nos outros e servem como modelos para imitação e identificação. Os psicólogos constataram que os meninos tendem a brincar em grupos, em ''bandos'' ou sozinhos, ao passo que as meninas tendem antes a brincar em grupos pequenos de dois ou três indivíduos. Deste modo, os meninos são mais suscetíveis a pressões por parte dos companheiros (e isso se desenvolve cada vez mais, até chegar ao ''comportamento de gangue'' dos jovens adolescentes). Os meninos ficam mais ansiosos para identificar-se com a masculinidade e os caracteres masculinos dos companheiros. Corine Hutt[4] demonstrou que as crianças novas apresentam uma tendência particularmente forte a imitar o comportamento de seus companheiros de mesmo sexo; e, como terá notado qualquer pessoa que já tenha passado algum tempo com uma turma de maternal, já nessa idade há freqüentemente um "líder" fortemente masculino a quem os outros meninos são ansiosos por imitar, e com quem querem identificar-se. Isso é menos verdadeiro no que diz respeito às meninas. As crianças aprendem bem cedo as diferenças sexuais. Ao perguntar-se a criança de dois anos e meio de idade: "Você é um menino ou uma menina?", obtiveram-se muitas respostas erradas. Mas, à medida que crescem, as crianças observam as diferenças entre os homens (policiais, soldados, pais, ladrões) e as mulheres (mães, professoras, enfermeiras). Outro modo pelo qual aprendem é a identificação com o pai ou com a mãe, e, assim, pela aceitação do papel ou comportamento masculino ou feminino do genitor de mesmo sexo.

IDENTIFICAÇÃO

A aprendizagem por observação e imitação explica o porquê de uma criança fazer muitas coisas, mas não nos ajuda quando perguntamos por que a criança escolhe imitar uma pessoa e não outra. O conceito de **identificação** (ver capítulo 5) pode nos ajudar a compreender isso. Trata-se do conceito proposto por Freud para explicar como as crianças novas resolvem os conflitos gerados pelos fortes sentimentos direcionados ao genitor de sexo oposto; o menininho identifica-se com seu pai e sai à busca de atividades masculinas fora de sua família, enquanto a menininha identifica-se com a mãe e procura atividades e interesses mais femininos. Identificação é o nome que se dá à maneira um tanto sutil pela qual uma criança nova absorve ou "assimila" as características de outra pessoa sem qualquer aprendizagem ou ensino direto; as características da outra pessoa (inicialmente um pai, mais tarde um professor e um colega) são sentidas pela criança como se pertencessem a ela mesma. Paul Mussen escreve: "As reações adquiridas por identificação parecem ser emitidas espontaneamente, sem quaisquer treinamentos específicos ou recompensas diretas pela imitação, e são em geral relativamente estáveis e duradouras, e não transitórias." Dentro da turma do maternal, é possível ver os resultados da primeira identificação das crianças com seus pais; depois, a mudança de foco para a professora do maternal; e, por fim, à medida que ficam mais velhas, o modo como identificam-se mais e mais com seu grupo de companheiros e com as figuras dos líderes desse grupo. Muito disso se consegue através do faz-de-conta e da fantasia. Evidentemente, os processos de socialização não param depois da escola maternal — continuam também em casa e na vizinhança, e também na vida posterior.

Demos início também ao capítulo considerando a noção de socialização. "As escolas maternais inglesas sempre viram sua missão como consistindo, em parte, numa missão de socialização." Este processo parece ter incluído dois tipos bastante diferentes de comportamento — as habilidades "menores" (tais como os hábitos de limpeza) e o comportamento "elevado" (como a formação de relacionamentos).

QUAIS SÃO OS BENEFÍCIOS DA ESCOLA MATERNAL E DO GRUPO DE BRINCADEIRAS?

É difícil avaliar os benefícios da freqüência a escolas maternais ou grupos de brincadeira, pois nunca é possível encontrar-se crianças exatamente iguais para se comparar. Nunca é possível dizer, por exemplo, que "a adaptabilidade ou sociabilidade de Darren foi causada pelo fato de ele ter freqüentado uma escola maternal desde a idade de três anos", ou que "o comportamento anti-social de Maria ao entrar no jardim-de-infância foi devido ao fato de ela não ter freqüentado uma escola maternal".

Não se pode encontrar outras crianças para fazer a comparação porque não é possível saber se as crianças enviadas à escola maternal antes dos cinco anos são representativas de toda a população. Podem haver muitas razões para que uma determinada criança seja enviada à escola maternal, como a mãe que precisa ou quer trabalhar fora de casa, a família sob tensão, uma recomendação do médico em casos de deficiência mental leve, ou pais motivados a enviar a criança a uma escola maternal para o bem da criança ou para seu próprio bem. Assim, é impossível separar os efeitos da educação maternal dos efeitos da vida numa determinada família. Na melhor das hipóteses, é possível fazer comparações que usam medidas gerais de socialização ou ajustamento. Mas o que essas comparações nos dizem? Parecem dizer-nos que, embora as crianças de cinco anos que freqüentaram a escola maternal ou o grupo de brincadeiras *sejam* mais sociáveis que crianças de cinco anos que não o fizeram, estas diferenças tendem a desaparecer com o tempo.

No entanto, as escolas maternais e grupos de brincadeiras proporcionam uma larga gama de benefícios. As crianças dessa idade gostam de brincar entre si e de aprender as regras da amizade e as habilidades da cooperação e do toma-lá-dá-cá.

Uma variedade de atividades e materiais diferentes, de "cantos" e "mesas" separados, asseguram que as crianças trabalharão e brincarão em grupos administráveis e terão a oportunidade de interagir entre si. As crianças precisam aprender a ouvir, a revezar-se, e a ajudar até as crianças mais tímidas a darem uma contribuição. Embora a socialização comece na família, onde a criança depara com seus primeiros relacionamentos sociais, modelos e figuras de identificação, é na escola maternal que ela trava contato com o mundo mais amplo. As escolas maternais proporcionam estímulos intelectuais e sociais, muitas atividades e brincadeiras diferentes, e muitas crianças com quem essas atividades e brincadeiras podem ser feitas.

Parece que, quando os encarregados das escolas maternais e grupos de brincadeiras têm clareza de seus objetivos, e quando há vários adultos para conversar com as crianças e ajudá-las em suas brincadeiras, as escolas maternais oferecem aos menores de cinco anos grandes oportunidades de desenvolvimento social e intelectual. Isto não significa que as crianças que não freqüentam escolas maternais ou grupos de brincadeiras estejam em desvantagem ao dar início à vida escolar, embora possam estar menos acostumadas a trabalhar e a brincar em grupo, e possam demorar mais tempo para adaptar-se à escola.

CAPÍTULO 13
OS ANOS ESCOLARES: APRENDIZAGEM

Quando uma criança começa a vida escolar, a aprendizagem formal adquire importância fundamental, e a questão de como facilitar a aprendizagem se torna um dos principais interesses do professor. Muitos fazem as perguntas: "Como as crianças aprendem?", ou, alternativamente: "Por que as crianças não aprendem?", ou: "Como podemos melhorar a aprendizagem das crianças?" As escolas talvez tivessem menos problemas se as respostas a essas perguntas fossem conhecidas com segurança.

Na linguagem comum, a aprendizagem é um processo pelo qual as pessoas adquirem novos conhecimentos ou habilidades específicos. Há muitos psicólogos que estudam a aprendizagem entendida neste sentido, e muitos que (como Piaget) interessam-se pelas mudanças graduais no pensamento *geral* da criança sobre o mundo.

Há um grupo menor de psicólogos que se interessam de modo particular pelos efeitos da recompensa e da punição na aprendizagem, os quais — por algum acidente histórico — são conhecidos como teóricos da aprendizagem, embora não sejam os únicos a teorizar sobre esse assunto. São eles Thorndike, Skinner e Bandura (entre outros), e sua obra está debatida no capítulo 8.

Neste capítulo serão examinadas a obra de Skinner (e o foco que ele lança sobre a recompensa e o **reforço**) e a abordagem muito diferente de Piaget. Ambos influenciaram aquilo que ocorre dentro da sala de aula, ainda que de maneiras muito diferentes.

As idéias de Piaget foram mais aplicadas no âmbito da escola primária, ao passo que as de Skinner foram usadas com crianças mais velhas; mas ambos os psicólogos influenciaram as idéias

254 INICIAÇÃO AO DESENVOLVIMENTO DA CRIANÇA

Figura 13.1 *Aos cinco anos, as crianças dão início a uma escolaridade mais formal. Dez anos depois, o processo continua...*

e a prática gerais da educação. Este capítulo considera as idéias de Piaget sobre a descoberta contrapostas à obra de Skinner sobre a aprendizagem programada.

PIAGET

Embora Piaget não tenha feito recomendações específicas acerca da prática educacional, ele participou por muitos anos de um comitê da UNESCO dedicado a saber como a teoria poderia ser aplicada à prática educacional, e toda uma abordagem surgiu de sua teoria do desenvolvimento intelectual. Piaget observou seus três filhos, e mais tarde muitas outras crianças, a descobrir coisas sobre o mundo ao redor sem serem ensinadas, e notou cuidadosamente como as crianças progrediam de uma descoberta a outra. Viu crianças motivadas por sua própria curiosidade e desejo de descobrir; e o desenvolvimento intelectual parecia ocorrer espontaneamente. As idéias de Piaget deram ensejo a toda uma abordagem geral da educação chamada aprendizagem por descoberta.

Lembremos (capítulo 7) que Piaget considerava ser o pensamento um processo ativo. As crianças não são criaturas que absorvem passivamente a informação, mas, antes, elas organizam ativamente as vivências e, assim fazendo, modificam os **esquemas** que já possuem. Piaget traçou uma distinção entre o desenvolvimento e a aprendizagem. Por desenvolvimento ele entendia mudanças gerais no pensamento — modificação dos esquemas — procedendo de acordo com uma ordem imutável de estágios. Por outro lado, a aprendizagem para Piaget implicava a aquisição de um comportamento específico para lidar com determinada tarefa num determinado contexto.

Piaget sustentava que o mundo e a compreensão de uma criança são completamente diferentes dos de um adulto, visto que a criança atravessa estágios caracterizados por diferentes tipos de compreensão — **sensório-motor, pré-operativo, operativo.** Os estágios de Piaget desdobram-se e desenvolvem-se segundo uma ordem invariável, cada um dependendo do estágio anterior e gradualmente transformando-se no seguinte. É este desdobramento espontâneo e gradual que é essencial para a idéia piagetiana do desenvolvimento.

Já houve muitos currículos piagetianos aplicados em particular à educação de crianças novas (até 9-10 anos), e as idéias piagetianas também têm permeado grande parte da educação maternal e pré-escolar.

Aprendizagem por descoberta

Uma menininha que veste suas bonecas e as faz andar dentro da casa de bonecas, imitando talvez a vida real, está aprendendo por descoberta. Ela manipula ativamente as diferentes bonecas, pega-as no colo, troca as suas roupas, leva-as de um quarto para outro, e assim aprende sobre as propriedades dos objetos. Não tem nem professor nem programa e, não obstante, está aprendendo. Uma criança de sete anos que se ajoelha fora da escola para coletar e observar caramujos, que desenha espirais e faz pesquisa num livro de história natural, está aprendendo por descoberta algumas das propriedades da natureza, das formas e da matemática.

Talvez o conceito fundamental na aprendizagem por descoberta seja o próprio *ato* da descoberta. Pois Piaget dá ênfase à atividade no desenvolvimento intelectual, e afirma que a criança deve agir sobre as coisas para compreendê-las. Quase desde o nascimento, a criança nova toca objetos, sente-os pelo tato e os pega na mão, sacode-os, olha-os e, aos poucos, por meio de sua manipulação ativa, aprende acerca de suas várias propriedades. Neste começo do estágio sensório-motor, a criança nova descobre sozinha o mundo e a si própria; e este processo de exploração ativa continua por todo o restante de seu desenvolvimento intelectual. A criança é intrinsecamente motivada, é naturalmente curiosa, ansiosa por aprender e explorar o mundo à sua volta. Dê-lhe a oportunidade de aprender e ela o fará — sem ser ensinada. A aprendizagem por descoberta realmente se opõe à idéia de ensino, se por este se entende o processo tradicional de comunicar informação, ou modificar o comportamento, ou mesmo "encher de conhecimento um vaso vazio". A idéia consiste, antes, em proporcionar o material e o ambiente para que a criança explore e deixá-la então fazer o restante quase sozinha, motivada a aprender por sua própria curiosidade.

O que acontece, então, na sala de aula piagetiana? O professor piagetiano tem o objetivo de fazer com que as atividades de classe e a escola estejam "em harmonia com os processos de desenvolvimento". As lições e o material dado às crianças devem ser determinados por um conhecimento dos estágios de desenvolvimento. Esta abordagem é conhecida como "prontidão", e supõe que o crescimento intelectual se dê em seu próprio ritmo e não deva ser acelerado. A criança sensório-motora precisa de materiais e de tempo para praticar atividades e desenvolver sua compreensão nesse nível. Peça à criança pré-operativa que resolva um problema lógico e ela cometerá erros, pois, para ela, o problema terá um significado diferente; mas ela aprenderá com seus erros. A criança é naturalmente curiosa, e, em diferentes estágios, está "pronta" para diferentes materiais e atividades. Algumas crianças estão "prontas" (já dominaram as habilidades básicas, tais como o reconhecimento das formas) para aprender a ler aos três anos, enquanto outras só o estão aos cinco ou seis anos. O professor piagetiano não acelera o processo, mas espera que o desenvolvimento se desdobre.

Qual o papel do professor numa abordagem baseada na aprendizagem por descoberta? Aparentemente, a criança aprende sozinha, sem ensino. Assim, seria o professor necessário? O professor é importante sob dois aspectos principais. Em primeiro lugar, deve saber qual o estágio a que a criança já chegou, quais atividades dominou, e quais são aquelas em que ainda não tem competência. Sabendo isso, pode proporcionar-lhe materiais, situações e atividades que lhe darão a oportunidade de praticar aquelas habilidades e exercitar seu intelecto em tarefas relevantes à vida em sua sociedade. O professor pode guiar e facilitar o crescimento natural e espontâneo da criança por meio da escolha daquilo que é oferecido na sala de aula. Em segundo lugar, pode colaborar no processo de "mudança de estágio", que consiste no desenvolvimento da criança de um estágio para o seguinte. Ele o faz ao proporcionar e mostrar à criança os seus óbvios conflitos e discrepâncias, de modo que a criança modifique os esquemas e modos de compreensão existentes e aprenda outros novos. A criança pré-operativa de cinco anos, por exemplo, não compreende que a qualidade de água permanece a mesma mesmo quando a água é vertida em copos de formas diferentes (ver

Figura 13.2 *Crianças de seis anos "descobrem" diversas maneiras de medir.*

p. 143). A "mudança de estágio" ocorre quando a criança começa a perceber o conflito (ao passar a água de um copo para outro sem nunca acrescentar ou subtrair nada), e depois percebe que a quantidade deve permanecer a mesma. O professor pode ajudar o processo ao trazer à luz os conflitos, passando a água de um copo para outro e discutindo com a criança as várias possibilidades. O papel do professor exige tempo, sensibilidade e energia.

E a criança? Na sala de aula piagetiana, a criança acha-se ativamente dedicada a explorar o ambiente e aprender sobre o mundo e a sociedade que a rodeiam. É motivada por sua própria curiosidade. A criança pequena é pré-lógica, e assim desenvolve esquemas diferentes dos da criança mais velha — e se vale de materiais e atividades diferentes. O modo como percebe e compreende depende do estágio a que chegou, de maneira que, por maior a freqüência com que algo seja explicado ou repetido, ela só pode assimilá-lo de acordo com seu próprio nível de compreensão e sua própria imagem do mundo. Além disso, aprende mediante a exploração ativa e o próprio envolvimento no processo de desenvolvimento. Assim, ela se desenvolve pela manipulação, contagem e vivência de materiais, e não ao sentar-se numa carteira

DA TEORIA À PRÁTICA 259

Figura 13.3 *Absorto em descobertas acerca do tempo.*

e absorver informação. Está envolvida numa construção e reconstrução ativas de sua visão de mundo e sua compreensão do que ocorre à sua volta.

A missão do professor é selecionar materiais, e às vezes, indiretamente, sugerir atividades, de modo que a criança, por sua livre vontade, faça coisas que contribuam para seu crescimento e desenvolvimento gerais. Esta é uma abordagem da "prontidão", e o ensino deve refletir o caminho do desenvolvimento cognitivo espontâneo.

A aprendizagem por descoberta e a abordagem da prontidão disseminaram-se largamente pelos jardins-de-infância e pré-escolas. Elas se coadunam bem com idéias de aprendizagem individual e desenvolvimento social de crianças novas. No entanto, quando uma criança sai da escola primária, a pressão dos currículos exigidos para os exames muitas vezes acaba por determinar a natureza de sua vivência da aprendizagem. Os professores são pressionados a transmitir um certo corpo de conhecimentos, os alunos são obrigados a dominar determinados currículos de exame. Embora algumas escolas secundárias tenham desenvolvido abordagens pautadas na aprendizagem "por descoberta", especialmente nas disciplinas integradas dos primeiros dois anos, a ênfase da escola secundária cada vez mais recai sobre a aprendizagem e o ensino formais.

Passamos a descrever uma forma de aprendizagem altamente formalizada e sistemática, que se desenvolveu a partir das idéias do psicólogo norte-americano B. F. Skinner.

SKINNER

Skinner demonstrou que, pelo uso de sua teoria da aprendizagem instrumental (ver p. 122), era possível, mediante o reforço apropriado, até mesmo ensinar um pombo a jogar pingue-pongue.

Lembremos que, para Skinner, o reforço é aquele processo pelo qual uma recompensa aumenta a probabilidade de ocorrência de uma resposta; e a aprendizagem, segundo sua teoria, é a mudança do comportamento que ocorre como resultado do reforço. O reforço (ver capítulo 8) é definido funcionalmente como um acontecimento que aumenta a probabilidade ou a freqüência de uma resposta; o ato de dar a um rato uma bolinha de alimento, por exemplo, aumenta a probabilidade de ele puxar uma alavanca, o ato de dar um afago a uma criança pode aumentar a freqüência de seus sorrisos, ou dedicar a uma criança qualquer

Figura 13.4 *Cada pombo ganha um reforço se consegue lançar a bola no vão que fica do lado de seu oponente.*

forma de atenção pode fazer multiplicar-se qualquer forma de comportamento que chame a atenção. Na verdade, muitos acontecimentos diferentes podem ter o papel de reforços, e, nas situações da vida real, os reforços poucas vezes são planejados; em geral, simplesmente ocorrem. A idéia de reforço é essencial na teoria de Skinner e em suas aplicações práticas.

Ao recompensar as aproximações ao comportamento desejado (aqui, o pingue-pongue), Skinner foi capaz de ensinar o pombo por meio de um processo a que chamou **modelagem do comportamento**. Cada pequeno passo na direção certa era reforçado até que o pombo tivesse dominado o movimento completo; de início o pombo seria recompensado por ficar de pé na posição certa até que seu comportamento estivesse confiavelmente estabelecido, depois seria reforçado por ficar de pé nessa posição *e* apontar seu bico em direção à bola, depois era reforçado por ficar de pé, apontar *e* aproximar-se da bola, e assim por diante, até que realizasse a ação desejada em sua forma completa. Este procedimento requer um planejamento muito cuidadoso, de modo que os passos sucessivos sejam graduais, coerentes e imediatamente seguidos da recompensa. São pontos importantes:

(i) uma ação ou objetivo particular é especificado e depois reduzido a uma seqüência de passos menores
(ii) qualquer movimento na direção certa é imediata e coerentemente recompensado, mas, aos poucos, vai-se exigindo mais e mais do pombo para dar-se-lhe a recompensa
(iii) o reforço é imediato

A modelagem também foi utilizada com êxito em seres humanos, em muitos contextos diferentes, e em particular com crianças. Mais ou menos como um pombo, a criança é de início recompensada por qualquer pequeno passo dado na direção certa; depois, vai-se aos poucos exigindo-lhe que faça cada vez mais a fim de ser recompensada, até que, por fim, ela esteja fazendo exatamente o que é preciso. Este procedimento tem sido particularmente eficaz com crianças deficientes mentais que aprendem a comer com garfo e faca, ou a vestir-se, visto que estas são ações facilmente definíveis e redutíveis a uma série de passos componentes, cada um dos quais pode ser reforçado num processo de aproximação sucessiva.

A responsividade humana ao reforço torna possível que se planeje um programa para conservar, modificar ou **extinguir** (eliminar) um determinado comportamento. Isto pode ocorrer em escolas ou em outras instituições, e pode estar vinculado à aprendizagem escolar ou à modificação de comportamentos indesejáveis. No caso de comportamentos indesejáveis, o professor precisa identificar quais são as ocorrências, dentro da escola ou da sala de aula, que estão tendo o papel (provavelmente não percebido) de reforços, e precisa reorganizar as coisas de modo que não mais o tenham. Isto será aprofundado no capítulo 14 (que trata da modificação do comportamento). Mas uma das aplicações mais difundidas e potentes a serem derivadas dos princípios de Skinner é a idéia de aprendizagem programada em sala de aula. Esta tornou-se popular nos anos 50 e 60, e ainda hoje é usada em instituições educacionais.

Aprendizagem programada

A aprendizagem programada é, literalmente, um programa de aprendizagem. Pode consistir num livro didático ou numa série de fichas de trabalho cuidadosamente planejados, ou numa pequena caixa com uma série de *slides*, ou num gravador combinado a *slides*, ou num pequeno computador. A idéia subjacente é a mesma e é derivada dos mesmos procedimentos que Skinner usou quando modelou o comportamento de seus pombos:

(i) especifica-se um objetivo particular, o qual é depois reduzido a passos menores
(ii) qualquer movimento ou progresso na direção certa é imediata e coerentemente recompensado
(iii) os reforços são imediatos e cuidadosamente programados.

Assim, os pequenos itens ou passos da matéria a ser aprendida são apresentados numa seqüência lógica e num ritmo tal que assegure o êxito, e um retorno imediato ("certo" ou "errado") é proporcionado antes que o próximo item de informação seja

Figura 13.5 *Aprendizagem programada.*

apresentado. O retorno imediato é um excelente reforço. Vê-se prontamente que, ao menos num primeiro exame, há aí diversas vantagens. A "lição" é *cuidadosamente planejada* e as metas e objetivos são *especificados*. O aluno toma parte *ativa* em sua aprendizagem, recebe um *retorno imediato* e pode proceder em seu próprio ritmo. O professor pode também ter controle sobre o progresso *individual* de um grande número de alunos ao mesmo tempo. Os laboratórios de línguas ou os laboratórios para melhorar a leitura são bons exemplos disto. Cada aluno senta em sua própria cabine com seu próprio programa de trabalho individual, e depois prossegue em seu próprio ritmo, submetido aos cuidados gerais do professor. A matéria a ser aprendida é cuidadosamente especificada e depois reduzida a unidades convenientemente pequenas que dispõem-se em seqüência lógica, de modo a garantir êxito na maior parte do tempo. Se o aluno comete um erro, é informado imediatamente e a informação é reapresentada, às vezes sob uma forma diferente e com mais explicações.

Há muitas formas diferentes de programa que foram derivadas das idéias de Skinner. Duas formas serão descritas aqui: o programa *linear* e o programa *intrínseco*. Num *programa linear*

1 A aprendizagem deve ser divertida. No entanto, nos primeiros estágios da aprendizagem de um tópico, é freqüente que os alunos cometam muitos erros. A maior parte das pessoas (gosta/não gosta) de cometer erros.

não gosta

2 Quando um aluno comete muitos erros durante a aprendizagem, muitas vezes conclui que não gosta daquele assunto. Teria mais razão em concluir que não gosta de cometer _____.

erros

3 Por muito tempo os educadores, psicólogos e pessoas em geral pensaram ser impossível aprender sem cometer um grande número de *erros*. Chegaram mesmo a dar um nome a esse tipo de aprendizagem. Chamaram-na aprendizagem por "tentativa e _____".

erro

4 Recentes desenvolvimentos na psicologia da aprendizagem produziram sérias dúvidas quanto à necessidade da aprendizagem por "tentativa e erro". Se o material de ensino for cuidadosamente preparado, ou PROGRAMADO, de maneira especial, o aluno pode dominar o tópico cometendo pouquíssimos erros. O material que você está lendo agora foi preparado, ou _____, dessa maneira especial.

programado

5 A idéia fundamental da aprendizagem programada é a de que a aprendizagem mais eficiente, prazerosa e duradoura ocorre quando o aluno avança por um caminho composto por um grande número de passos pequenos e fáceis.
Se cada passo dado pelo aluno é um passo pequeno, é (maior/menor) a possibilidade de ele cometer erros.

menor

Figura 13.6 *Um programa linear, com a resposta correta assinalada abaixo e à esquerda de cada item.*

6 Um *programa*, portanto, é composto de um grande número de passos pequenos e fáceis. Partindo de um conhecimento muito pequeno a respeito de um tópico, um aluno pode chegar a dominar o tópico por meio de um _____. Se o programa é cuidadosamente preparado, o aluno deve cometer (muitos/poucos) erros ao longo do caminho.

programa/poucos	|||||||||||||||||||||||||||||||||

7 A aprendizagem programada tem muitas características que divergem dos métodos convencionais de aprendizagem.
Você já aprendeu um desses princípios.
O princípio é o de que o aluno aprende melhor quando avança por pequenos _____.

passos	|||||||||||||||||||||||||||||||||

8 As características da aprendizagem programada são de aplicações de *princípios de aprendizagem* descobertos em laboratórios de psicologia.
Você já aprendeu qual é o primeiro desses princípios.
Você já deve saber que o chamamos Princípio dos Pequenos _____.

Passos	|||||||||||||||||||||||||||||||||

9 Os princípios em que se fundamenta a aprendizagem programada foram descobertos em laboratórios de (psicologia/astrologia).
O primeiro desses princípios é o Princípio dos Pequenos Passos.

psicologia	|||||||||||||||||||||||||||||||||

10 O primeiro princípio da aprendizagem programada é o *Princípio dos* _____.

Pequenos Passos	|||||||||||||||||||||||||||||||||

11 Qual é o primeiro Princípio da Aprendizagem Programada?

(ver figura 13.6), apresenta-se uma quantidade limitada de informação e faz-se uma pergunta; exige-se do aluno que escreva uma resposta ou complete uma palavra deixada em branco. O passo seguinte proporciona a resposta correta (retorno imediato) e, depois, o próximo fragmento de informação. Os programas são elaborados de modo a assegurar um máximo de êxito, procedendo com uma apresentação de informações lenta e detalhada, de modo que o aluno poucas vezes, se tanto, cometa erros.

No *programa intrínseco*, a informação também é apresentada com uma pergunta, mas dá-se ao aluno uma multiplicidade de respostas possíveis, das quais deve escolher uma. Se a resposta é correta, o programa procede ao passo seguinte; mas, se for incorreta, o programa procede a um outro passo, ou série de passos, que dão mais explicações e mostram ao aluno em que estava errado ou o que deixou de compreender. Este sistema imita mais de perto a função do bom professor, que diagnostica as fraquezas e explica os tópicos que não são completamente compreendidos pelos alunos. Claramente, isto é mais difícil de ser conseguido por um professor humano com cada aluno de uma turma de trinta. Este sistema pretende levar mais em conta as diferenças individuais e mostrar a cada aluno por que está certo e por que está errado — isto é, habilitá-lo a aprender a partir de seus erros.

A aprendizagem programada requer que a informação seja apresentada segundo uma série minuciosa de pequenos passos (como no processo de modelagem de Skinner). A cada passo, requer-se que o aluno responda a perguntas específicas, e ele assim participa ativamente da aprendizagem. A resposta correta aparece depois de cada passo e proporciona um reforço imediato. Os passos são geralmente dispostos de modo que o aluno cometa poucos erros, se tanto. A aprendizagem programada tem sido empregada com êxito particular no ensino de línguas, matemática e correção de leitura, onde é possível dispor a informação numa série de pequenos passos seqüenciais. Já não é tão boa para ensinar alunos a escrever redações originais sobre Shakespeare.

AS DUAS TEORIAS

Examine qualquer lar familiar ou sala de aula e você verá que todo pai e todo professor tem a sua própria teoria pessoal da aprendizagem. Como a mãe disciplina o seu filho? Trata-o com a vara ou lhe dá balas? Mostra-lhe o exemplo ou deixa que aprenda sozinho? O professor usa técnicas de pergunta-e-resposta, recompensas, trabalho de pesquisa ou aprendizagem por repetição? Evidentemente, não há uma única teoria que tenha todas as respostas.

Há toda uma diversidade de formas pelas quais se pode pensar na criança que aprende, e as visões de Skinner e Piaget são os dois extremos dessa diversidade. De acordo com uma visão, a criança aprende como resultado de acontecimentos que se dão em seu meio ambiente, ao passo que, de acordo com a outra, a criança aprende espontaneamente quando está pronta para tal. Na prática, embora haja elementos de ambas as coisas em toda situação de aprendizagem, os que se dedicam à educação infantil têm a tendência de seguir uma abordagem mais piagetiana — proporcionando o material e a oportunidade para que a criança aprenda por descoberta quando estiver pronta para tal. Num estágio mais formal, na escola secundária, faz-se mais uso da aprendizagem programada. Esta distinção não reflete aquilo que Piaget e Skinner vislumbravam com suas teorias, e, com efeito, o conceito piagetiano de desenvolvimento intelectual avançava até a adolescência e além dela, enquanto as idéias de Skinner têm sido empregadas com êxito em bebês muito novos.

Aqueles professores que preferem uma abordagem de aprendizagem por descoberta encorajarão a criança a participar ativamente da aprendizagem ao fazerem perguntas, construírem modelos e realizarem trabalhos de pesquisa bem planejados. De outro lado, a abordagem de aprendizagem programada, mais formal, permite que um corpo de conhecimentos ou informações seja sistematicamente ensinado e imediatamente posto à prova. A prática de sala de aula reflete, em certa medida, a imagem que cada professor faz das crianças. Seriam elas vasos a serem enchidos de conhecimento? Estariam ansiosas e prontas, meramente à espera do estímulo, do tempo e da oportunidade para aprender? Será que reagem ao reforço ou são motivadas pela própria curiosidade?

Os vários teóricos dão a estas perguntas respostas diferentes. As duas teorias debatidas neste capítulo estão sumariadas na página seguinte:

	Papel do adulto	Modo	Motivação	Ritmo	Natureza da aprendizagem
Aprendizagem programada (baseada na obra de Skinner sobre a teoria da aprendizagem)	Escrever o programa	Formal	Reforço	Programa determina velocidade e ritmo	Centrada nos fatos
Aprendizagem por descoberta (baseada na obra de Piaget sobre o desenvolvimento da inteligência)	Proporcionar um ambiente adequado	Informal	Própria curiosidade da criança	Prontidão da criança determina velocidade e ritmo	Centrada na criança

Tabela 13.1 *Sumário de duas abordagens à aprendizagem.*

CAPÍTULO 14
INFÂNCIA: PROBLEMAS

Para a maior parte das crianças, a passagem da primeira para a segunda infância se dá de modo relativamente suave, e embora quase todas padeçam de problemas de pouca monta envolvendo o sono, a alimentação, ataques de cólera ou comportamento retraído, estes problemas geralmente desaparecem com o passar do tempo. Mas há um pequeno número de crianças que sofrem de atrasos ou distorções num desenvolvimento que de outro modo seria sadio, e por isso causam problemas ou dificuldades para si mesmas ou para outros (tais como os pais e professores), que estão tentando ajudar. Embora alguns desses atrasos sejam genéticos, outros são causados por acontecimentos ou circunstâncias adversos. Este capítulo se detém sobre este último grupo — atrasos causados por acontecimentos ou vivências penosas.

Os problemas podem ser devidos a um acontecimento particularmente traumático, a condições insatisfatórias do lar, a uma personalidade difícil ou, talvez, a uma combinação dos três fatores. As crianças problemáticas — como muitas vezes são chamadas — podem tornar as vidas (incluindo a própria) cada vez mais difíceis em casa, na escola, em ambos os lugares, ou mesmo na rua. Podem fazê-lo de muitas maneiras diferentes. Os exemplos vão da agressão ou timidez excessivas, passando por dificuldades de convivência com adultos ou outras crianças, acessos de raiva, chupar o dedo ou molhar a cama (depois da idade admissível para estas coisas), até o comportamento anti-social e delinqüente. Se estes problemas são suficientemente severos ou duradouros, os adultos envolvidos com tal criança podem procurar-lhe um auxílio ou uma terapia.

270 INICIAÇÃO AO DESENVOLVIMENTO DA CRIANÇA

A maior parte das assistências ou terapias supõe que o problema resida no interior da criança, e tem o objetivo de "curá-lo". Mas um número cada vez maior de profissionais sente que os problemas no interior de um indivíduo são um mero reflexo de dificuldades existentes dentro de uma família ou escola, ou, de maneira ainda mais ampla, um reflexo dos problemas ou ma-

Figura 14.1 *Um problema?*

les da própria sociedade. Esta visão mais ampla, que define o problema como existente não dentro do indivíduo, mas dentro da sociedade em que ele vive, deve evidentemente tentar remediá-lo nesse nível. Mas os pontos de vista filosóficos, como esse, acham-se fora do âmbito deste livro. Limitar-nos-emos às teorias e técnicas de terapia, e a como elas parecem ajudar.

Diferentes teorias psicológicas deram origem a terapias diferentes. Dentre as muitas que existem, consideraremos duas aqui. Skinner e outros teóricos da aprendizagem deram ímpeto à *terapia comportamental* (ou modificação do comportamento, nome pelo qual também é conhecida), enquanto Freud e outros psicanalistas produziram as idéias subjacentes à *ludoterapia*. Estes dois tipos de terapia (e muitos outros) foram empregados com êxito para facilitar às crianças um desenvolvimento mais sadio. Este capítulo examina a modificação do comportamento, a ludoterapia e a teoria psicológica que há por trás de ambas.

O ESTUDO DO COMPORTAMENTO

No começo deste século, Thorndike estava elaborando a Lei do Efeito e o norte-americano J. B. Watson estava redefinindo a psicologia como sendo a ciência do comportamento: "A mente, a consciência, as almas e os espectros eram uma coisa só para Watson", escrevem Brown e Herrnstein, "e nenhuma dessas coisas tinha lugar numa ciência natural. Mesmo que a mente exista, dizia Watson, ela não pode ser estudada, visto ser, por definição, aberta somente à investigação individual."[1] Watson sublevou-se contra todos os métodos de investigação psicológica que tinham na fala ou no pensamento a sua fonte[2]:

> O behaviorismo... [sustenta] que o objeto da psicologia humana é o comportamento do ser humano. O behaviorismo afirma que a consciência é um conceito que não se pode definir nem utilizar. O interesse do behaviorista pelas ações do homem é algo mais que o interesse do espectador — ele quer controlar as reações do homem assim como os físicos querem controlar e manipular outros fenômenos naturais. A ocupação da psicologia behaviorista é a de ser capaz de prever e controlar a atividade humana. Gostaria agora

de dar um passo adiante e dizer: "Dêem-me uma dúzia de bebês sadios, bem formados, e um mundo que eu especificar, onde possa criá-los, e eu dou a garantia de que tomarei qualquer um, aleatoriamente, e o treinarei de modo a transformá-lo em qualquer tipo de especialista que eu possa escolher — médico, advogado, artista, comerciante e, sim, até mesmo mendigo e ladrão, independentemente de seus talentos, inclinações, tendências, capacidades, vocações, e da raça de seus ancestrais."

Watson (e os teóricos da aprendizagem subseqüentes) adotaram um ponto de vista extremamente ambientalista e determinista. Não acreditavam que as capacidades, personalidades, ou qualquer comportamento tivessem muito a ver com a herança genética ou o instinto. Tais coisas, pensavam eles, eram completamente determinadas pela aprendizagem e pela experiência, e o mecanismo que fazia isso era a formação das associações **E-R** (**estímulo-resposta**) descritas no capítulo 8. Afirmavam que as pessoas são inteiramente um produto de seu meio ambiente e do padrão de reforços de estímulo-resposta presente neste. Além disso, o objetivo de Watson era o de descrever, prever e *controlar* o comportamento, e teóricos da aprendizagem posteriores, especialmente B. F. Skinner, aplicaram seus princípios ao controle e à modificação do comportamento humano e animal. Tais conceitos foram empregados para controlar o comportamento humano na aprendizagem programada (e na modificação do comportamento).

Uma das maneiras que os psicólogos aplicados têm para encarar o comportamento humano é vê-lo em termos daquilo que o reforça; vêem o comportamento atual como um resultado de reforços prévios. De acordo com os princípios da teoria da aprendizagem, um comportamento aprendido pode ser extinto mediante a remoção do retorno que o mantém, e, depois, um comportamento novo e mais adequado pode ser reforçado em seu lugar. Se todo comportamento humano é encarado deste modo, fica fácil ver como ele pode ser modificado e controlado.

Uma vez que, de acordo com esta visão, todo comportamento humano é produto da história de aprendizagem de um indivíduo, torna-se possível analisar os reforços, modificá-los adequadamente e, assim, modificar o comportamento de um indivíduo em qualquer sentido. Parte da habilidade do terapeuta do comportamento consiste em identificar o que é que está tendo o papel de reforço. Por exemplo: para uma criança cujos pais tendem a ignorá-la, até mesmo a braveza deles pode ser recompensadora — é, pelo menos, melhor do que nada! A criança pode então receber reforço por comportamentos que deixam os pais zangados. A modificação do comportamento foi utilizada de fato, com alto grau de êxito, tanto em salas de aula como em hospitais.

A teoria da aprendizagem exerceu uma forte influência sobre a psicologia, e as teorias e métodos psicológicos atuais devem muito à nova definição que Watson deu da psicologia como o estudo do comportamento. Mas é em suas aplicações que a teoria da aprendizagem exerceu maior impacto, particularmente na modificação comportamental por meio da aprendizagem programada e da terapia de modificação do comportamento.

TERAPIA OU MODIFICAÇÃO DO COMPORTAMENTO

A terapia comportamental não é centrada sobre uma causa subjacente qualquer, mas sobre os *sintomas*. Ela supõe que a causa seja, em parte, a (má) aprendizagem, mas concentra-se no tempo presente. Os terapeutas do comportamento ignoram o inconsciente (ver o capítulo 5 e este capítulo, mais adiante) e encaram as neuroses (distúrbios de personalidade) como meros agrupamentos de maus hábitos. Como todos os hábitos (bons e maus) são aprendidos, podem também ser desaprendidos, e isto aplica-se igualmente aos hábitos emocionais (como, por exemplo, o medo que o Pequeno Hans tinha de cavalos). Os terapeutas do comportamento não procuram as causas subjacentes dos comportamentos problemáticos. Nisto, eles diferem completamente dos médicos que buscam e tentam curar a causa do doença subjacente para que os sintomas desapareçam e tudo esteja bem.

Usando técnicas derivadas da teoria da aprendizagem, os terapeutas do comportamento procuram substituir os padrões de comportamento *desajustados* por padrões novos e mais apropriados. Qualquer que seja o "comportamento inadequado" acerca do qual alguém reclama — uma fobia de aranhas, acessos de raiva, molhar a cama, um tique nervoso, ansiedade excessiva ou comportamento anti-social —, os terapeutas do comportamento conservam-se fiéis aos seguintes princípios:

(i) A maior parte dos comportamentos, bons ou maus, adequados ou não, são aprendidos (ou condicionados).

(ii) Se um comportamento é reforçado ao ocorrer, tenderá a ser repetido (nisto consiste a aprendizagem por reforço).

(iii) Se um comportamento não é recompensado, ou é punido, ao ocorrer, tenderá a ter sua freqüência diminuída.

(iv) A força e a freqüência do comportamento podem ser modificadas pelas conseqüências deste (reforço: recompensa ou punição) ou pela relação temporal entre resposta e reforço.

(v) O momento em que é aplicado o reforço é importante para sua eficácia, e o reforço imediato é geralmente mais eficaz, sobretudo com crianças.

(vi) A aprendizagem por observação ou imitação de um modelo é uma poderosa fonte de aprendizagem.

(vii) A modificação do comportamento é a programação sistemática de situações e reforços de modo a mudar as respostas de um indivíduo a aspectos de seu meio, e a encorajar (ou desencorajar) determinadas formas de comportamento.

Há várias formas diferentes de modificação do comportamento, que usam diferentes programas de reforço. Alguns exemplos: a *terapia de extinção* consiste em achar e eliminar o reforço positivo do comportamento indesejável. A *dessensibilização sistemática* consiste no treinamento do paciente (por recompensas) para que fique tranqüilo na presença de uma situação que antes causava medo ou ansiedade. As duas respostas, tranqüilidade e ansiedade, são incompatíveis (entre si), e o terapeuta faz com que a resposta de tranqüilidade seja mais forte que a resposta de medo (esta terapia foi baseada nos princípios do condicionamento clássico — ver capítulo 8). A *terapia de aversão* faz uso de um acontecimento desagradável, tal como um pequeno choque elétrico, para eliminar hábitos tais como o tabagismo, e a *modelagem* já foi empregada com êxito para modificar hábitos e padrões de comportamento.

O procedimento geral normalmente inclui:

(i) Identificação do problema.
(ii) Uma decisão acerca de quais tipos de comportamento devem ser subtraídos e quais devem ser incrementados.
(iii) Uma definição precisa do comportamento problemático. O que o indivíduo realmente *faz?* Com que freqüência o faz? Com que freqüência apresenta o comportamento desejável ("alvo") que deve substituir o indesejável?
Por exemplo:

Comportamento a ser reduzido	Comportamento a ser incrementado
Brigar	Conviver com outras crianças
Xingar	Usar uma linguagem aceitável
Molhar a cama	Acordar com a cama seca
Evitar os acontecimentos sociais	Participar dos acontecimentos sociais
Gritar ao ver uma aranha	Ficar quieto ao ver uma aranha
Comportamento explosivo	Ficar quieto mesmo quando frustrado
Andar pela sala de aula	Ficar por mais tempo no lugar
Atirar comida no chão	Comer com garfo e faca

Tabela 14.1

A partir desta variada lista de atividades (de casa, da escola ou do hospital), pode-se ver de pronto que o comportamento desejável é incompatível com o indesejável. Assim, se um deles puder ser induzido, o outro é *automaticamente* excluído.

(iv) Estabelecimento de uma linha de base com a qual as mudanças possam ser comparadas (uma tabela que indique a freqüência de ocorrência do comportamento indesejável ao longo de certo período de tempo; digamos, por exemplo, que uma criança se levante de seu lugar em média dezessete vezes a cada 30 minutos).
(v) Identificação daqueles aspectos do meio ambiente do indivíduo que podem ser modificados. O que o reforça por comportar-se de determinado modo? A partir disto, a identificação de recompensas (elogios, sorrisos, atenção, brinquedinhos

ou balas) ou punições (ser ignorado ou posto para fora da sala, ser privado de descanso ou diversão) adequadas e o planejamento de um programa sistemático e rigoroso de reforço. É importante que as recompensas sejam imediatas e contínuas (ao menos nos primeiros estágios) a fim de eliminar-se os hábitos antigos inadequados e criar-se novos hábitos.

(vi) Medida e avaliação da mudança de comportamento.

Seguem dois estudos de caso da modificação de comportamento em ação.

O caso de Jean[3]

Uma família que já havíamos conhecido na clínica pediu nossa assistência para conseguirem lidar com a filha de três anos, Jean. Jean estivera padecendo de gastroenterite e havia acabado de voltar para casa do hospital, onde passara uma semana. A mãe reclamou que Jean tinha freqüentes acessos de raiva, seguia-a continuamente pela casa e exigia que a mãe a carregasse. À noite, Jean recusava-se a deitar e gritava até que a levantassem — o que geralmente ocorria depois de 20 minutos de gritaria. Havia outros problemas no lar, mas estes não serão debatidos aqui.

Observação. Foi realizada no contexto do lar, e o terapeuta fez gravações-amostra. Durante o tempo de observação, o pai estava trabalhando e o irmão mais velho estava na escola. Pediu-se à mãe que continuasse com suas tarefas cotidianas. As observações, tomadas ao longo de um período de uma hora e meia, revelaram a seguinte seqüência. A cada vez que a mãe tentava levantar-se de sua cadeira, Jean seguia-a e pedia para ser pega no colo. Se a mãe se recusasse a pegá-la, Jean gritava até que ela cedesse, geralmente depois de dois ou três minutos. Enquanto Jean era carregada pela mãe, ou a seguia, a mãe a repreendia constantemente. No início do período de observação, os brinquedos de Jean estavam espalhados pelo chão. A cada vez que a mãe recolhia qualquer um desses brinquedos, Jean gritava e a mãe deixava cair o brinquedo depois de dois ou três segundos. Jean também gritava quando a mãe ligava o rádio ou tentava ler o jornal. A gritaria terminava quando o rádio era desligado ou o jornal era deixado de lado.

Planos. Depois dessa observação, decidimos proceder diretamente a um plano de tratamento. Adotaram-se as seguintes estratégias:

(1) Pediu-se à mãe que ignorasse as exigências de Jean de ser pega no colo (instruída a fingir que ela não estava ali).

(2) Também pediu-se à mãe que ignorasse os gritos de Jean e continuasse com suas tarefas. Para facilitar isto, a mãe e a terapeuta fizeram uma lista de tarefas que ela poderia cumprir nas próximas horas: limpar o piso superior da casa, ir ao banheiro (o que vinha sendo um problema, pois Jean insistia em acompanhar a mãe), lavar a louça, arrumar os brinquedos de Jean, ler o jornal ou ouvir rádio.

(3) Quando Jean parasse de gritar, a mãe foi instruída a aproximar-se dela, falar com ela, afagá-la ou brincar com ela. Caso a gritaria recomeçasse, a mãe deveria ignorar novamente a criança.

Intervenção. Os planos foram imediatamente levados a efeito, e recomeçaram as observações da terapeuta. Quando a mãe foi para cima, Jean seguiu-a pedindo para ser pega no colo. Mais tarde, quando a mãe desceu a escada, Jean permaneceu no patamar e gritou por 15 minutos. A mãe começou a arrumar os brinquedos e Jean entrou na mesma sala, onde gritou por mais 10 minutos. Assim que Jean ficou quieta, fez-se um sinal para que a mãe a pegasse no colo e agradasse. No entanto, a mãe não podia continuar dedicando a Jean uma atenção exclusiva, por isso deixou-a, depois de cinco minutos, e foi para a cozinha lavar a louça. Jean começou a gritar novamente. Seguindo as instruções, a mãe ignorou esse comportamento, mas mais uma vez afagou Jean quando esta parou de gritar. O procedimento continuou ao longo de um período de duas horas, durante o qual a gritaria reduziu-se a alguns episódios ocasionais que duravam poucos minutos. Ao final da sessão, o pai voltou do trabalho e o programa do dia foi revisto e discutido com ele.

Elaborou-se um plano para lidar com o comportamento que Jean apresentava na hora de dormir. Os pais foram instruídos a colocar Jean na cama depois de brincar com ela por um tempo curto, e a ignorar a gritaria subseqüente. Se Jean descesse as escadas, deveria ser levada de volta à cama sem qualquer interação. Explicou-se aos pais que eles poderiam ir verificar como Jean estava durante a noite, se sua prolongada gritaria lhes causasse apreensão. Foram instruídos, no entanto, a limitar a interação ao mínimo e a não entrar em debates ou discussões. As observações da terapeuta tomadas no dia seguinte revelaram que os comportamentos durante o dia haviam melhorado. Os registros de acontecimentos feitos pela mãe só acusaram dois acessos de raiva naquela manhã. Além disso, a mãe generalizara os princípios. Jean pedira um almoço antecipado, o qual a mãe julgou ser inconveniente, de modo que a mãe afirmou que ela tomaria seu almoço na hora normal. Ignorou o acesso subseqüente, e Jean almoçou uma hora depois. Fizeram-se visitas nos dois dias subseqüentes, e as observações demonstraram que os comportamentos durante o dia continuavam a melhorar. O choro da noite só durava, agora, entre cinco e dez minutos. No decorrer dos dois meses seguintes, os registros dos pais revelaram uma melhora contínua e permanente. Este caso, que foi considerado medianamente simples, exigiu cerca de cinco horas da terapeuta.

O caso de George

George, menino de sete anos, foi-nos indicado tendo uma larga variedade de problemas comportamentais. Seus pais eram incapazes de lidar com sua desobediência, comportamento verbal abusivo, hábitos pouco higiênicos à mesa, agressão física e hiperatividade. A vida social da família ficava tolhida, pois ambos os pais sentiam-se incapazes de levar George à casa de amigos ou de convidar os amigos. George chegara mesmo a coagir seus pais a levar-lhe o café da manhã na cama todos os dias.

George tinha dois irmãos mais velhos — uma menina de 13 anos e um menino de nove —, nenhum dos quais havia apresentado problemas comportamentais. O relacionamento conjugal dos pais parecia ser satisfatório. A história do caso de George indicava que seu problema de comportamento começara pouco depois de ele ter feito dois anos de idade, e piorara continuamente desde então. Não havia uma história de lesão cerebral ou doença física, e ele não apresentara quaisquer problemas na escola.

Observação. Nos dez dias que se seguiram à primeira entrevista, realizaram-se na casa do paciente quatro sessões de observação, cada uma das quais durou uma hora e meia. Durante as sessões, ambos os pais e os irmãos estavam presentes. As observações confirmaram a maioria das reclamações citadas acima acerca do comportamento de George. Ambos os pais eram inconstantes no lidar com George, e apresentaram uma alta freqüência de comandos (às vezes, de 30 a 40 comandos por hora) que deixavam de cobrar. Raramente cumpriam as ameaças, freqüentemente deixavam de rotular ou elogiar comportamentos socialmente adequados, e toda aprovação social era feita numa tentativa de reduzir comportamentos destrutivos — por exemplo: "Você é um menino bonzinho, George; tenho certeza de que você não vai bater no seu pai com o espeto." Ao longo desses períodos de observação, aproximadamente 90 ou 95 por cento da atenção dos pais foi direcionada para George; seus dois irmãos só receberam cinco por cento.

Planos. Como havia uma multiplicidade de problemas, decidiu-se inicialmente modificar um só comportamento. Sendo a desobediência o maior problema, decidimos concentrarmo-nos nela com um programa intensivo. A intervenção seria realizada em casa, sob várias horas de supervisão direta do terapeuta, ao longo de um período de quatro dias. A fim de aproveitar ao máximo esse tempo, pediu-se aos pais que deixassem de trabalhar, e George não foi à escola. Os pais foram instruídos quanto à seqüência de castigo, e a praticaram. Pediu-se que, nos primeiros estágios, eles exagerassem seus estilos de comandar e recompensar. Ao selecionar as recompensas, decidimos inicialmente usar recompensas materiais além da atenção e dos elogios, por havermos avaliado que George era relativamente insensível à aprovação social. De início, os pais deveriam usar três recompensas sociais para cada recompensa material. Eis uma lista das recompensas usadas: aprovação social, balas, batatinhas fritas, frutas, passeio às lojas com a mãe, passeio de carro com o pai e passeio ao porto com o pai. Sabia-se que as últimas três recompensas eram atividades muito prezadas. A punição a ser usada era um castigo de cinco minutos no canto da cozinha. Dever-se-ia empregar a força física, se necessário, para levar a criança ao lugar do castigo. A duração do castigo só devia começar a ser contada quando George estivesse sentado quieto e sozinho.

Intervenção. No começo do primeiro dia de intervenção, os pais explicaram as regras a George. Em seguida às instruções, ele foi imediatamente desobediente (recusou-se a parar de pular sobre os móveis), e sua mãe levou-o ao castigo. George gritou e esperneou, e precisou ser fisicamente contido por 20 minutos antes que ficasse quieto e a duração pudesse ser cronometrada. Houve dois outros castigos naquela tarde, que duraram respectivamente 45 e 35 minutos. Não se observou nenhuma ocasião de recompensa. Foi neste primeiro dia que a presença do terapeuta foi mais decisiva, pois os pais careciam de um encorajamento contínuo para a implementação do castigo. Tendo em vista os longos tempos de castigo, sugerimos que os pais usassem o irmão de George como aliado, a fim de ser um modelo para o castigo. Nos dias subseqüentes, o tempo de castigo foi admiravelmente reduzido, variando entre cinco e quinze minutos. George também começou a ser obediente em muitos casos, pelo que foi recompensado.

Durante esses quatro dias, ficou patente que a mãe obteve mais êxito que o pai em administrar as contingências. Com freqüência tivemos de estimular o pai a ater-se às instruções. A fim de facilitar uma posterior melhora no estilo do pai, estabelecemos o seguinte contrato. Os pais concordaram em controlar o comportamento um do outro em relação a George. Quando o comportamento de um dos dois parceiros desviava-se das regras do programa (por exemplo: por emitir um terceiro comando, deixar de levar a efeito o castigo ou deixar de elogiar), o outro tinha direito a cobrar uma multa de cinco cigarros. Este contrato vigorou por duas semanas. No início, o pai perdia de 25 a 30 cigarros por dia, enquanto a mãe perdia apenas cinco ou dez. Depois de três ou quatro dias, o estilo do pai melhorou consideravelmente.

Depois de um período de quatro dias de intervenção intensiva, a obediência de George aumentou de modo impressionante. As visitas reduziram-se então a uma vez por semana, com chamadas telefônicas diárias nos dias intermediários, durante as quais se debatiam quaisquer problemas que houvessem surgido. Nos dias seguintes, os pais começaram a generalizar as instruções do programa. Por exemplo: nas refeições, tiravam George da mesa se ele fosse violento (e, se insistisse no comportamento, era posto de castigo); se ele sujasse o banheiro, pedia-se-lhe que o limpasse, e, a uma recusa, ele era colocado de castigo — o ciclo se repetia até que ele obedecesse. Os comportamentos violentos à noite faziam com que George fosse enviado mais cedo para a cama. Os pais notaram também que o comportamento dos irmãos mais velhos havia melhorado, e eles atribuíram isso a uma maior coerência no trato que lhes davam. Um mês depois, a melhora continuava, mas George permanecia hiperativo e apresentava um tempo muito curto de fixação da atenção. Poucas vezes era capaz de ficar quieto e concentrar-se numa atividade por mais de 30 segundos. Como os métodos comportamentais geralmente não são muito bons para lidar com a hiperatividade, nós prescrevemos um medicamento (metil fenidato) que aliviou consideravelmente este problema. Num acompanhamento realizado um ano depois, a melhora continuava.

LUDOTERAPIA

No capítulo 5 mostrou-se como Freud usava a "cura pela conversa" para ajudar adultos com seus problemas. (O Pequeno Hans foi a *única* criança tratada por Freud.) Usando técnicas de associação livre, lapsos de linguagem, hipnose e sonhos, Freud procurava reconstruir a vida passada de seus pacientes e descobrir qual era o acontecimento ou acontecimentos traumáticos que haviam feito com que o desenvolvimento não desse certo. Freud também acreditava ser necessário, ao usar estas técnicas, entrar em contato com os desejos e necessidades inconscientes de seus pacientes, pois era lá que os problemas estavam arraigados. No decorrer do desenvolvimento, de acordo com Freud, as pessoas eram forçadas a reprimir desejos (como seus instintos sexuais ou agressivos) ou a regredir a um estágio anterior do desenvolvimento. Nestes casos, a tarefa da terapia consistia em pôr a descoberto a grande massa do *iceberg* (o inconsciente), que só revelava sua ponta na vida cotidiana.

Ao passo que "ludoterapia" é o termo que se usa para designar a técnica psicanalítica de usar a brincadeira como meio de entrar em contato com o inconsciente de uma criança e assim ajudá-la, a verdade é que há quase tantas formas diferentes de ludoterapia quantos são os ludoterapeutas.

Figura 14.2 *As crianças que se submetem à terapia podem revelar e expressar seus sentimentos através da brincadeira na areia.*

A filha de Freud, Anna Freud, foi uma das primeiras a fazer uso da ludoterapia. Ela a via como uma forma de "análise": isto é, um modo de pôr a descoberto e transformar as maneiras pelas quais o desenvolvimento de uma criança havia sido deformado. Suas técnicas tinham o objetivo de tornar a criança consciente de seus conflitos e problemas, de redirecionar a "libido fixada" de maneira mais adequada. Anna Freud via a brincadeira como uma "janela" que se abria para o inconsciente da criança. Outro psicanalista expressou-o desta maneira:

> O terapeuta espera que a criança aprenda suficientemente acerca de si mesma para poder reconhecer seus sentimentos e defesas e lidar com eles diretamente. No processo de se conseguir isso, tenta-se fazer o inconsciente consciente para a criança... Os psicanalistas infantis trabalham sobretudo no passado, proporcionando, assim, um campo limpo e melhorado para o desenvolvimento futuro.

Dá-se à criança uma sala cheia de brinquedos e outros materiais, e concede-se-lhe considerável liberdade para escolher o que fazer ou como brincar. O terapeuta é amistoso e interessado, mas não dá sugestões diretas. O objetivo é aceitar a criança tal como ela é, dando-lhe assim a confiança e a "permissão" de ser ela mesma. Aos poucos ela se encontra por meio da brincadeira, e, expressando seus sentimentos e fantasias até então desconhecidos, ela é capaz de chegar a um acordo com eles e consigo mesma.

Todas as formas de ludoterapia pressupõem que a brincadeira seja uma janela que se abre para o inconsciente da criança, e que a criança expresse, por meio da brincadeira, seus mais profundos desejos, medos e fantasias, os quais podem ser a raiz de suas dificuldades presentes. Considera-se que os acontecimentos passados e os sentimentos inconscientes sejam a chave para a compreensão e a cura dos problemas presentes.

O caso de Dibs

Virginia Axline, ludoterapeuta norte-americana, escreveu um vivo relato de sua terapia em *Dibs: In Search of Self*[4].

Era hora do almoço, hora de ir para casa, e as crianças andavam por lá da maneira como costumam fazer, barulhentas e folgazonas, vestindo os casacos e capuzes. Com exceção de Dibs. Ele se retirara para um canto da sala e lá se agachara, com a cabeça baixa, os braços cruzados com força sobre o peito, ignorando o fato de ser hora de ir para casa... Ele sempre se comportara dessa maneira quando chegava a hora de ir para casa. [sua professora] inclinou-se e tocou no seu ombro... Como uma pequena fúria, Dibs lançou-se sobre ela, atingindo-a com seus pequenos punhos, arranhando, tentando morder, gritando "Não ir pra casa"... As professoras haviam feito todo o possível para estabelecer um relacionamento com ele, para arrancar dele uma reação. Mas fora algo arriscado. Dibs parecia determinado a manter todas as pessoas afastadas...

Havia algo no comportamento de Dibs que desafiava as categorizações que as professoras faziam dele... Seu comportamento era extremamente irregular. Em certos momentos, ele parecia ser mentalmente retardado num grau muito alto. Em outro momento, ele estaria, rápida e silenciosamente, fazendo algo que poderia indicar que ele teria uma inteligência superior. Se ele pensasse que havia qualquer um a lhe observar, retirava-se rapidamente para dentro de sua concha... Era uma criança solitária vivendo no que lhe devia parecer um mundo frio e hostil... tinha só cinco anos de idade.

Virginia Axline descreve as sessões de terapia, explicando algumas das idéias e princípios que subjazem a seu trabalho.

Eu não queria apressá-lo. Dar-lhe tempo para olhar em volta e explorar. Toda criança precisa de tempo para explorar o mundo de sua própria maneira... Tentei manter meus comentários em acordo com sua atividade, procurando não dizer nada que indicasse qualquer desejo meu de que ele fizesse qualquer coisa determinada, mas buscando comunicar, de maneira simples e compreensiva, um reconhecimento que se alinhasse com sua estrutura de referência. Eu queria que ele mostrasse o caminho. Eu o seguiria. Eu queria deixá-lo saber desde o início que ele é quem daria o ritmo dentro daquela sala, e que eu reconheceria seus esforços em prol de uma comunicação bilateral com alguma base de realidade concreta de uma experiência compartilhada por nós dois. Eu não queria deixar transparecer meu entusiasmo com sua capacidade de fazer todas essas coisas. Era óbvio que ele era capaz de fazer todas essas coisas. Quando do se deixa a iniciativa a cargo do indivíduo, ele seleciona aquele terreno sobre o qual se sente mais seguro. Qualquer exclamação de surpresa ou elogio poderia ser interpretada por ele como sendo a direção que ele deveria tomar. Poderia fechar-lhe outras áreas de exploração que poderiam ser muito mais importantes para ele. Todas as pessoas procedem com uma prudência que visa proteger a integridade de suas personalidades. Nós estávamos começando a nos conhecer. Aquelas *coisas* sobre as quais Dibs falava, objetos presentes na sala e que não estavam envolvidos com qualquer **afeto** sério [isto é, importância emocional], eram àquela altura os únicos elementos compartilhados na comunicação entre nós dois. Para Dibs, eram conceitos seguros. Às vezes ele me olhava, mas, quando nossos olhos se encontravam, ele imediatamente desviava o olhar... Ele precisava criar força para suportar este mundo, mas essa força tinha de vir de dentro dele, e ele precisava viver pessoalmente sua capacidade de lidar com seu mundo tal como ele era. Não podíamos ter a esperança de reformar o seu mundo exterior...

Eu queria que ele sentisse e vivesse o seu eu total em nosso relacionamento — e não o limitasse a qualquer tipo único de comportamento. Eu queria que ele aprendesse que ele era uma pessoa de muitas partes, com seus altos e baixos, seus amores e ódios, seus medos e coragem, seus desejos infantis e seus interesses mais maduros. Queria que ele aprendesse pela experiência a responsabilidade de assumir a iniciativa de empregar suas capacidades em seus relacionamentos com as pessoas. Eu não queria dirigir isso para dentro de qualquer canal exclusivo por meio de elogios, sugestões, perguntas. Eu poderia enganar-me totalmente quanto à essência da personalidade total daquela criança se eu corresse a tirar qualquer conclusão prematura. Eu esperei enquanto Dibs estava lá pensando. Um sorriso muito leve e rápido passou por seu rosto.

"Eu vou pintar com os dedos, brincar na areia e oferecer um chá", disse.

"Você está planejando o que vai fazer durante o resto da nossa hora?", disse eu.

"Isso mesmo", replicou. Sorria mais abertamente agora...

"Isso mesmo", disse. "As pessoas são tão más que eu não falo com elas. Mas eu falo com o caminhão. Eu digo tchau para o caminhão."

"Um caminhão não pode dizer nada que machuque seus sentimentos, não é mesmo?", disse eu.

"O caminhão é legal", disse Dibs.

Ele andou até a caixa de areia, sentou-se na borda e arrastou seus dedos pela areia. Alcançou um soldadinho de brinquedo, se-

gurou-o na mão e olhou-o por bastante tempo. Depois voltou-se para a areia, escavou nela um buraco com as mãos e enterrou o soldado. Sobre o monte de areia ele colocou um caminhão de brinquedo. Sem uma palavra, ele fez esta afirmação gráfica para representar seus sentimentos...
... Ele foi até a casa de bonecas e tirou os bonecos para fora. Reorganizou o mobiliário.
"A mãe está saindo para um passeio no parque", disse ele. "Ela quer ficar sozinha, e então ela vai passear no parque, onde ela pode ver as árvores, as flores e os passarinhos. Ela inclusive vai até o lago para ver a água." Ele conduziu a mamãe-boneca para longe, por seu parque imaginário. "Ela encontra um banco e se senta para sentir o sol, porque ela gosta do sol." Ele colocou a mamãe-boneca sobre um bloco e voltou à casa. Pegou a irmã-boneca. "A irmã vai para a escola. Eles fizeram sua maleta e mandaram-na para longe de casa, e ela vai para longe sozinha." Ele levou a irmã-boneca até um canto afastado da sala de brinquedos. Depois voltou para a casa de bonecas e pegou o papai-boneco.
"Ele está sozinho em casa. Está lendo e estudando... Não quer ser incomodado... Depois vai e destranca o quarto do menininho." Rapidamente largou o pai-boneco e pegou o menininho-boneco. "O menino abre a porta e corre para fora da casa, porque não gosta das portas fechadas." Ele conduziu o menino-boneco, mas não até muito longe de casa... Chorou lágrimas amargas. "Eu choro porque sinto de novo a dor das portas fechadas e trancadas contra mim... Eles costumavam me trancar no quarto."... A hora fora dura para Dibs. Seus sentimentos o haviam dilacerado sem piedade. As portas trancadas no começo da vida de Dibs haviam-lhe causado intenso sofrimento. Não a porta trancada do seu quarto, em casa, mas as portas da aceitação que haviam sido fechadas e trancadas contra ele, privando-o do amor, do respeito e da compreensão que ele necessitava tão desesperadamente. Dibs pegou a mamadeira e bebeu dela por um momento. Depois deixou-a e olhou fixamente para mim. "Eu não sou mais um bebê", disse. "Agora sou um garoto grande. Não preciso da mamadeira"... Dibs sorriu. "A menos que às vezes eu queira ser bebê de novo", disse. "Assim como eu sentir, assim eu vou ser." Agora estava tranqüilo e feliz. Quando saiu da sala de brinquedos, pareceu deixar atrás de si os sofridos sentimentos que havia desarraigado ali.
"Hoje eu faço seis anos." As professoras estavam contentes com Dibs. Eu também... Tinha confiança em que a capacidade de que Dibs fazia uso na sala de brinquedos e em casa transbordaria

para suas outras vivências. Suas capacidades intelectuais haviam sido usadas para pô-lo à prova. Haviam se tornado uma barreira e um refúgio contra um mundo que temia. Fora um comportamento defensivo, autoprotetor. Fora seu isolamento... "É uma sala de brinquedos maravilhosa", disse ele. "É uma sala feliz." Por vezes fora uma sala feliz para Dibs, mas haviam se passado também momentos de sofrimento para ele, à medida que ele revirava seus sentimentos, revivendo as experiências passadas que o haviam machucado profundamente. Naquele momento, enquanto Dibs parava de pé à minha frente, sua cabeça estava levantada. Ele tinha um sentimento de segurança no âmago de si mesmo. Estava edificando um sentido de responsabilidade por seus sentimentos. Seus sentimentos de ódio e vingança haviam sido temperados pela misericórdia. Dibs estava edificando um conceito do eu à medida que tateava entre as sarças emaranhadas de seus sentimentos confusos... Através de seu crescente autoconhecimento, ele seria livre para usar suas capacidades e emoções de maneira mais construtiva...

Dibs havia entrado em acordo consigo mesmo. Em suas brincadeiras simbólicas, havia extravasado seus sentimentos feridos, ofendidos, e havia ressurgido com sentimentos de força e segurança... Os sentimentos de hostilidade e vingança que ele expressava em relação a seu pai, mãe e irmã ainda manifestavam-se por momentos breves, mas não se abrasavam de ódio ou medo. Ele havia trocado o Dibs pequeno, imaturo e amedrontado por um conceito de si reforçado por sentimentos de suficiência, segurança e coragem. Havia aprendido a compreender seus sentimentos. Havia aprendido a suportá-los e a controlá-los. Dibs já não estava submerso em seus sentimentos de medo e raiva, ódio e culpa. Tornara-se uma pessoa que valia por si. Encontrara um sentido de dignidade e respeito por si mesmo. Com essa confiança e segurança, podia aprender a aceitar e respeitar outras pessoas em seu mundo. Já não tinha medo de si mesmo.

Em sua terapia, Virginia Axline deixou que Dibs dirigisse as atividades lúdicas e determinasse o ritmo e o progresso das sessões. Ela supôs que os medos e desejos inconscientes da criança, bem como seus sofrimentos anteriores, se externariam nas sessões de brincadeira, e que, ao expressá-los na segura e protegida sala de brinquedos da clínica, ele se tornaria mais capaz de entrar num acordo com eles. Axline nunca dirigiu Dibs, ou sugeriu-lhe atividades, poucas vezes fez-lhe perguntas ou interpretou para ele as suas brincadeiras, e sempre aceitou-o pelo que ele era (tal como era). Permitiu que ele usasse a sala de brinquedos como queria e fez com que fosse "seguro" que ele expressasse quaisquer sentimentos que pudesse ter, sem julgá-lo. Dibs tinha exatamente uma hora por semana durante a qual podia fazer qualquer coisa, sentir qualquer coisa, dizer qualquer coisa sem medo de aprovação ou desaprovação, e a terapeuta supôs que isso o habilitaria a entrar num acordo e lidar com as dificuldades que estava vivendo no restante de sua vida.

A ludoterapia de Axline tinha o objetivo de reconhecer os sentimentos que Dibs expressava e comunicar esses sentimentos de volta para ele, de um modo tal que ele pudesse adquirir uma maior percepção de por que se comportava como fazia. Uma variedade de materiais na sala de brinquedos, como a areia, a água e uma mamadeira, permitiam que Dibs "**regredisse**" a um estágio anterior de desenvolvimento (ver o capítulo 5); os bonecos e a casa de bonecas deixaram-no "representar" e expressar seus sentimentos, medos e desejos; e as tintas, a água e a argila ajudaram-no a expressar-se. A brincadeira tornou-se um veículo para a expressão de sentimentos, a sala de brincadeiras foi usada como um lugar seguro no qual ele podia ser completamente ele mesmo, e Virginia Axline tornou-se o adulto caloroso e indulgente com quem Dibs podia expressar seus sentimentos e comunicar-se sem desaprovação, julgamento, interrupção ou controle.

A teoria da ludoterapia

Seguindo a tradição e a teoria psicanalíticas de Freud, os ludoterapeutas têm certeza dos benefícios que advêm da exploração do passado e do ato de trazer à tona os sentimentos e fantasias interiores de uma criança, capacitando-a a crescer plenamente na medida em que entra em acordo com seu passado e presente "inconscientes". Também, em certo sentido, eles consideram os problemas e dificuldades atuais como "sintomas" de "causas" subjacentes (por exemplo: problemas emocionais anteriores, conflitos domésticos não-resolvidos, impulsos inativos de agressão, algum trauma de infância), e crêem que tais "causas" precisam ser postas a descoberto e "tratadas" para que a criança possa superar seus problemas presentes. A brincadeira é o meio pelo qual a criança melhor se comunica e se expressa; o terapeuta usa essa comunicação para ajudá-la a resolver seus conflitos e entrar em acordo consigo mesma. Os antecedentes psicanalíticos da ludoterapia podem ser resumidos como segue:

(i) A brincadeira é o meio natural de auto-expressão da criança.
(ii) Aquilo que uma criança faz ao brincar livremente pode simbolizar desejos, medos ou preocupações "inconscientes". (Alguns ludoterapeutas fazem interpretações para a criança, a fim de aumentar a sua consciência.)
(iii) Uma criança pode "exteriorizar pela brincadeira" sentimentos inconscientes, e assim trazê-los à luz ou a sua mente "consciente". Tornando-se consciente de seus sentimentos e expressando-os, a criança pode aprender a compreendê-los e a lidar com eles, controlá-los ou, em outras palavras, entrar em acordo com eles.
(iv) O relacionamento entre criança e terapeuta é importante. Este relacionamento facilita a brincadeira e a expressão espontâneas da criança; pode também conceder-lhe a oportunidade de "projetar" sentimentos (que ele pode ter por seu pai ou sua mãe) sobre um adulto, expressando-os, assim, "com segurança".
(v) A ludoterapia (como todas as técnicas psicanalíticas) procura pôr a descoberto a história passada e as causas das dificuldades atuais de uma criança. É como se, revivendo e enfrentando sentimentos e conflitos passados, a criança pudesse resolvê-los melhor e entrar num acordo com eles; isto facilitará o desenvolvimento sadio.

Como a teoria psicanalítica, a ludoterapia foi criticada por ser não-científica e impossível de avaliar. Como o capítulo 5 deixou claro, a maior parte das hipóteses e das asserções psicanalíticas não podem ser postas à prova e medidas. O que *é* terapia, e como pode ser ela medida ou avaliada? É possível ver o tipo de atividade e processo no relato que Virgínia Axline fez de seu trabalho com Dibs, e este caso pareceu ser coroado de "êxito", se por "êxito" se quer significar a resultante felicidade de Dibs e sua capacidade de conviver com seus pais e amigos. Mas o que causou esse êxito? A técnica terapêutica? Os brinquedos? A personalidade calorosa de Virginia Axline? O fato de um adulto entrevistar-se com Dibs uma vez por semana? Não há modo de conhecer ou avaliar o resultado, e a "cura" de Dibs provavelmente teve tanta ligação com o relacionamento entre ele e a terapeuta quanto teve com a técnica ou o processo da ludoterapia.

É sempre difícil avaliar a ludoterapia, visto ser o relacionamento individual tão singular quanto os problemas do indivíduo. É difícil encontrar uma amostra de CONTROLE e verificar o que teria acontecido com determinada criança se tivesse passado a mesma quantidade de tempo *sem* terapia.

AS DUAS TERAPIAS

Considere o caso de Dibs. Seu comportamento mudou e seus problemas resolveram-se como resultado da ludoterapia, como resultado de ele ter expressado sentimentos, conflitos, agressão, hostilidade, e de ter entrado em acordo com seu sentimento dentro da estrutura e da segurança da ludoterapia. Supôs-se que a primeira infância e as experiências emocionais de Dibs estivessem diretamente relacionadas com seu comportamento atual, e, além disso, que seu desenvolvimento sadio teria sido obstaculizado por emoções não-resolvidas no plano inconsciente. Ele foi considerado emocionalmente "doente" e as causas dessa doença foram procuradas em suas vivências do princípio da infância; a terapeuta atacou o problema atual lidando com suas supostas causas.

Em contraposição, tanto Jean como George foram "tratados" somente em seu comportamento problemático. Ninguém procurou as razões ou causas desse comportamento. Os hábitos das crianças foram modificados pela identificação de aspectos de seu meio ambiente que poderiam dar apoio ou modificar o comportamento, e pela aplicação de um programa sistemático de reforços.

Ambas as terapias têm tido êxito na solução de problemas infantis, embora partam de suposições e hipóteses muito diferentes acerca do comportamento humano. Claramente, nenhuma visão proporciona uma explicação *completa* do comportamento humano, embora ambas sejam suficientemente úteis para continuarem sendo empregadas, com seus próprios êxitos, problemas, variações e entusiastas.

	Foco central das sessões	Papel do terapeuta	Papel dos pais ou outros amigos	Possibilidade de avaliação formal?
Ludoterapia (baseada na obra de Freud)	Brincadeira, conversa com terapeuta	Não-diretivo (em geral)	Muito pequeno	Não
Modificação do comportamento (baseada nos teóricos da aprendizagem)	Elaborar o programa	Concepção do programa. Recompensar/ punir	Proporcionar recompensa sistemática	Sim

Tabela 14.2 *Sumário das duas terapias.*

CAPÍTULO 15
OS ANOS ESCOLARES: INTELIGÊNCIA

O que significa dizer que "Jane é mais inteligente que João"? Os professores, os pais, até mesmo as próprias crianças, fazem esse tipo de afirmação com freqüência e confiança. Todos têm alguma idéia do que pretendem significar com o termo "inteligente", embora um cigano ou músico inteligente possam ter qualidades um tanto diferentes de um marujo ou matemático inteligentes. Embora as crianças sejam diferentes quanto às coisas que gostam e sabem fazer — uma criança apresenta um talento particular para a música, outra para o esporte, outra ainda para os cálculos aritméticos, e outra para a redação criativa —, os professores (e os pais) raramente hesitam em identificar a criança mais brilhante ou inteligente de uma classe ou grupo, e, inversamente, a menos inteligente.

O QUE É A INTELIGÊNCIA?

Assim, quais as qualidades de uma criança que permitem que se diga que "Jane é mais inteligente que João"? Se se pedisse a dez pessoas que definissem o termo "inteligente", elas provavelmente produziriam dez definições ligeiramente diferentes. Isso ocorre em parte porque a inteligência não é uma "coisa" que as pessoas possuem em maiores ou menores quantidades, como a altura ou o peso. No entanto, os psicólogos vêm tentando medir a inteligência desde o começo do século, e já se disse que "os testes de inteligência são a maior contribuição prática dada pela psi-

Figura 15.1 *Será a inteligência uma pontuação num teste padronizado ou uma capacidade de resolver problemas no mundo real?*

Figura 15.2 *A inteligência se revela em muitas atividades não relacionadas à escola. Para se sair bem num jogo de pôquer, é necessária muita inteligência.*

cologia à sociedade como um todo"[1]. Contudo, geralmente os psicólogos não definem a inteligência separadamente do QI (quociente de inteligência), e geralmente supõem, para efeitos práticos, que a inteligência seja simplesmente aquilo que é medido pelos testes de inteligência. O QI nada mais é que a pontuação marcada num teste de inteligência. Por ser a inteligência tão difícil de definir, os psicólogos elaboraram testes por meio dos quais são avaliadas as capacidades verbais, de resolver problemas, as habilidades aritméticas e outras, de um indivíduo, que são rotuladas conjuntamente de "comportamento inteligente".

TESTES DE INTELIGÊNCIA

A avaliação de inteligência sempre foi exigida e justificada pelo sistema educacional. O primeiro teste de inteligência foi elaborado pelo francês Alfred Binet, a quem se pediu que desenvolvesse uma técnica mais sistemática para a identificação de crianças mentalmente retardadas em escolas primárias. Se não houvesse escolas, não haveria testes de inteligência. Conseqüentemente, a avaliação de inteligência sempre esteve, em maior ou menor grau, relacionada com o funcionamento escolar e objetivos de tipo escolar.

Aos cinco anos, a criança entra na escola primária e num mundo em que seu progresso é constantemente avaliado e comparado tanto com o seu próprio progresso anterior quanto com o dos colegas de classe. Um currículo cada vez mais formal exige uma avaliação contínua do nível em que a criança está (quanto aprenderam?) e de seu potencial (quanto poderiam aprender?). Será que Jane está indo tão bem quanto poderia? Quanto progresso fez João neste ano? Como João se compara a Jane? Os professores têm seus próprios métodos para responder a estas perguntas, e criam seus próprios testes para verificar qual parcela de um determinado corpo de conhecimentos foi aprendida. No entanto, os psicólogos criaram testes mais gerais e — esperam eles — mais "objetivos", que pretendem fornecer uma medida da inteligência da criança (em comparação com todas as outras crianças de sua idade) e prever seu desempenho futuro. Um desses testes era o antigo exame "eleven plus", que costumava ser empregado para selecionar crianças que poderiam tirar proveito da educação ginasial. No entanto, devido à sua pouca confiabilidade, e às conseqüências dessa pouca confiabilidade, o exame "eleven plus" foi abandonado e instituiu-se o atual sistema de educação ginasial para todos.

O que é um teste de inteligência?

Um teste de inteligência é um teste que visa medir a inteligência — e a inteligência é aquilo que é medido pelos testes de inteligência. É possível sair desse inútil círculo examinando-se o desenvolvimento dos testes de inteligência (ou testes de QI) a fim de sabermos o que os psicólogos queriam dizer com "comportamento inteligente". Em 1933, o psicólogo britânico Cyril Burt escreveu[2]:

> Por "inteligência", o psicólogo entende a capacidade intelectual inata e global. É herdada, ou ao menos inata, não devida ao ensino ou à prática; é intelectual, não emocional nem moral, e não é influenciada pela diligência ou pelo zelo; é geral, e não específica,

isto é, não é limitada a qualquer tipo particular de trabalho, mas entra em tudo aquilo que dizemos ou pensamos. De todas as nossas qualidades mentais, ela é a de maior projeção; felizmente, pode ser medida com precisão e facilidade.

Alfred Binet, o primeiro a avaliar o QI

No começo deste século, o governo francês pediu a Binet que encontrasse uma maneira de identificar aquelas crianças que fossem tão estultas que não tirariam proveito de freqüentar a escola; as escolas estatais francesas estavam superlotadas, e supunha-se que as crianças "lentas" retardassem o progresso das mais "brilhantes". Assim, Binet criou o primeiro teste de inteligência (em 1905, com seu colaborador Simon), o qual ainda é utilizado hoje em sua forma revisada, às vezes para os mesmos fins. A avaliação da inteligência surgiu como uma forma de selecionar crianças para diferentes tipos de educação, e tem sido usada principalmente para esse propósito; ela é, assim, intimamente relacionada com o desempenho escolar e com aquelas capacidades que são úteis para o bom êxito escolar num mundo ocidental.

Como Binet criou o teste? Observou crianças a resolverem diferentes tipos de problemas e elaborou uma série de perguntas ou itens que representavam tipicamente o desempenho de crianças de várias idades, e que discriminavam entre as sagazes e as obtusas (ver tabela 15.1). Para cada nível etário, havia itens que podiam ser respondidos por cerca de dois terços das crianças daquela idade, de modo que as crianças individuais podiam ser comparadas a crianças "médias" de mesma idade. Se uma criança pudesse responder às perguntas para os níveis de seis, sete, oito, nove e dez anos, isso indicaria ser essa criança tão inteligente quanto uma criança média de dez anos de idade. Assim, sua idade mental (IM) seria de dez anos, qualquer que fosse sua idade de fato (idade cronológica — IC).

Binet elaborou os padrões de seu teste aplicando-o a grupos muito grandes de crianças de diversas idades, e calculando as médias (normais) para cada grupo etário. Isso habilitou-o a situar indivíduos em relação a sua faixa etária — média, acima da média e abaixo da média. (O teste de Stanford-Binet — 1917 — foi

Faixa etária	
Dois	Construa uma torre com quatro blocos
Três	Copie um círculo
Quatro	Dê, de memória, o nome dos objetos (mostrados nas figuras)
Cinco	Copie um quadrado
Seis	Uma mesa é feita de madeira; uma janela é feita de _____
Sete	Qual a semelhança entre a madeira e o carvão?
Oito	O que você deveria fazer se encontrasse, nas ruas de uma cidade, um bebê de três anos perdido de seus pais?
Nove	O que há de estranho em: "Os pés de João da Silva são tão grandes que ele tem de vestir as calças pela cabeça"?
Dez	Quantas palavras você consegue dizer em um minuto?
Onze	Qual a semelhança entre a lâmina de uma faca, uma moeda e um fio de arame?
Doze	Repita estes sete números de trás para diante: 5,9, 6, 7, 3, 8, 1

Tabela 15.1 *Perguntas típicas do teste de Stanford-Binet.*

uma adaptação desenvolvida por um norte-americano, Lewis Terman. Esse teste foi mais uma vez revisado, em 1937, e ainda hoje é usado às vezes.)

Três questões importantes surgem desta primeira visão da avaliação da inteligência: (i) o próprio conceito de QI, (ii) a distribuição da inteligência na população, e (iii) a inteligência como capacidade inata e estável, pela qual se pode prever o desempenho futuro.

O conceito de QI

Ao contrário de Piaget (ver capítulo 7), Binet supôs que o crescimento intelectual (ou a inteligência) fosse bastante parecido com o crescimento físico; as crianças cresceriam mentalmente com a idade do mesmo modo como crescem fisicamente, de maneira que, quanto mais velha a criança, maior o número de itens do teste de inteligência que ela seria capaz de responder. Uma criança obtusa seria como uma criança normal, mas retardada em seu crescimento. Assim, a criança "média" de oito anos de idade (IC = oito) teria uma idade mental de oito anos (IM = oito). Uma criança mais inteligente, de oito anos de idade, poderia ter uma IM de dez anos, porque seria capaz de responder às perguntas até o nível dos dez anos, e uma criança de oito anos muito mais estulta poderia ter um IM de seis anos, porque só seria capaz de responder às perguntas do nível dos seis anos.

Um alemão, Wilhelm Stern, chamou a atenção para o fato de as pontuações de idade mental do teste de Binet poderem ser expressas sob a forma IM/IC × 100, produzindo uma pontuação de QI. Isto permitia uma comparação entre diferentes faixas etárias, ao passo que a pontuação de IM não dava indicação da idade da criança. Por exemplo: uma criança de seis anos, uma de oito e uma de dez poderiam ter todas uma IM de dez anos, e, ainda assim, teriam "inteligências" relativamente muito diferentes. A criança brilhante de oito anos com uma IM de dez possui um QI de 10/8 × 100 = 125, enquanto uma criança estulta de oito anos com IM de seis possui um QI de 6/8 × 100 = 75. O QI de 100 é a média por definição.

Na prática, uma pontuação de QI derivada do teste de Stanford-Binet pode ser usada por psicólogos clínicos para colocar crianças em escolas diferentes (por exemplo: se uma criança tem QI inferior a 70, ela pode ser enviada a uma escola especial, embora haja muitos outros fatores a serem levados em conta para que se recomende tal escola).

QI	Qualificação	Porcentagem da população em cada grupo
Acima de 139	Muito superior	1
120-139	Superior	11
110-119	Média alta	18
90-109	Média	46
80-89	Média baixa	15
70-79	Limítrofes	6
Abaixo de 70	Retardados mentais	3
		100

Tabela 15.2 *Porcentagem de indivíduos com QI alto, médio e baixo.*

A distribuição normal

A distribuição normal é um método de representação do modo pelo qual muitas características humanas distribuem-se entre a população. A maior parte das pessoas são medianas e, assim, são responsáveis pela "massa" central da curva em forma de sino (ver figura 15.3), ao passo que uma pequena minoria possui características muito pouco comuns; podem ser, por exemplo, muito baixas ou muito altas, e são responsáveis pelas extremidades da curva.

A figura 15.4 é um GRÁFICO que mostra qual a porcentagem de crianças, dentre uma grande amostra, que obtiveram determinada pontuação de QI. Pode-se ver que a maioria das crianças ficaram em torno de 100, ao passo que muito poucas ficaram abaixo de 50 ou acima de 150. Este gráfico é um exemplo da "distribuição normal".

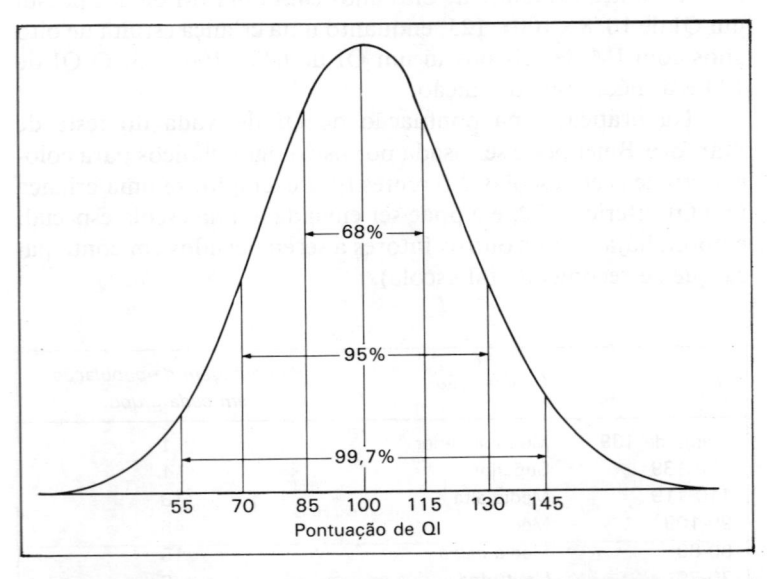

Figura 15.3 *A distribuição normal ou curva em forma de sino, mostrando aqui a freqüência relativa de pontuações de QI (embora a altura, o peso e muitas outras coisas sigam uma curva semelhante). Sessenta e oito por cento das pontuações estão entre 85 e 115, 95 por cento estão entre 70 e 130, 99,7 por cento estão entre 55 e 145, e só 0,3 por cento encontra-se além desses extremos, em ambas as extremidades da curva.*

Em 1870, Francis Galton descobriu que, ao medir uma amostra suficientemente grande de pessoas, muitas de suas características (peso, altura, tamanho da cabeça, tamanho do pé — e, por extensão, capacidade mental) seguiriam aproximadamente esse padrão estatístico. Uma distribuição perfeitamente normal é definida, na verdade, como uma distribuição onde uma dada proporção de todas as pontuações deve ficar a uma determinada distância da média.

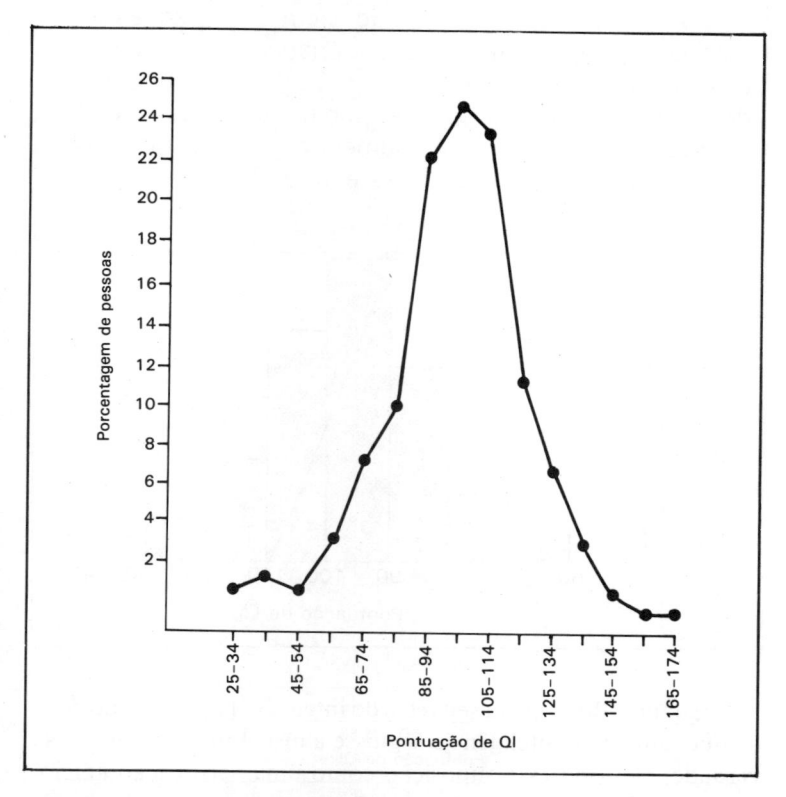

Figura 15.4 *Distribuição de QIs para 2.904 crianças com idades de dois a dezoito anos; este é o grupo usado para a padronização do teste revisto de Stanford-Binet.*

> **HISTOGRAMA**
> Muitas vezes é útil representar pontuações graficamente, a fim de enxergar como elas se distribuem. O conjunto de pontuações é dividido em intervalos adequados (por exemplo: 1,85 m – 2,00 m, ou 100 – 125), e obtém-se a somatória do número de pontuações existentes dentre dos limites de cada intervalo. A altura de cada coluna representa o número de pontuações dentro dos limites do intervalo que a coluna representa. No exemplo abaixo, as pontuações de QI de uma classe de criança são representadas em intervalos de 10 pontos de QI. Pode-se ver que um grande número de crianças teve pontuações entre 90 e 100 e entre 100 e 110, e que o número de pontuações ia decrescendo em direção às duas extremidades.
>
> [Histograma: eixo Y "N.º de pessoas" de 20 a 100; eixo X "Pontuação de QI" de 60 a 140]

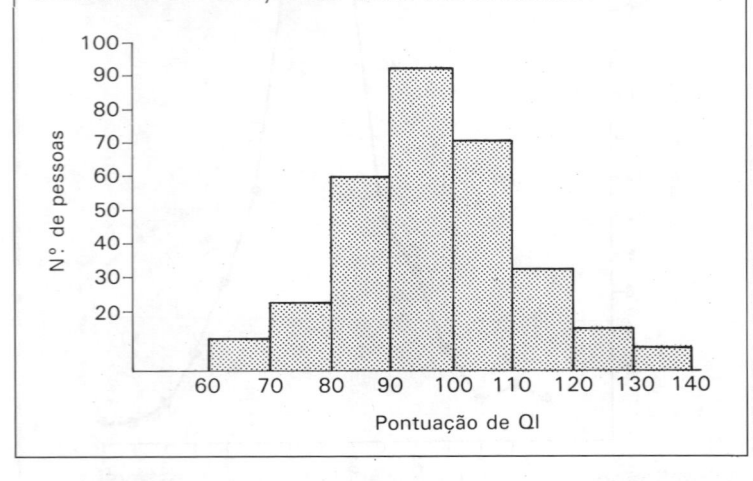

Quando Binet criou seu teste de inteligência, fez a suposição de que também a inteligência seguisse a distribuição normal. Na verdade, ele usou essa suposição como uma verificação adicional — eliminando perguntas que não produzissem resultados de acordo com os que poderiam ser previstos por uma distribuição perfeitamente normal.

> **GRÁFICO**
> Outra maneira de representar um conjunto de pontuações é pelo desenho de um gráfico. O eixo horizontal representa a medida real das pontuações, e o eixo vertical representa o número de pessoas que obtêm essa pontuação. O exemplo abaixo apresenta o mesmo conjunto de pontuações que foi mostrado no histograma da página anterior. O gráfico é uma apresentação mais detalhada que o histograma, uma vez que cada uma das pontuações é representada, em vez do total de pontuações dentro de cada intervalo particular.

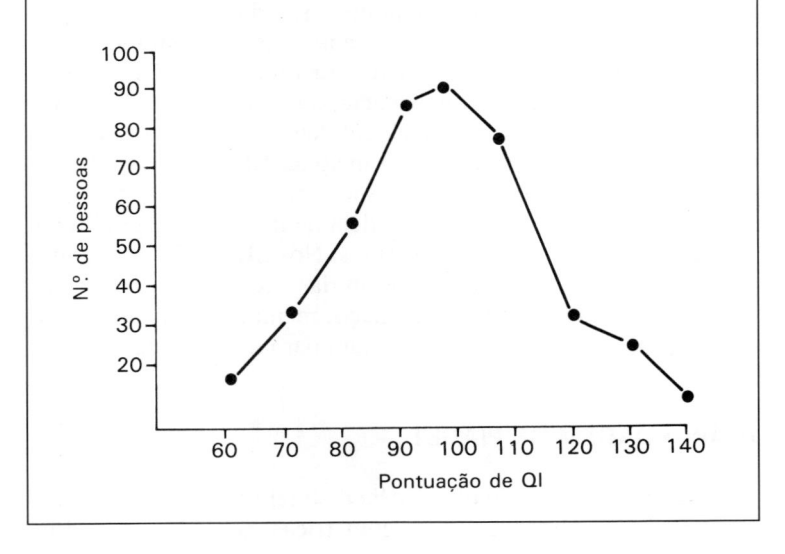

A inteligência como uma capacidade inata e estável

Os primeiros psicólogos e avaliadores da inteligência concebiam a inteligência como uma qualidade que era, em grande medida, herdada (geneticamente), fixa e estável desde o nascimento. Assim, acreditavam que, com instrumentos e técnicas adequadas de medida, fosse possível medir-se a inteligência, assim como era possível medir-se a altura ou o peso. Além disso, como se supunha que a inteligência fosse uma qualidade estável, as pontuações de QI eram tomadas no princípio da vida e eram consideradas eficazes para a previsão do desempenho futuro. Contudo, isso podia ser um problema considerável: as crianças que se crêem estúpidas, e que são ensinadas como se fossem estúpidas, não têm muita probabilidade de ficarem mais inteligentes de repente. Mais felizmente, as crianças inteligentes têm probabilidade de beneficiarem-se das previsões que são feitas a seu respeito.

"FATORES" DA INTELIGÊNCIA

Depois de Binet ter criado o primeiro teste de inteligência, outros psicólogos, embora acreditando no princípio da avaliação, ficaram insatisfeitos com a noção da inteligência como *uma* única qualidade que podia ser medida por único teste. Percebendo que havia muitos tipos de inteligência, ou muitas capacidades que contribuíam para a inteligência global, tais psicólogos criaram maneiras de definir a inteligência por meio da referência a seus componentes. O psicólogo britânico Spearman propôs um fator geral "g" (depois igualado a uma idéia de inteligência geral) com vários fatores específicos e diferentes. Nos EUA, Thurstone propôs sete ou oito "capacidades primárias" (compreensão verbal, fluência de palavras, número, espaço, memória, velocidade perceptiva, raciocínio) que contribuiriam para a inteligência global.

A ABORDAGEM DE PIAGET

A abordagem de Piaget à idéia de inteligência contrasta fortemente com a abordagem "psicométrica" acima descrita. Piaget concebia a inteligência como o *processo* do pensamento (ver capítulo 7). Estas adaptações mudam *qualitativamente* à medida que a criança se desenvolve (e não quantitativamente, ano após ano, como afirmava Binet). Para Piaget, a inteligência é "essencialmente um sistema de operações vivas e ativas; isto é, um estado de equilíbrio atingido pela pessoa no momento em que ela é capaz de lidar adequadamente com os dados que se lhe deparam. Mas não se trata de um estado estático; é dinâmico, na medida em que se adapta continuamente a novos estímulos ambientais". Por ser a inteligência um nível de adaptação constantemente mutável, ela não pode ser medida (segundo Piaget), embora o progresso possa ser avaliado por uma série de tarefas que revelam o estágio qualitativo a que uma criança chegou.

TESTES DE INTELIGÊNCIA MAIS RECENTES

O sistema educacional exige que as crianças sejam avaliadas e, às vezes, selecionadas para receberem uma educação conveniente. Toda a noção de avaliação pressupõe ser possível que se obtenha uma medida significativa das capacidades que contribuem para a inteligência global, e alguns testes mais recentes têm dado atenção ao fato de as várias capacidades poderem ser medidas separadamente dentro de um mesmo teste. O teste de inteligência mais amplamente usado (embora o de Stanford-Binet ainda seja utilizado) é, hoje, um teste criado por David Wechsler, um norte-americano, cujas avaliações — o WAIS (Wechsler Adult Intelligence Scale — Escala Wechsler de Inteligência Adulta), o WISC (Wechsler Intelligence Scale for Children — Escala Wechsler de Inteligência Infantil) e o WPPSI (Wechsler Preschool and Primary Scale of Intelligence — Escala Wechsler de Inteligência Pré-escolar e Primária) — dão duas pontuações — um QI verbal e um QI de desempenho — e um perfil das pontuações dos dez diferentes subtestes (ver a figura 15.5).

O teste inclui dez subtestes que supostamente avaliam dez diferentes tipos de capacidade. No WISC fazem-se perguntas de conhecimentos gerais e compreensão, aritmética, vocabulário, raciocínio (para a escala verbal global), e quesitos não-verbais, tais como quebra-cabeças, organização de uma seqüência de imagens em ordem lógica, indicação de partes que faltam em certas figuras, composição de figuras com cubos de diferentes cores a partir de um modelo e codificação (para a escala de execução não-verbal). Este teste tem como vantagem o fato de duas pontuações separadas serem obtidas de testes verbais e não-verbais; assim, as crianças com problemas ou deficiências de linguagem podem apresentar uma pontuação de "inteligência não-verbal". O perfil torna possível que se veja como uma criança pontua em cada uma das diferentes áreas, e que tais áreas sejam relacionadas com os programas escolares.

Perfil do WISC

Os profissionais que desejarem desenhar um perfil devem, em primeiro lugar, transferir as *pontuações equivalentes* da criança para a fileira de quadradinhos abaixo. Depois, marcar um X no ponto correspondente à pontuação equivalente para cada teste e desenhar uma linha que ligue os Xs.

	Testes verbais							Testes de execução					
Pontuação equivalente	Informação	Semelhanças	Aritmética	Vocabulário	Compreensão	Envergadura dos dígitos	Pontuação equivalente	Completar figura	Organizar imagens	Composição de cubos	Montagem de objeto	Codificação	Labirintos	Pontuação equivalente
	8	10	14	8	8	/		12	13	13	14	13	/	
19	.	.	.	.	.	.	19	.	.	.	.	.	.	19
18	.	.	.	.	.	.	18	.	.	.	.	.	.	18
17	.	.	.	.	.	.	17	.	.	.	.	.	.	17
16	.	.	.	.	.	.	16	.	.	.	.	.	.	16
15	.	.	.	.	.	.	15	.	.	.	.	.	.	15
14	.	.	X	.	.	.	14	.	.	.	X	.	.	14
13	.	.	.	.	.	.	13	.	X	X	.	X	.	13
12	.	.	.	.	.	.	12	X	.	.	.	.	.	12
11	.	.	.	.	.	.	11	.	.	.	.	.	.	11
10	.	X	.	.	.	.	10	.	.	.	.	.	.	10
9	.	.	.	.	.	.	9	.	.	.	.	.	.	9
8	X	.	.	X	X	.	8	.	.	.	.	.	.	8
7	.	.	.	.	.	.	7	.	.	.	.	.	.	7
6	.	.	.	.	.	.	6	.	.	.	.	.	.	6
5	.	.	.	.	.	.	5	.	.	.	.	.	.	5
4	.	.	.	.	.	.	4	.	.	.	.	.	.	4
3	.	.	.	.	.	.	3	.	.	.	.	.	.	3
2	.	.	.	.	.	.	2	.	.	.	.	.	.	2
1	.	.	.	.	.	.	1	.	.	.	.	.	.	1

	Ano	Mês	Dia
Data do teste	80	9	29
Data de nascimento	71	12	25
Idade	8	9	4

	Pontuação bruta	Pontuação equivalente
Testes verbais		
Informação	10	8
Semelhanças	10	10
Aritmética	13	14
Vocabulário	21	8
Compreensão	11	8
(Envergadura dos dígitos)	( )	( )
Pontuação verbal		48
Testes de execução		
Completar figura	18	12
Organizar imagens	30	13
Composição de cubos	30	13
Montagem de objeto	24	14
Codificação	41	13
(Labirintos)	( )	( )
Pontuação de execução		65

	QI equivalente
Pontuação	48
Pontuação verbal	65
Pontuação de execução	97
Pontuação da escala total	113

Figura 15.5 *Perfil e pontuações dos subtestes relativos a uma criança que se submeteu ao WISC*

Os testes de Wechsler habilitam o psicólogo a dar pontuações separadas às diferentes capacidades. A criança obtém uma "pontuação bruta", que é o número total de questões acertadas em um determinado subteste; esta é convertida para uma "pontuação equivalente", em função da idade da criança e segundo tabelas padronizadas. Isto significa que a pontuação efetiva da criança é comparada aos padrões das crianças dessa idade, e a criança obtém uma pontuação equivalente em relação a esse padrão. As pontuações dos subtestes são depois somadas a fim de se obter uma pontuação verbal total e uma pontuação de execução, as quais são convertidas a um QI por meio de uma outra tabela padronizada.

Os testes multifacetados de Wechsler podem ser relacionados a áreas de progresso escolar, e eles de fato correlacionam-se em alto grau com o desempenho escolar (no que toca à correlação, ver p. 51). Entretanto, isso pode não ser mais do que uma indicação de que as crianças que se dão bem nos testes de QI também se dêem bem na escola. Isso não é exatamente a mesma coisa que indicar quem é ou quem não é inteligente.

Figura 15.6 *Uma menina de quatorze anos realiza o subteste de composição de tijolos do WISC.*

OUTROS FATORES QUE AFETAM A AVALIAÇÃO

Voltando à afirmação feita no início do capítulo: "Jane é mais inteligente que João." Isto pode significar que Jane tem uma pontuação de QI mais alta que a de João, ou que Jane é mais brilhante na escola, melhor em matemática, mais dotada de clareza ou mais apta a resolver problemas. Mas há vários outros fatores que devem ser levados em consideração, tais como o ambiente familiar. Constatou-se que as crianças provindas de contextos "carentes" freqüentemente vão mal nos testes de inteligência, assim como muitas crianças de grupos étnicos minoritários. Embora alguns psicólogos atribuam isso a diferenças genéticas, pode ser que os testes de inteligência sejam geralmente criados por brancos de classe média que falam uma linguagem de classe média e valem-se de vivências e conceitos da classe média, de modo que os testes sofram vieses que favoreçam esse grupo. Certamente são parciais em favor da educação formal, e a ela relacionados. Além disso, as crianças provindas de contextos diferentes têm experiências de infância muito diferentes, e os principais testes de inteligência são parciais em favor das crianças norte-americanas ou inglesas de raça branca e moradoras dos ambientes urbanos, que têm uma maior vivência do tipo de informação pedida pelos testes.

A principal crítica recente que se tem feito à avaliação da inteligência é a de que os testes *são* parciais dos pontos de vista social e cultural, e, assim, são inválidos e injustos. Não se trata apenas de que os testes possam não estar medindo a inteligência, mas também de que eles possam estar produzindo resultados que sistematicamente favoreçam os indivíduos brancos de classe média. E, afinal, o que é a inteligência? O comportamento ou a linguagem inteligentes num determinado grupo social ou cultural podem ser muito diferentes dos de um outro grupo; os conceitos e vivências familiares a algumas crianças podem ser completamente diferentes das experiências de vida de outras crianças, e inadequados a elas. De acordo com isto, não devemos nos referir a um comportamento "mais" ou "menos" inteligente, mas a muitas espécies de comportamento inteligente. E, contudo, os testes de inteligência avaliam os tipos de atividades ou capacidades que são tradicionalmente úteis dentro do currículo escolar, isto é, as habilidades de orientação acadêmica.

Jane pode ser bem comportada, motivada e sempre bemsucedida nas provas escolares; João, por outro lado, pode ser violento, desanimado e sempre desinteressado das provas ou dos trabalhos escolares. Assim, Jane vem a ser rotulada como "inteligente" e João como "burro", e a professora pode vir a ter expectativas muito diferentes em relação às duas crianças; pode, mesmo, vir a tratá-las de modo diferente. Estas diferenças transparecerão num teste de inteligência, e Jane pode facilmente obter uma pontuação de QI mais alta que a de João, muito embora João, fora da escola, seja um grande estudioso, entusiasta e amante da vida animal, enquanto Jane é completamente monótona e desprovida de imaginação quando está em casa.

Então, o que nos dizem os testes de inteligência? A pontuação de QI é útil por proporcionar uma indicação ou estimativa do presente nível de funcionamento de uma criança (naquele teste particular e naquela data determinada). *Não é* um número mágico que permanece com a pessoa pelo restante de sua vida, fixo e imutável. Um dos perigos das pontuações de QI é o de elas poderem ser mal interpretadas ou mal utilizadas, e o de que a criança seja rotulada. Entretanto, quando apropriadamente utilizada, levando-se em conta as limitações, a pontuação de QI pode proporcionar um índice útil da capacidade mental da criança, e pode então habilitar um professor, com a ajuda de um psicólogo, a reconhecer o mau desempenho e a tomar medidas a fim de remediá-lo. Recentemente, alguns psicólogos têm-se afastado dos testes tradicionais de QI, e têm feito avaliações mais detalhadas, tendo como referência o currículo.

ALTERNATIVAS À AVALIAÇÃO DE QI

O psicólogo Bill Gillham disse que, de qualquer forma, "a avaliação mental acha-se atualmente num estado de recessão — ou de revolução, dependendo do ponto de vista"[3]. Há uma tendência que favorece o uso de testes de inteligência e pontuações de QI para formar uma imagem do "comportamento" intelectual *atual* de uma criança (na escola), ou como "avaliações sistemáticas de desempenho que descrevam o estado intelectual atual de uma criança, mas nem expliquem sua condição nem determinem seu desempenho subseqüente". Os psicólogos cada vez mais fazem avaliações de base mais amplas e mais práticas, as quais objetivam descrever o nível atual do comportamento intelectual de uma criança e de sua compreensão, e descobrir o que ela pode e o que ela não pode fazer *num determinado momento*. Isso é muito diferente do ato de rotular permanentemente uma criança com uma pontuação de QI. Pode ser também mais útil, por poder identificar modos pelos quais uma criança possa ser auxiliada a progredir naquelas áreas em que tem dificuldades.

Os testes de QI avaliam diferentes capacidades e comparam o funcionamento de uma criança com o funcionamento médio de crianças em condições semelhantes. Todavia, como já dissemos, apresentam uma determinada seleção de questões num momento determinado, e não se relacionam necessariamente de modo direto com a situação de sala de aula em que a criança se acha.

Os psicólogos da educação usam os testes de QI para ajudá-los, e aos professores, a descobrir por que uma determinada criança está deixando de progredir na escola segundo as expectativas. Recentemente, alguns psicólogos têm preferido desenvolver formas diferentes de avaliação, que estejam diretamente relacionadas com atividades corretivas. Tais formas de avaliação foram descritas por Bill Gillham:

(i) Identificação precisa daquelas crianças cujo nível de desempenho é problemático.
(ii) Uma avaliação ampla e detalhada para descobrir exatamente o que uma criança é e não é capaz de fazer, isto é, aquilo que ela precisa aprender e aquilo que ela já sabe.
(iii) Uma compreensão de como a criança compreende as tarefas de aprendizagem, e de como o ensino foi organizado para aquela criança em particular.
(iv) Uma especificação mais ou menos detalhada de procedimentos reparadores, relacionados à avaliação detalhada e referindo-se ao currículo administrado à criança.
(v) Determinação de critérios e métodos para a avaliação do progresso.

Estes métodos ocupam-se mais do desenvolvimento da "inteligência eficaz" da criança, e isso implica uma abordagem diferente ao conceito de inteligência.

De acordo com essa abordagem, a inteligência seria vista mais como a "adaptação" de Piaget, isto é, a capacidade de adaptar-se ao ambiente que se apresenta e de lidar com ele. Se o ambiente é uma sala de aula do centro da cidade, podem ser necessárias estratégias diferentes, ou uma "inteligência" diferente, das que seriam necessárias para se atingir o êxito num contexto rural ou num contexto cultural diferente. A definição da inteligência no interior de um contexto determinado e em referência a um propósito determinado restitui significado ao conceito de inteligência, e dá relevância ao processo de avaliação intelectual.

PARTE III

MÉTODO

CAPÍTULO 16
MÉTODOS USADOS EM PSICOLOGIA

Todos nós temos noções acerca do mundo e acerca de nós mesmos. Tais noções são formadas a partir de nossas próprias vivências e daquilo que ouvimos de nossos pais, professores, outros adultos e crianças. A partir daquilo que ouvimos e lemos, construímos uma psicologia própria, a qual é tosca, prática e baseada no "senso comum", e que é em grande parte compartilhada por filósofos, escritores e artistas, todos os quais também estudam os seres humanos. O "rapaz na esquina" possui uma compreensão perfeitamente utilizável de o que as pessoas tendem a fazer em determinadas situações e por quê.

Assim, qual é a contribuição oferecida pela psicologia científica? Sua principal tarefa é ir além do senso comum e do "ouvir falar", e examinar da maneira mais objetiva possível aquilo que realmente acontece. Será que determinada afirmação se conforma com os fatos? Será tal teoria uma explicação adequada? E assim por diante.

Como muitos outros, os psicólogos interessam-se pelo *comportamento* humano (alguns interessam-se também pelo comportamento animal). Mas, ao contrário dos outros, eles se envolvem com o estudo *científico* e acham-se continuamente observando o que as pessoas ou os animais fazem, criando teorias de por que o fazem, e coletando dados que sustentem ou refutem essas teorias. Evidentemente, interessam-se também pelos processos "mentais", tais como os pensamentos, percepções, sonhos, emoções, memórias, sentimentos, mas estes só podem ser estudados de modo indireto, pela observação daquilo que a pessoa (ou o animal) de

Figura 16.1 *Observação e registro — duas características essenciais do método experimental.*

fato faz. Só podemos observar aquilo que vemos, embora sejamos capazes, a partir disso, de inferir alguma outra coisa. Toda a psicologia na verdade gira em torno da *observação*. Ocupa-se da observação do comportamento, do registro ou medida de acontecimentos, e de algumas tentativas de tirar conclusões. Mas parte da observação, e pode ser definida como o estudo científico (ou observação científica) do comportamento.

COMPORTAMENTO

Mais uma palavra sobre o comportamento. Embora os psicólogos interessem-se por aquilo que leva as pessoas a fazerem aquilo que fazem e serem tal como são, não é possível estudar ou observar essas coisas diretamente. A visão, o sentimento, o sonho, o pensamento, a memória, são todos processos que se supõe que estejam ocorrendo a partir de algum comportamento que pode ser diretamente observado. Como posso saber que você se sente triste? Porque observo que você está chorando. Como sei que você está com fome? Porque vejo que você olha ávido para a comida e lambe os lábios. Entretanto, os psicólogos usam a palavra "comportamento" para designar qualquer atividade que possam observar; assim, a fala, o sono, o bater do coração, são todos comportamento, no sentido psicológico da palavra. Também o é o relato que uma pessoa faz de suas próprias idéias ou sentimentos. O comportamento significa, na verdade, a atividade observável, e a psicologia é o estudo disso.

Como os psicólogos estudam o comportamento? A palavra "científico" talvez evoque a imagem de um laboratório onde cientistas de avental branco fazem ajustes periódicos em arranjos de aparelhos imensamente complicados e provavelmente controlados por um computador. Muitas teorias psicológicas foram de fato derivadas de estudos realizados no laboratório (embora não tenham sido, em geral, feitas por cientistas de aventais brancos). Não há dúvida de que a experimentação seja um método de pesquisa muito importante. Comuns a toda investigação psicológica são os princípios básicos da investigação científica: observar objetiva e cuidadosamente, elaborar uma hipótese, pô-la à prova por meio de mais investigações.

É possível, por exemplo, que o psicólogo queira pôr à prova a crença comum de que assistir televisão à noite faz mal para as crianças. Mas o que isso quer dizer? Toda televisão assistida a qualquer hora depois do anoitecer seria "ruim" para todas as crianças? Que dizer dos programas educativos dirigidos aos adolescentes no começo da noite? O que quer dizer "ruim", e como pode ser isso medido? Para investigar sua suposição, o psicólogo precisa ser mais específico e elaborar para seus termos uma definição operativa; precisa estreitar e definir sua área de interesse e investigação o suficiente para ser capaz de obter alguns resultados e pôr à prova suas idéias e previsões. Talvez ele queira dizer que assistir a qualquer programa de televisão depois das 9 da noite faça com que as crianças menores de nove anos estejam cansadas na manhã seguinte. Agora ele tem uma hipótese a partir da qual ele pode fazer previsões e que pode pôr à prova. Para descobrir se sua hipótese se confirma ou adequa-se aos fatos, ele faz observações, dentro ou fora do laboratório, que a endossem ou refutem.

O objetivo dos primeiros psicólogos era construir uma ciência do comportamento que, como a biologia ou a física, procura encontrar leis e relações de causa e efeito no mundo natural. Contudo, o comportamento humano é complexo. Além do mais é investigado por seres humanos, que podem não alcançar a mesma objetividade sobre eles mesmos como fazem com as rochas ou gases. É necessário, também, algum grau de flexibilidade no estudo de comportamentos complexos que não podem ser reproduzidos a pedido no laboratório — exceto do modo mais formal. Os métodos experimentais nem sempre se mostraram os mais eficazes, e alguns outros tiveram de ser desenvolvidos.

Os experimentos feitos no laboratório têm a vantagem de o ambiente poder ser controlado, de modo que o psicólogo possa isolar os fatores pelos quais se interessa, modificá-los e manipulá-los (enquanto faz com que o resto se mantenha constante). Se ele quer, por exemplo, descobrir quais são os efeitos da falta de sono sobre a aprendizagem em crianças de dez anos, ele pode trazer um grupo de crianças de dez anos para dentro do laboratório e tentar conservar seu ambiente e suas atividades constantes, a não ser pela quantidade de sono. Pode então comparar um grupo que dormiu as dez horas normais com um grupo que só dormiu três horas. Ele garantiria, por exemplo, que todas as crianças ouvissem a mesma quantidade de barulho, e que nenhuma delas tivesse acesso a um pouco de café. No ambiente controlado, quaisquer diferenças entre os dois grupos de crianças de dez anos poderiam ser atribuídas com mais segurança à falta de sono.

Por outro lado, os métodos laboratoriais são freqüentemente criticados por criar uma situação artificial. As pessoas, no laboratório, comportam-se de modo tão diferente da vida real que quaisquer conclusões tiradas em laboratório precisam ser aplicadas com cuidado a outros contextos. É impossível manipular seres humanos da maneira como se pode manipular, por exemplo, o volume de um gás ou a temperatura de um líquido; assim, as generalizações do laboratório para a vida humana são perigosas. Os psicólogos precisam estar conscientes das dificuldades acarretadas pela generalização do laboratório para a vida real, mas algumas descobertas particularmente interessantes e importantes foram feitas nesse contexto.

O restante deste capítulo será dedicado às técnicas, tanto dentro como fora do laboratório.

REALIZANDO UMA INVESTIGAÇÃO

Hipótese

Tendo decidido qual é a idéia que deseja investigar, o psicólogo formula uma hipótese, isto é, uma afirmação verificável, a qual depois procura confirmar ou refutar. A idéia original pode começar como um palpite derivado de alguma coisa que o psicólogo leu ou ouviu, e cuja veracidade pretende verificar. A fim de ter clareza acerca daquilo que está investigando, ele precisa definir seus termos com precisão e fazer uma afirmação daquilo que ele pensa que pode ocorrer. Faz a afirmação na forma de uma previsão, e este enunciado formal da previsão é a hipótese.

Por exemplo, voltando à idéia de que ver televisão faz com que as crianças fiquem cansadas na manhã seguinte: isto poderia ser afirmado como uma hipótese. "(Minha hipótese é a de que) as crianças menores de nove anos que assistirem à televisão depois das 9 da noite estarão mais cansadas, na manhã seguinte, do que crianças equivalentes que não assistirem."

Figura 16.2 *Sofisticados artefatos tecnológicos permitem que o experimentador controle as curvas de aprendizagem de um rato num experimento skinneriano ao longo de bastante tempo.*

Sujeitos: homens e animais

Tendo formulado uma hipótese, o psicólogo precisa decidir quais serão seus *sujeitos* — os indivíduos a serem estudados. Evidentemente, a natureza do estudo determina em grande medida qual o tipo de sujeito a ser escolhido, sejam adultos, homens ou mulheres, crianças de seis anos, adolescentes ou bebês recém-nascidos. No entanto, há também algumas considerações éticas e outras que impedem que algumas investigações sejam realizadas com sujeitos humanos; em algumas destas situações empregam-se animais, e supõe-se que as descobertas sejam relevantes, ou ao menos indicativas, para os seres humanos.

Na psicologia do desenvolvimento, tem sido freqüente a utilização de animais naqueles estudos em que o tempo ou a ética impedem a utilização de seres humanos. O uso de animais como sujeitos habilita os psicólogos a realizar manipulações que seriam impossíveis com seres humanos. O fato de Harlow ter escolhido os macacos Rhesus (capítulo 2) habilitou-o a manipular uma variável (a presença da mãe) que ele não poderia, de outro modo, ter estudado de maneira tão sistemática. Esse estudo lançou uma importante luz sobre a questão da "mãe substituta", tanto para macacos como para seres humanos. O desenvolvimento é mais rápido nos animais e, assim, é possível acompanhar o seu crescimento desde a primeira infância até a idade adulta, ou mesmo por várias gerações. O uso de animais pressupõe que os seres humanos tenham surgido do mundo animal pela evolução, e que haja uma continuidade suficiente para justificar generalizações cuidadosas.

Tendo selecionado o tipo de sujeito, o psicólogo precisa selecionar um grupo, ou amostra, dentre a população daqueles sujeitos. A população das crianças britânicas de seis anos de idade são todas as crianças de seis anos de idade que vivem na Grã-Bretanha. Quando um psicólogo obtém resultados referentes aos sujeitos de um estudo, ele não deseja que os resultados e conclusões só sejam aplicáveis àqueles sujeitos em particular; mas também não é praticável, por outro lado, realizar um estudo com a população inteira. É preciso que haja uma amostra daquela população que seja representativa e imparcial, e que permitirá que os resultados e conclusões sejam generalizados para a população como um todo.

Amostra

Não há valor científico na verificação de hipóteses referentes a crianças normais se a amostra usada não for característica — se for composta, por exemplo, de crianças particularmente dóceis ou agressivas. Os resultados obtidos com esses sujeitos não poderiam ser generalizados. A amostra também precisa ser suficientemente grande. Suponhamos que alguém quisesse verificar, por exemplo, se os ruivos são impulsivos. Se 80 por cento de uma amostra de 2.000 ruivos o fossem, isso nos diria algo de importante. Se 80 por cento de uma amostra de 5 sujeitos o fossem, isso poderia ser não mais do que uma coincidência.

Os psicólogos às vezes tentam obter uma amostra aleatória, isto é, um grupo de indivíduos escolhidos por sorteio. Isso poderia ser feito retirando-se nomes de dentro de uma cartola, ou tirando-se os 50 primeiros nomes de uma lista de eleitores (embora isto proporcionasse uma amostra aleatória só das pessoas habilitadas a votar). Poder-se-iam também tomar as primeiras 50 pessoas a nascerem em determinado ano, ou as primeiras 50 pessoas encontradas numa movimentada rua comercial de Londres, embora ambos esses métodos introduzissem uma leve parcialidade na amostra (a amostra da rua comercial, por exemplo, não teria muitos trabalhadores de tempo integral ou pessoas que não gostam de sair de casa).

Na prática, porém, os psicólogos muitas vezes têm de realizar experimentos com a amostra de pessoas a que têm acesso, tais como estudantes de psicologia, donas de casa, crianças de certa escola ou adultos de certo grupo profissional. Para que os experimentos possam ser reproduzidos por outros experimentadores, o tipo de sujeito é sempre especificado na descrição que o experimentador faz de seu estudo.

Tendo selecionado uma amostra de sujeitos, o psicólogo escolhe um método apropriado de investigação.

Estudos longitudinais ou transversais

Quando um psicólogo deseja examinar uma mudança ao longo do tempo, ou os efeitos de algum fator sobre o desenvolvimento posterior, ele precisa escolher entre estudos longitudinais e transversais. Ambos os métodos permitem que ele examine o desenvolvimento em diferentes idades. Num estudo longitudinal, o mesmo grupo de crianças é repetidamente estudado ao longo de um extenso período, ao passo que, num estudo transversal, o investigador seleciona grupos de crianças de diferentes idades e os estuda naquele momento. Por exemplo, um investigador que usa o método longitudinal poderia acompanhar um grupo de crianças a intervalos anuais entre os cinco e os dez anos de idade a fim de estudar o desenvolvimento da lógica; o mesmo estudo poderia ser feito pelo método transversal, estudando-se seis diferentes grupos de crianças, com idade de cinco, seis, sete, oito, nove e dez anos. Evidentemente, o método longitudinal é caro e toma tempo, e pode ser difícil de implementar, pois os sujeitos mudam de casa ou perdem o interesse. Por outro lado, ele elimina as diferenças individuais entre os sujeitos — não há perigo de que algo que possa parecer desenvolvimento não seja mais que a diferença entre algumas crianças muito inteligentes de oito anos, por exemplo, e algumas crianças de sete anos que façam tudo para não colaborar.

Um exemplo de estudo longitudinal que ainda está sendo realizado é o National Child Development Study (Estudo Nacional de Desenvolvimento Infantil), levado à prática pelo National Children's Bureau. Esse estudo acompanhou, e ainda acompanha, o desenvolvimento de todas as pessoas que nasceram na Grã-Bretanha na semana que foi do dia 3 ao dia 9 de março de 1958. A amostra, de cerca de 16.000 pessoas, já foi estudada quatro vezes (aos 7, 11, 16 e 23 anos), e seu progresso em vários quesitos diferentes foi registrado.

Decididas a hipótese, os sujeitos e a natureza temporal do estudo, o psicólogo precisa escolher entre usar o método experimental ou um dentre vários métodos não-experimentais.

MÉTODO EXPERIMENTAL

A característica essencial do método experimental é a manipulação de variáveis. O experimentador tem uma idéia ou palpite, o qual formula como hipótese de pesquisa, e depois manipula ou modifica uma variável a fim de ver qual o efeito que esta tem sobre outra. A variável que ele manipula (digamos, a quantidade de televisão assistida) é chamada a *variável independente*, e aquela na qual ele mede o efeito ou a mudança é a *variável dependente* (cansaço na manhã seguinte). A fim de ter certeza de que a mudança observada na variável dependente é devida à variável independente e não a outros fatores no sujeito ou no ambiente, ele realiza o experimento sob condições cuidadosamente controladas, como num laboratório, onde tudo pode ser mantido constante, com exceção daquele único fator que ele manipula. Evidentemente, há inúmeros fatores que influenciam o comportamento humano, alguns dos quais são desconhecidos do experimentador e do próprio sujeito, mas o experimentador faz tudo o que pode para eliminar tantos quantos conseguir, de modo a poder descobrir o efeito do fator único pelo qual se interessa.

Manipulando uma variável enquanto controla todas as outras, o psicólogo pode tirar conclusões acerca de causa e efeito com um grau de segurança que não pode ser obtido em métodos não-experimentais. É provável que a maneira mais comum de projetar um experimento em psicologia consista em dividir aleatoriamente um grupo de sujeitos num grupo experimental e num grupo de controle, e depois introduzir uma mudança para o grupo experimental e nenhuma para o grupo de controle. Aqui, a manipulação experimental é a presença ou ausência da variável independente, e o efeito desta sobre a variável dependente fica claro a partir das diferenças entre os dois grupos.

Por exemplo, a hipótese de que "assistir a programas televisivos violentos produz um efeito sobre o comportamento agressivo" já foi investigada por experimentadores várias vezes (e, na verdade, nem sempre com os mesmos resultados, o que mostra o quão é importante que os experimentos sejam descritos com exatidão. De outro modo, os resultados não podem ser comparados).

De fato, em 1971, Feshbach e Singer realizaram um experimento, ao longo de um período de seis semanas, em internatos, os quais serviram, nesse caso, como o "laboratório" ou ambiente controlado, visto que, lá, os experimentadores tinham controle sobre as atividades dos sujeitos (todos meninos) e sobre o tempo que passavam diante da televisão. Todos os meninos passaram um mínimo de seis horas por semana assistindo à TV; os que foram incluídos no grupo experimental tinham de escolher seus programas de uma lista de filmes e programas particularmente violentos, enquanto os inclusos no grupo de controle tinham de escolher o que viam na TV a partir de uma lista de programas não-violentos. Seu comportamento agressivo foi medido por testes de personalidade tomados ao início e ao fim das seis semanas, e por avaliações de comportamento feitas pelos professores e mestres-de-alojamento. Esses experimentadores, em particular, constataram que, em geral, assistir a programas violentos de televisão ao longo do período de seis semanas não produziu qualquer acréscimo no comportamento agressivo.

Quais eram as variáveis desse estudo?

Variáveis

As variáveis são simplesmente coisas que variam (ou mudam) ou são variadas (ou mudadas). Num experimento ideal, o experimentador manipula a *variável independente* (VI) e mantém todas as outras variáveis constantes enquanto observa e mede mudanças na *variável dependente* (VD). Neste experimento, os programas de televisão violentos e não-violentos (manipulados pelo experimentador) eram a variável independente, e o comportamento agressivo dos meninos, a variável dependente. As variáveis a serem mantidas constantes vão desde as variáveis ambientais, como o barulho, a temperatura, o espaço ou as distrações, até variáveis subjetivas, como as diferenças de sexo, idade, inteligência, antecedentes ou vivência prévia das variáveis que estão sendo estudadas pelo experimento. No experimento da televisão, os experimentadores controlaram tantas variáveis quantas possível, mantendo os meninos num ambiente constante, o internato.

Controles

Esta palavra já apareceu várias vezes, e é um dos conceitos mais importantes do método experimental. À parte o seu sentido comum (como na frase "controlando o ambiente"), ela tem um sentido particular. Um grupo de controle é um grupo para o qual o experimentador *não* altera a variável independente. Este grupo é necessário para comparação. Se um cientista, por exemplo, está testando um novo medicamento, ele dá à metade de seus sujeitos o medicamento e à outra metade uma pílula ou injeção sem medicamento algum (e, evidentemente, não diz a cada sujeito o que ele está tomando). Depois, ao comparar os dois grupos, ele pode ver qual é o efeito do medicamento sem preocupar-se com o fato de que talvez seus sujeitos sejam apenas sugestionáveis e tenham-se convencido de que o medicamento funciona. Certamente, é muito importante que o grupo de controle seja semelhante ao grupo experimental em todos os aspectos relevantes (por exemplo, a idade, o sexo, o QI, o contexto familiar ou as vivências prévias), e que ambos realizem exatamente os mesmos procedimentos, com exceção da variável experimental ou independente.

Os grupos experimental e de controle podem ser *comparáveis* no que diz respeito a determinadas características. Outro modo de criar um grupo de controle adequado é alocar os sujeitos aleatoriamente ao grupo experimental (neste caso, aquele que assiste aos programas violentos de televisão) ou a grupo de controle (que vê programas de televisão não-violentos). Isto acarreta uma probabilidade razoável de que os fatores excepcionais que possam afetar os resultados estejam distribuídos de modo mais ou menos igual pelos dois grupos.

Além de usar grupos de controle, há também modos de organizar o experimento de forma a controlar variáveis como o cansaço e a experiência; estes modos têm a ver com a ordem segundo a qual os sujeitos realizam as condições do experimento. No experimento da televisão há duas condições, a condição A (experimental) e a condição B (controle). Se todos os meninos se submetessem a ambas as condições (isto é, assistissem a programas violentos por um período de seis semanas e assistissem a programas não-violentos por um período de mais seis semanas), este seria um projeto de *medidas repetidas*. Se os meninos fossem alocados aleatoriamente a uma das duas condições, este seria um projeto de *sujeitos independentes*. Se os sujeitos fossem combinados em pares (por exemplo, gêmeos) e um membro do par fosse alocado a uma condição e o outro membro à outra condição, tratar-se-ia de um projeto de *pares combinados*.

O modo como os sujeitos são distribuídos pode afetar os resultados, visto que os sujeitos podem ficar cansados, entediados ou experientes quando se submetem a ambas as condições; no entanto, se se submetem a uma apenas, há mais possibilidade de que as diferenças de resultados possam ser devidas a diferenças na distribuição de sujeitos.

Os controles, na psicologia, ajudam a garantir que as observações sejam tão "puras" quanto possível, reproduzíveis e generalizáveis. Constituem um importante meio de tornar "científico" o estudo do comportamento.

MÉTODOS NÃO-EXPERIMENTAIS

O método experimental é apenas uma dentre as muitas maneiras pelas quais os psicólogos estudam o comportamento. Nem sempre é possível ou desejável estudar o comportamento no laboratório. Um bebê novo, por exemplo, pode comportar-se no laboratório de modo muito diferente do que faria em casa, rodeado de pessoas e brinquedos conhecidos.

Assim, saindo para fora do laboratório, há muitas maneiras diferentes de coletar informações, algumas formais e rigorosas, outras menos formais. O psicólogo pode ser visto sentado num canto de uma escola maternal a registrar observações de uma determinada criança brincando (trata-se da *observação naturalista*), ou pode elaborar notas detalhadas e uma reconstrução da história passada de um sujeito (um *estudo de caso*); pode ir à rua e entrevistar uma amostra de pessoas acerca de suas opiniões sobre as crianças (*levantamento*) ou pode obter dados factuais em um grande centro de saúde, buscando traçar uma possível relação entre o tabagismo e o câncer pulmonar (*estudo de correlação*).

Observação naturalista

A observação naturalista envolve observações cuidadosas e detalhadas do comportamento num ambiente natural. O método

Figura 16.3 *O observador registra, mas não se intromete na brincadeira natural das crianças.*

foi criado pelos etólogos, que procuravam registrar e classificar padrões de comportamento animal. Konrad Lorenz (ver capítulo 3) estava realizando um estudo etológico quando observou os gansinhos selvagens que o seguiram imediatamente depois de saírem do ovo. Embora os etólogos originalmente estudassem os animais em seus ambientes naturais (isto é, geralmente na natureza), tem havido um interesse crescente pela etologia infantil, na qual as crianças são estudadas em *seu* ambiente "natural" (no pátio de recreio, em casa, no parque).

Eis um exemplo de uma cuidadosa observação de animais:

> Minha técnica para habituar os gorilas [isto é, acostumá-los a mim] era simples mas essencial, pois eu só conseguiria obter dados imparciais acerca de seu comportamento se eles permanecessem relativamente não afetados pela minha presença. Geralmente tentava aproximar-me do grupo sem ser detectado até uma distância de 50 metros, quando subia vagarosamente, e bem à vista dos animais, sobre um toco ou o galho baixo de uma árvore, onde me instalava tão confortavelmente quanto possível sem voltar para eles uma atenção muito óbvia. Escolhendo um posto de observação bem evidente, eu não só era capaz de ver os gorilas por cima da vegetação baixa, como também, inversamente, eles eram capazes de me ver claramente, e foi este o fator mais importante para a habituação dos animais. Sob tais condições, eles geralmente permaneciam lá em volta para me observar, e chegaram até a aproximar-se a um metro e meio de mim. Achei surpreendentemente fácil estabelecer uma relação com os gorilas. Este processo foi muito facilitado pelo temperamento plácido dos animais, e por certas condições que impus a mim mesmo: (a) não levava armas de fogo que pudessem imbuir minhas ações de uma agressividade inconsciente; (b) movimentava-me vagarosamente e, no princípio, usava binóculos e máquinas fotográficas com moderação, a fim de eliminar gestos que pudessem ser interpretados como ameaças; (c) quase sempre aproximava-me deles sozinho, deixando meus companheiros para trás e fora do campo de visão dos animais, no momento em que percebia a presença destes; (d) vestia as mesmas roupas verde-oliva todo dia; e (e) quase nunca seguia os gorilas quando eles haviam voluntariamente saído de meu campo de observação. Este último ponto revestiu-se, creio, de especial valor, pois em nenhum momento foram eles submetidos a perseguições, as quais poderiam facilmente amedrontá-los,

além de aumentar as probabilidades de um ataque. Mantendo-me fiel às minhas condições, eu não só habituei seis grupos à minha presença com bastante êxito, como também nunca fui atacado, muito embora tenha inadvertidamente caído no meio de grupos e quase colidido com os animais por várias vezes.

Embora os estudos de observação naturalista possam à primeira vista parecer menos formais e rigorosos que os experimentos, é necessário muita preparação científica para realizá-los. Quais categorias de comportamento devem ser observadas? A que intervalos? Quais são as características importantes do ambiente natural? Estará o animal (ou criança) consciente ou inconsciente da presença do observador, e poderá isso afetar o que ele faz? O capítulo 11 ilustra um pouco da cuidadosa preparação e categorização que fizeram parte da observação das brincadeiras de crianças em Oxfordshire. Entretanto, as observações naturalistas não são apenas uma ferramenta metodológica útil por si mesmas; elas também permitem que os psicólogos elaborem palpites, os quais podem depois pôr à prova por meio de experimentos.

Estudo de caso

Alguns dos mais famosos estudos de caso foram os feitos por Freud (ver capítulo 5). A abordagem de estudo de caso é às vezes chamada "método clínico" (o qual não deve ser confundido com a entrevista clínica de Piaget), porque é usado principalmente por psiquiatras e psicólogos clínicos ao tratar seus pacientes. O psicólogo procura reconstruir a história da vida passada do sujeito com base em suas memórias, relatos feitos por outros membros da família, e outros registros. O estudo de caso envolve um trabalho semelhante ao de um detetive, para que se monte uma imagem adequada de acontecimentos passados.

O exemplo de Anna O. (ver capítulo 5) é um dos mais famosos estudos de caso de Freud. A partir da reconstrução detalhada de sua história passada e dos acontecimentos importantes de sua vida, Freud foi capaz de identificar a fonte de seus problemas neuróticos num acontecimento traumático que ocorrera no começo de sua infância.

O método de estudo de caso geralmente envolve um só sujeito, embora os estudos semelhantes ao feito por Anna Freud e Sophie Dann valham-se de vários sujeitos individuais. O método não envolve qualquer tipo de prova científica e não pode ser completamente objetivo, mas proporciona uma ferramenta particularmente útil para a compreensão e o tratamento do comportamento problemático.

Levantamento

Todos estamos familiarizados com a noção de levantamento, tal como os realizados para as pesquisas de opinião. Trata-se de um método útil para coletar informações de um número grande de pessoas num tempo relativamente curto. Os levantamentos geralmente consistem num conjunto de perguntas cuidadosamente elaboradas, perguntas que são apresentadas ou na forma de questionário ou na forma de uma entrevista feita a uma amostra grande (e geralmente aleatória) de pessoas. O modo como as perguntas são colocadas em palavras é importante, uma vez que pode afetar o modo como as pessoas respondem.

Os psicólogos que usam levantamentos têm de cuidar que suas amostras realmente sejam características, uma vez que geralmente desejam poder dizer algo acerca da população como um todo. Às vezes é possível realizar um recenseamento, em que cada um dos membros da população é entrevistado. Mas, geralmente, a amostra precisa ser limitada. Às vezes utilizam-se listas telefônicas e planilhas eleitorais para obter-se uma amostra que tem grande probabilidade de ser característica, por ser aleatória; mas mesmo essas técnicas podem produzir uma amostra ligeiramente parcial (em favor, por exemplo, daquela parcela da população que possui telefone ou que está habilitada a votar). Evidentemente, os levantamentos são úteis para políticos e publicitários, mas também são úteis para os psicólogos, particularmente quando estes investigam questões tais como o efeito das condições de habitação sobre a capacidade de leitura ou os vários modos de disciplinar as crianças postos em uso pelos diferentes grupos étnicos. Embora os levantamentos não possam estabelecer relações de causa e efeito quanto ao comportamento, eles podem produzir idéias para investigações mais profundas e detalhadas.

Métodos de correlação

Quando dizemos haver uma correlação entre a altura e o peso de uma pessoa, queremos dizer somente que as duas coisas estão relacionadas: uma correlação positiva significa que há uma relação positiva (quanto mais alta a pessoa, mais pesada ela é), ao passo que uma correlação negativa (por exemplo, quanto mais caras as passagens de trem, menor o número de passageiros, talvez). Os métodos de correlação buscam revelar acontecimentos que sejam positiva ou negativamente relacionados entre si — embora não haja necessariamente qualquer relação de causa e efeito entre eles; se uma correlação é encontrada, isso não quer dizer que um acontecimento causou necessariamente o outro.

Este fato seria muito importante se estivéssemos interessados, por exemplo, na possível relação entre o câncer pulmonar e o tabagismo. Seria possível coletar dados de uma amostra de pacientes com câncer pulmonar e outra amostra de pessoas sem essa doença, e registrar se elas fumavam ou não. Os dados apareceriam assim (estes dados foram inventados):

	Fumantes	Não-fumantes	Total
Câncer	2.300	780	3.080
Sem câncer	4.650	6.520	11.170
	6.950	7.300	14.250

Tabela 16.1

Dos 14.250 sujeitos, 6.950 fumavam e 7.300 não fumavam. Dos que fumavam, 2.300 haviam desenvolvido câncer pulmonar, e 6.250 não haviam. Isso parece ser uma correlação, mas, evidentemente, não lança uma luz direta sobre as causas do câncer pulmonar. Tanto o tabagismo quanto o câncer poderiam ser causados por alguma outra coisa, como a ansiedade ou o estresse.

Embora uma correlação alta não indique que uma coisa causa a outra, ela nos habilita a prever a probabilidade de uma coisa ocorrer, dada a ocorrência da outra. Se dois acontecimentos são altamente correlacionados, a presença de um significa que é mais provável a ocorrência do outro. As correlações estabelecem relações prováveis. Os estudos de correlação entre tabagismo e câncer conduziram a estudos experimentais posteriores, e hoje está experimentalmente confirmada a ligação entre o tabagismo e o câncer pulmonar.

O estudo que Rutter, Tizard e Whitmore realizaram na Ilha de Wight, citado no capítulo 3, examinou as possíveis relações entre fatores domésticos (lares desfeitos) e posteriores problemas de comportamento ou delinqüência. Os cientistas investigavam a possível correlação entre separação dos pais e posterior delinqüência; mas, mesmo que houvessem constatado uma alta correlação, isso não teria significado que uma coisa era a causa da outra. Como muitas vezes ocorre com os dados de correlação, pode haver um terceiro fator envolvido — neste caso, a discórdia e as brigas entre os pais — que esteja vinculado a ambos os fatores e seja, assim, responsável pela correlação.

A correlação é expressa por um número entre -1 (uma correlação perfeitamente negativa) e $+1$ (uma correlação perfeitamente positiva), o número 0 implica a inexistência de qualquer correlação. As correlações perfeitas são extremamente raras, mas $+0,9$ seria uma correlação positiva alta, e $-0,9$, uma correlação negativa alta. Algumas questões relativas ao desenvolvimento podem ser respondidas por levantamentos ou pela observação daquilo que ocorre no meio ambiente natural. Mas há muitas questões, especialmente questões causais, que exigem que se faça experimentos com animais, visto ser muitas vezes impossível ou anti-ético manipular variáveis ou condições de controle quando se estuda o desenvolvimento humano. Por exemplo: considerações de caráter humano não permitiriam que um psicólogo submetesse crianças a condições de privação de cuidados maternos ou de uma mãe normal, ou que ele concebesse um experimento para medir os efeitos da disciplina desumana sobre o desenvolvimento posterior.

RECOLHENDO RESULTADOS

Tendo realizado a investigação (usando métodos experimentais ou não-experimentais), o psicólogo apresenta os resultados (dados), os quais podem confirmar ou refutar a sua hipótese. Há várias maneiras de apresentar os resultados, e é importante passar tanta informação quanto possível da maneira mais clara e útil possível.

Tabela

Uma tabela é um arranjo ordenado de informação numérica, e é a maneira mais simples de apresentar resultados e a forma pela qual começam a maioria dos resultados. Uma tabela completa de todos os resultados individuais apresenta "dados crus" (assim chamados porque nada ainda se fez no sentido de resumi-los ou interpretá-los). A tabela traz um título claro e legendas claras, para indicar a que os números se referem.

Sujeito	Condição A (televisão violenta)	Condição B (televisão não-violenta)
1	6	2
2	7	4
3	3	7
4	10	4
5	4	2
6	6	3
7	5	0
8	7	2

Tabela 16.2 *Número de incidentes agressivos observados em cada sujeito.*

Tabela feita para mostrar o número de incidentes agressivos iniciados por meninos que assistiram a (a) programas violentos de televisão ou (b) programas não-violentos de televisão (dados inventados)

O que esta tabela nos diz? Ela apresenta valores para o número de incidentes de agressão iniciados por 16 meninos que assistiram a diferentes programas de televisão. Também nos diz que a amplitude total de valores (do menor para o maior) para os meninos da condição A foi de 3 a 10, e que a amplitude total para os meninos da condição B foi de 0 a 7. Em média, os meninos da condição A deram início a seis incidentes de agressão, enquanto os meninos da condição B iniciaram três incidentes de agressão. Tanto a amplitude total como a média são maneiras úteis de descrever e comparar dados, embora seja necessário um exame mais detido antes que se possam tirar quaisquer conclusões. A partir desta tabela, seria possível concluir que os meninos que assistiram a programas violentos deram início a mais atos agressivos, em média, do que os meninos que haviam assistido a programas não-violentos. Entretanto, uma das dificuldades da média é o fato de ela ser fortemente influenciada por valores extremos singulares; um único valor alto, em meio a valores mais baixos, aumentará artificialmente a média.

Histograma

Um histograma é um diagrama que mostra a distribuição dos valores ou medidas dentro de certos limites. As colunas representam o número de pessoas, numa amostra, cujas marcas caem dentro do limite definido no eixo horizontal. A figura abaixo mostra que (a) a altura mais comum era de 1,57 m a 1,62 m; e (b) que a pontuação de QI mais freqüente era de 90 a 100. O histograma apresenta os resultados de modo que seja possível perceber, à primeira vista, a distribuição dos valores; dá uma imagem geral de como os dados se distribuem, e da proporção de sujeitos que caem dentro de cada categoria.

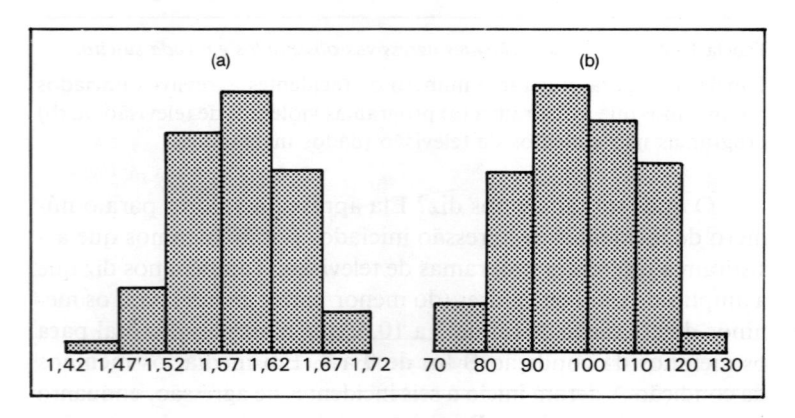

Figura 16.4 *Dois histogramas: (a) mostra a distribuição de alturas numa classe de crianças de quatorze anos; (b) mostra a distribuição do QI numa outra classe.*

Gráfico

Um gráfico é uma linha ou curva formada pela representação gráfica de dados numéricos em dois eixos. No capítulo 15, mencionou-se a distribuição normal, que é uma curva (ou gráfico) que representa o número de pessoas dotadas de diferentes pontuações de QI (por exemplo) (ver figuras 15.3 e 15.4). O histograma (b) é uma outra apresentação dos mesmos dados.

Diagrama de dispersão (*scattergram*)

O diagrama de dispersão mostra a "dispersão" dos valores individuais (em duas medidas, nos dois eixos) e apresenta os dados (geralmente, dados de correlação) de forma quase pictórica, de modo a ser possível perceber, à primeira olhada, que tipo de relação ou correlação existe entre os dois conjuntos de valores. Se os pontos distribuem-se segundo uma linha reta, isto indica uma alta correlação, ao passo que, se estão dispersos por todo

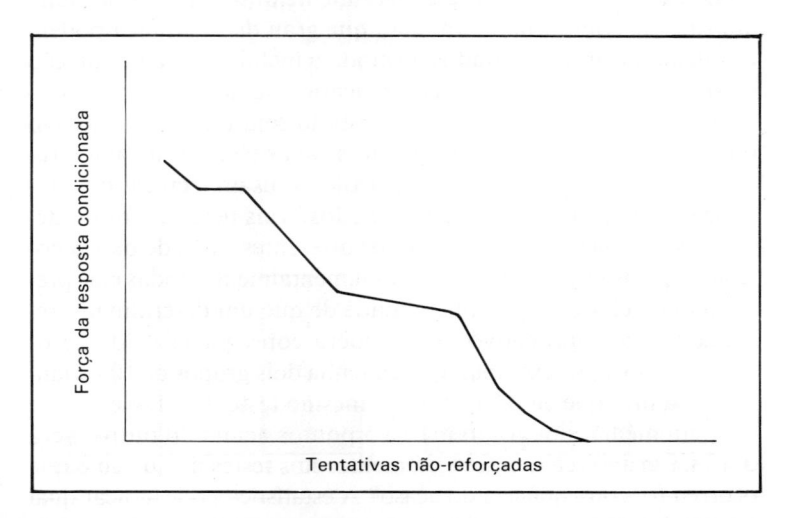

Figura 16.5 *Um gráfico que representa a força de uma resposta condicionada em razão do número de tentativas não-reforçadas.*

o gráfico, isto indica uma baixa correlação ou a ausência de toda correlação. O diagrama de dispersão apresenta um conjunto de valores em um eixo (x), e o outro conjunto no outro eixo (y). (Ver a figura 16.6.)

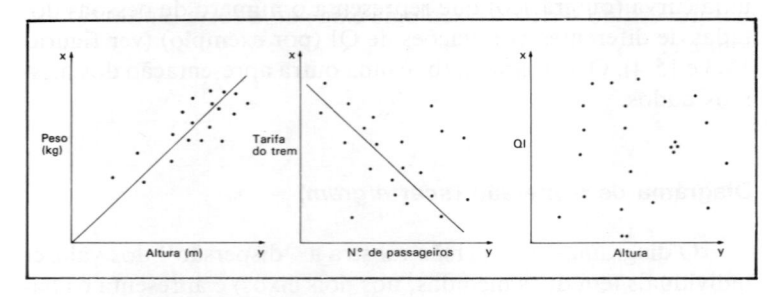

Figura 16.6 *Três exemplos de diagrama dispersão.*

TIRANDO CONCLUSÕES A PARTIR DE DADOS

Os psicólogos coletam dados para confirmar ou refutar suas hipóteses. Admitindo que eles geralmente observam apenas uma amostra de comportamento, com que grau de segurança podem eles generalizar os resultados de modo a incluir toda a população de seres humanos ou animais? Indicaram-se já algumas das técnicas usadas para garantir que o estudo seja tão representativo quanto possível — compreendendo-se aí as técnicas de amostragem e controle. Além disso, os psicólogos usam técnicas de estatística, com as quais analisam os dados. Tais técnicas foram desenvolvidas para levar em conta os diferentes tipos de dados coletados pelos psicólogos; mas, fundamentalmente, todas elas pretendem revelar qual a probabilidade de que um determinado resultado seja significativo, e não mera conseqüência do acaso. Suponhamos, por exemplo, que eu tenha dois grupos de 100 crianças cada um; que eu dê a ambos o mesmo teste de QI; e constate que, em média, um grupo marca 5 pontos acima do outro. Será que esse grupo realmente se dá melhor nos testes de QI, ou o que ocorreu foi conseqüência do acaso? A estatística pode indicar qual a probabilidade de uma diferença como essa aparecer entre dois grupos *iguais*. Se não for uma probabilidade realmente muito baixa, podemos supor com segurança que estes grupos *não sejam iguais* — que há uma diferença de capacidade.

Os métodos estatísticos podem dizer aos psicólogos o quanto eles podem confiar em que seus resultados não se devam ao acaso. Não podemos dar continuidade a este assunto neste livro, mas um estudo sério da psicologia exige uma forte familiaridade com ele.

Método	Características
Experimento	Elaborar hipóteses. Manipular VI, controlar as outras variáveis, medir V.
Observação naturalista	Selecionar indivíduos e ambiente. Observar sem intrometer-se, registrar, analisar de acordo com categorias bem definidas de comportamento.
Estudo de caso (em geral, um só sujeito)	Registrar aquilo de que o sujeito e outras pessoas se lembram, consultar registros escritos, reconstruir uma história.
Levantamento	Administrar questionário, ou entrevistar uma grande amostra.
Estudo de correlação	Coletar dados referentes a dois (ou mais) fatores e compará-los para verificar a relação.

Tabela 16.3 *Um sumário de como se realizam os diferentes tipos de estudos empíricos.*

COMO SE LIGAM A OBSERVAÇÃO E A EXPERIMENTAÇÃO

A observação é o ponto de partida de toda investigação psicológica, e tem sido continuamente desenvolvida e refinada, enquanto método, pelos psicólogos. Muitos psicólogos, em particular aqueles que se interessam pelo desenvolvimento infantil, crêem que as investigações devam sempre, tanto quanto possível, ser feitas no "ambiente natural". Entretanto, embora a observação muitas vezes indique que certos acontecimentos estão relacionados entre si, ela não pode explicar como nem por quê.

No século XIX, o filósofo J. S. Mill notou que, embora possamos observar relações regulares entre ocorrências, não podemos dizer nada acerca da relação, e certamente não podemos dizer que uma ocorrência causa a outra; de outro modo, seríamos levados a aceitar a conclusão absurda de que a noite causa o dia, e vice-versa. Assim, em suas tentativas de entender o comportamento e em seu desejo de descobrir o que causa o quê, os psicólogos muitas vezes entram no domínio da experimentação, onde é mais possível isolar ocorrências, manipular variáveis, e controlar o restante do ambiente com uma precisão tal que permita que se estabeleçam as causas com acuidade.

SUMÁRIO

Volte ao princípio do texto. Todas as pessoas têm noções do senso comum acerca das crianças, e têm idéias sobre como elas se desenvolvem e como devem ser criadas. Essas idéias são freqüentemente conflitantes, e as novidades e modas vêm e vão. Em certa época, os pais foram prevenidos contra os perigos da tolerância excessiva e de mimar a criança, ao passo que, poucos anos depois, ficaram sabendo das horríveis conseqüências de uma disciplina rígida. Um médico recomenda que se alimente o bebê sempre que ele pedir e se lhe dê consolo toda vez que chorar, ao passo que outro dá ênfase à rotina de mamadas a cada quatro horas e recomenda que se ignore seu comportamento que visa a chamar a atenção. Como desembaraçar os fios da verdade da teia do senso comum e do preconceito pessoal?

É aí que o psicólogo aceita o desafio da objetividade, e tenta coletar informações de maneira científica a fim de estabelecer fatos acerca do comportamento. Mas as fronteiras entre o bom senso comum e a ciência não são claramente definidas, e também os psicólogos se vêem avançando com um grau variável de certeza. Alguns métodos são mais rigorosos que outros, alguns fatos são estabelecidos com mais facilidade do que outros, e os psicólogos fazem uso de todos os métodos disponíveis de investigação para fazer recuar as fronteiras do senso comum e construir uma estrutura de verdade científica. Também a ciência progride de modo intermitente, irregularmente. Os cientistas podem ter uma hipótese que pareça adequar-se aos fatos e proporcionar uma pedra fundamental para a teorização; esta teoria pode se sustentar por alguns anos, até que, certo dia, é refutada por uma nova evidência, que lança uma nova luz e dá origem a uma teoria mais sofisticada. Os psicólogos acham-se continuamente formulando e pondo à prova hipóteses sobre o comportamento humano e animal, e aos poucos constroem as fundações e a estrutura firmes de uma teoria científica.

Alguns dos "gigantes" da psicologia infantil, como Freud, Bowlby ou Piaget, apresentaram grandiosas teorias para explicar o desenvolvimento, e justificaram-nas pela apresentação de indícios derivados de vários métodos e fontes. Tais teorias são frutíferas fontes de investigações novas; os psicólogos posteriores lançaram um olhar crítico sobre alguns desses primeiros estudos, e em geral coletaram dados que evidenciaram a necessidade de explicações novas, mais sofisticadas e complexas para o desenvolvimento humano. O capítulo 7 mostra como a teoria de Piaget é continuamente posta à prova e sujeita a uma reelaboração.

Examinamos algumas das teorias lançadas por psicólogos que investigaram o comportamento humano e animal, e consideramos alguns dos modos pelos quais a teoria psicológica foi aplicada à prática do cuidado e educação de crianças. Sublinhamos a importância dos métodos usados na psicologia, visto que uma compreensão e apreciação da metodologia habilita o estudante a criticar, avaliar, observar, investigar e discriminar entre fatos derivados do senso comum ou do "ouvi-dizer" e aqueles estabelecidos por prova científica. O ideal é que a pesquisa e a prática avancem de mãos dadas, de modo que os cientistas informem os que se dedicam à prática e estes, por sua vez, devolvam subsídios aos pesquisadores. Deste modo, as crianças poderão ser melhor compreendidas, e terão suas vidas enriquecidas.

GLOSSÁRIO

Em locuções separadas pelo sinal / , ambas as metades podem ser encontradas separadamente no glossário.

ACOMODAÇÃO (teoria de Piaget)
O processo pelo qual um **esquema** é modificado de modo a adequar-se melhor ao meio ambiente. É pela acomodação que os esquemas tornam-se diferenciados. (*Ver também* **assimilação, adaptação.**)

ADAPTAÇÃO (teoria de Piaget)
Adequar-se ao — e desenvolver-se dentro do — meio ambiente. De acordo com a teoria de Piaget, a adaptação é realizada por meio dos processos complementares de **assimilação e acomodação.**

AFETO (teoria de Freud)
Emoção, sentimento ou estado de espírito.

ALARGAMENTO
A agregação de significados não-convencionais aos significados reconhecidos de uma palavra. Segundo alguns psicólogos, as crianças fazem isto quando definem uma palavra por uma única de suas características (por exemplo, podem definir a "lua" por ser "redonda"; daí, usarão a mesma palavra — "lua" — para referir-se a um "prato" ou à letra "O").

ALIMENTO (teoria de Piaget)
Um novo objeto (ou idéia) que "alimenta" um **esquema** até que este se torne mais habitual.

ANAL, FASE (teoria de Freud)
O segundo estágio do **desenvolvimento/psicossexual,** em que a principal fonte de prazer da criança são os processos de expulsão ou retenção das fezes.

ANIMISMO
A atribuição de sentimentos e intenções a objetos inanimados. Na teoria de Piaget, o pensamento infantil é caracterizado pelo animismo entre os dois e os seis anos de idade.

APEGO
A formação de um laço emocional íntimo entre mãe e bebê. Alguns psicólogos dizem haver um **período sensível** durante o qual é necessário que essa "ligação" ocorra para que a criança se desenvolva normalmente.

APRENDIZAGEM
Mudança de comportamento efetuada por meio de **recompensa, punição, associação** ou **aprendizagem por observação.**

APRENDIZAGEM DE PAPEL SEXUAL
A aprendizagem do comportamento que a sociedade considera ser adequado para um indivíduo de determinado sexo.

APRENDIZAGEM INSTRUMENTAL
Modificação de comportamento que ocorre como resultado do **condicionamento operante.**

APRENDIZAGEM POR OBSERVAÇÃO (teoria da aprendizagem)
A aprendizagem que se dá por meio da observação de um adulto ou criança e da imitação de suas ações. A pessoa imitada pelo indivíduo que aprende é chamada modelo.

APROXIMAÇÃO SUCESSIVA
Ver **modelagem do comportamento.**

ASSIMILAÇÃO (teoria de Piaget)
O processo pelo qual novas informações são absorvidas e incorporadas a **esquemas existentes.** (*Ver também* **acomodação.**)

ASSOCIAÇÃO
Uma conexão entre dois acontecimentos. A aprendizagem associativa ocorre quando a criança ou animal muda seu comportamento depois de correlacionar acontecimentos no meio ambiente. (*Ver* condicionamento clássico, condicionamento operante.)

ASSOCIAÇÃO LIVRE
Método de deixar que os pensamentos de um indivíduo se sucedam sem censura ou discriminação. Esta técnica colabora para a descoberta de pensamentos e memórias **inconscientes.**

BALBUCIO
Os sons semelhantes à fala (mas destituídos de significado) produzido pelos bebês.

BEHAVIORISMO
Ramo de psicologia associado a J. B. Watson. Define a psicologia como o estudo do comportamento e limita seus dados às atividades observáveis, deixando de fora, assim, os pensamentos e sentimentos.

CADEIAS DE PENSAMENTO
Seqüências de idéias e memórias que fluem sob a técnica terapêutica da **associação livre**.

COGNIÇÃO, DESENVOLVIMENTO COGNITIVO
Relativo ao intelecto e a seu desenvolvimento.

COMPLEXO DE ÉDIPO (teoria de Freud)
O amor quase sexual pela figura paterna de sexo oposto (e a hostilidade em relação à figura paterna de mesmo sexo) que é sentido pelas crianças na **fase fálica**.

CONCEITO
Uma categoria mental. A categoria pode referir-se a *coisas* (tais como cadeiras, objetos ou cães) ou a *idéias* (tais como a verdade ou a infinidade).

CONDICIONAMENTO (teoria da aprendizagem)
O processo pelo qual se aprendem as respostas condicionadas. (*Ver* **condicionamento clássico, condicionamento operante**.)

CONDICIONAMENTO CLÁSSICO
A aprendizagem que ocorre quando um *estímulo condicionado* anteriormente neutro, mediante a repetida associação com um *estímulo não-condicionado*, adquire a resposta originalmente associada àquele estímulo *não-condicionado*. Assim: um cachorro saliva quando lhe é apresentada comida. A comida é o *estímulo não-condicionado*, e a salivação, a *resposta não-condicionada*. Ao fazer-se tocar uma sineta toda vez que a comida é apresentada, a sineta fará, depois de algum tempo, com que o cão salive mesmo que a comida não venha. A sineta é o *estímulo condicionado*. A salivação é, agora, a *resposta condicionada*. Note que a resposta condicionada é idêntica à resposta não-condicionada — está apenas associada a um novo estímulo. (Este é também chamado condicionamento pavloviano.)

CONDICIONAMENTO OPERANTE (teoria da aprendizagem)
O fortalecimento de uma resposta mediante a apresentação de um **reforço** apenas quando a resposta desejada ocorre.

CONSERVAÇÃO (teoria de Piaget)
A percepção de que a mudança da aparência física das coisas não acarreta a modificação de sua quantidade, volume ou massa.

DESAPEGO
Retraimento psicológico que ocorre quando as crianças pequenas são separadas de suas mães por longos períodos de tempo.

DESENVOLVIMENTO
O processo pelo qual uma pessoa ou animal cresce e se torna mais complexo. Trata-se, em parte, de um processo genético (*maturação*), e, em parte, de um processo de interação com o meio circundante. Quando a *mente* se torna mais complexa, esse desenvolvimento é chamado desenvolvimento cognitivo; quando os *sentimentos* se tornam mais complexos, é chamado desenvolvimento emocional. Quando aparecem *novos modos de interagir com os outros*, trata-se do desenvolvimento social.

EGO (teoria de Freud)
Aquela parte da personalidade que lida com o meio externo de modo racional; opera de acordo com o **princípio de realidade.**

EGOCENTRISMO
A atitude de tomar a si mesmo como único ponto de referência no tocante ao pensar e ao perceber.

EQUILIBRAÇÃO (teoria de Piaget)
Tipo de pensamento ou atividade "auto-retificante" que, ao resolver uma contradição, ajuda a criança a atingir um novo estágio de **desenvolvimento cognitivo.**

ESQUEMA (teoria de Piaget)
Uma **estrutura mental.** O bebê de zero a dois anos de idade tem esquemas **sensório-motores,** ao passo que a criança de seis ou sete anos têm esquemas **operativos** (ou lógicos).

ESTÁGIO OPERATIVO (teoria de Piaget)
O terceiro estágio do **desenvolvimento** intelectual, começando por volta dos seis anos de idade, quando o pensamento se torna lógico. Subdivide-se em um estágio de **operações concretas** (mais ou menos dos seis aos onze anos), quando a criança é capaz de realizar, por exemplo, a **conservação**, e um estágio de **operações formais** (dos onze anos em diante), que já inclui a consciência, por parte do indivíduo, de seus próprios pensamentos e estratégias mentais.

ESTÁGIO ou FASE
Um período do **desenvolvimento,** geralmente parte integrante de uma **seqüência** regular. Segundo Freud, as emoções das crianças desenvolvem-se em estágios **psicossexuais;** segundo Piaget, o pensamento das crianças desenvolve-se em estágios **cognitivos.**

ESTÁGIO PRÉ-OPERATIVO (teoria de Piaget)
O segundo estágio do **desenvolvimento** intelectual (dos dois aos seis anos), no qual o pensamento da criança já é caracterizado pelos símbolos, tais como a linguagem verbal, mas ainda não pela **lógica** ou pela matemática.

ESTÁGIO SENSÓRIO-MOTOR (teoria de Piaget)
O primeiro estágio do **desenvolvimento** intelectual (dos zero aos dois anos de idade), caracterizado pela inteligência *prática.*

ESTÍMULO
Um objeto ou acontecimento objetivamente descritível ao qual um indivíduo responde.

ESTÍMULO CONDICIONADO
Ver **condicionamento clássico.**

ESTÍMULO NÃO-CONDICIONADO
Ver **condicionamento clássico.**

ESTRUTURAS MENTAIS (teoria de Piaget)
Os **esquemas** que orientam a atividade motora nos bebês e a solução de problemas por meios lógicos ou matemáticos em crianças mais velhas e adultos.

ETOLOGIA
Um ramo da zoologia que se ocupa do comportamento dos animais, e especialmente das atividades que os habilitam a adaptar-se a seus meios circundantes.

EXTINÇÃO (teoria da aprendizagem)
(a) A "desaprendizagem" de uma resposta.
(b) No **condicionamento operante,** o procedimento experimental de eliminação do **reforço** que normalmente seria dado a uma resposta. No **condicionamento clássico,** o procedimento experimental de deixar de associar o estímulo condicionado ao estímulo não-condicionado.
Em ambos os casos, o resultado é uma redução da resposta.

FASE FÁLICA (teoria de Freud)
A terceira fase do **desenvolvimento/psicossexual,** na qual a principal fonte de prazer é a atividade genital imatura.

FASE ORAL (teoria de Freud)
A primeira fase do **desenvolvimento/psicossexual**, em que a principal fonte de prazer é a boca.

FAZ-DE-CONTA
Brincadeira que inclui elementos de simulação ou fantasia. Ocorre sobretudo no estágio **pré-operativo** (de dois a seus anos de idade), e requer a capacidade de se fazer uso simbólico das palavras ou objetos.

FOBIA
Um medo irracional de um objeto, pessoa ou acontecimento.

FRASE
Seqüência inteligível de palavras organizadas segundo as regras da **gramática**.

GENES
Um modelo químico da **maturação**. É pela herança genética que as crianças adquirem *feições* tais como a cor dos olhos e *comportamentos* tais como a sucção.

GENITAL, FASE (teoria de Freud)
A quinta fase, a fase *adulta*, do **desenvolvimento/psicossexual**, na qual a principal fonte de prazer é o contato genital maduro.

GRAMÁTICA
Conjunto de regras relativas à combinação de palavras com vistas à expressão de um significado.

HERANÇA GENÉTICA
Ver **genes**.

ID (teoria de Freud)
A parte da personalidade onde surgem os impulsos da **libido**. Seu funcionamento é caracterizado pelo **princípio de prazer**.

IDADE CRONOLÓGICA (IC)
A idade contada desde o nascimento, segundo o calendário. (*Ver também* **idade mental, quociente de inteligência**.)

IDADE MENTAL (IM)
Unidade proposta por Binet para expressar o nível de realização intelectual. Em testes de tipo padrão, uma criança normal de seis anos teria uma idade mental de seis anos, ao passo que uma criança inteligente de seis anos talvez tivesse uma idade mental de sete ou oito anos. (*Ver* **idade cronológica, quociente de inteligência**.)

IDENTIFICAÇÃO (teoria de Freud)
O processo pelo qual um indivíduo assume (metaforicamente) e identidade de outro (o pai ou a mãe, por exemplo), como meio de crescimento e mudança.

IMITAÇÃO
Reprodução do comportamento de outros (forma de **aprendizagem por observação**).

IMPRINTING
O processo pelo qual os animais jovens aprendem a seguir um determinado indivíduo ou coisa e, como resultado, tratam os indivíduos dessa determinada espécie, ou os objetos desse determinado tipo, em primeiro lugar como pai ou mãe e depois como um parceiro sexual. Se o *imprinting* se dá durante o **período sensível,** torna-se uma aprendizagem de difícil eliminação.

INATO
Ingênito, congênito: uma capacidade transmitida ao indivíduo pelos **genes.**

INCONSCIENTE (teoria de Freud)
Os processos mentais dos quais um indivíduo não tem consciência, inclusive aqueles que foram reprimidos.

INFERÊNCIA
Raciocínio do seguinte tipo: se X implica Y e Y implica Z, então X implica Z.

INSTINTO
Uma necessidade ou atividade herdadas.

INVARIÂNCIA
Uma imutabilidade na **seqüência** segundo a qual o **desenvolvimento** se realiza. Tanto Freud como Piaget acreditavam que o desenvolvimento segue sempre um padrão invariável (embora seja evidente que suas teorias tenham proposto seqüências de tipos muito diferentes).

JOGO DE DOMÍNIO (teoria de Piaget)
Tipo de brincadeira observado com freqüência no estágio **sensório-motor** (de zero a dois anos de idade), quando a criança fica especialmente envolvida pela prática de diferentes atividades.

LATÊNCIA, FASE DE (teoria de Freud)
A quarta fase do **desenvolvimento/psicossexual,** na qual os impulsos da **libido** permanecem dormentes até a adolescência.

LIBIDO (teoria de Freud)
A energia do **instinto** sexual.
LIGAÇÃO
Ver **apego**.
LÓGICA
Tipo de raciocínio que se faz por meio de regras.
LUDOTERAPIA (terapia de Freud)
Terapia que usa a brincadeira como um meio de comunicação pelo qual o paciente revela conflitos e desejos inconscientes e aos poucos elabora seus problemas.
MATURAÇÃO
O processo genético que ocasiona o crescimento físico e contribui para a aquisição de complexidade cognitiva, emocional e social. (*Ver também* **desenvolvimento**.)
MODELAGEM DO COMPORTAMENTO (teoria da aprendizagem)
A modificação do comportamento por meio do **reforço** dado apenas às variações de respostas que caminham na direção desejada.
MODIFICAÇÃO DO COMPORTAMENTO
Ver **terapia comportamental**.
OPERAÇÕES (teoria de Piaget)
"Atividades" mentais, tais como a **conservação** ou a **inferência**, que só surgem no **desenvolvimento** durante o subestágio das **operações concretas** (dos seis aos onze anos).
OPERAÇÕES CONCRETAS (teoria de Piaget)
"Atividades" mentais caracterizadas pela lógica e pela matemática. Quando os **esquemas** de uma criança tornam-se lógicos (aos seis ou sete anos de idade), diz-se que a criança entrou no subestágio operativo-concreto do estágio **operativo**. (*Ver também* **operações formais**.)
OPERAÇÕES FORMAIS (teoria de Piaget)
"Atividades" mentais caracterizadas pela **lógica** e pela matemática *abstratas*. Quando os **esquemas** de uma criança tornam-se abstratos nos domínios da lógica e da matemática (por volta dos dez e onze anos de idade), diz-se que a criança ingressou no subestágio operativo-formal do estágio **operativo**. (*Ver também* **operações concretas**.)

OPERAÇÕES LÓGICAS (teoria de Piaget)
"Atividades" mentais que seguem regras. Quando o pensamento da criança é caracterizado pela **lógica** formal, diz-se que essa criança está no subestágio operativo-formal.
PADRÃO DE ATIVIDADE (teoria de Piaget)
Uma ação, já bastante formada pela prática, que é guiada por um **esquema sensório-motor**; por exemplo, o ato de uma criança bater em objetos.
PERÍODO CRÍTICO
Ver **período sensível**.
PERÍODO SENSÍVEL
O lapso de tempo, no começo da vida de um animal (ou bebê humano), em que se dá o processo de **apego**.
PERMANÊNCIA DO OBJETO (teoria de Piaget)
A compreensão de que os objetos continuam a existir quando se encontram fora do campo de visão.
PRINCÍPIO DE PRAZER (teoria de Freud)
O modo de funcionamento do **id,** caracterizado pela fantasia, em contraposição à realidade.
PRINCÍPIO DE REALIDADE (teoria de Freud)
O modo de funcionamento do ego, caracterizado pelo planejamento e pela avaliação racionais.
PROPRIOCEPÇÃO
O sentido que monitora a posição dos membros em suas relações mútuas e em relação ao corpo.
PSICANÁLISE
Técnica de tratamento terapêutico inventada por Freud para revelar as memórias, pensamentos e sentimentos **inconscientes.**
PSICOLOGIA
A *ciência* do comportamento, dos pensamentos e dos sentimentos.
PSICOLOGIA DE ESTÍMULO-RESPOSTA (teoria da aprendizagem)
Concepção psicológica segundo a qual todo comportamento pode ser encarado com uma resposta a um **estímulo;** a tarefa da psicologia seria a de estudar os processos que se dão entre estímulo e resposta.
PSICOLOGIA E-R
Ver **psicologia de estímulo-resposta.**

PSICOSSEXUAL
O aspecto psicológico (por oposição ao aspecto reprodutivo) dos sentimentos e atividades sexuais.
PUNIÇÃO (teoria da aprendizagem)
Um acontecimento desagradável que se segue a uma ação (resposta) e que torna menos provável a ocorrência dessa resposta no futuro.
QUOCIENTE DE INTELIGÊNCIA (QI)
Índice usado para avaliar a inteligência, baseado numa razão entre a **idade mental,** tal como definida por um teste de inteligência, e a **idade cronológica.**
REALISMO MORAL (teoria de Piaget)
A atitude de considerar um ato como certo ou errado de acordo com suas conseqüências, e não segundo a intenção do ator. Segundo Piaget. as crianças são realistas morais até terem cerca de oito anos de idade.
RECOMPENSA (teoria da aprendizagem)
Um acontecimento agradável que se segue a uma ação (resposta) e que torna mais provável a ocorrência dessa resposta no futuro.
REFERÊNCIA
A relação entre uma palavra e um objeto ou acontecimento no mundo exterior.
REFORÇADOR (teoria da aprendizagem)
Um objeto ou acontecimento que aumenta a probabilidade de ocorrência de uma resposta.
REFORÇO (teoria da aprendizagem)
O processo que aumenta a probabilidade de ocorrência de uma resposta. No **condicionamento operante,** o procedimento de fazer com que à resposta se suceda um **estímulo** reforçador.
REGRESSÃO (teoria de Freud)
Uma volta às modalidades infantis de comportamento ou sentimento.
RESPOSTA CONDICIONADA
Ver **condicionamento clássico.**
RESPOSTA NÃO-CONDICIONADA
Ver **condicionamento clássico.**
REVERSIBILIDADE (teoria de Piaget)
Uma **operação** mental que faz com que algo volte a seu estado original. Por exemplo: se uma criança transfere água de um re-

cipiente para outro recipiente de forma diferente, de modo que a *quantidade* de água pareça mudar, a criança pode, pela reversão mental dessa operação — isto é, imaginar que está transferindo a água de volta ao primeiro recipiente —, provar para si mesma que a quantidade não mudou.

SEQÜÊNCIA
Uma série de estágios, ou fases, segundo a qual se dá o **desenvolvimento**. A noção de seqüência tem importância tanto para a teoria de Piaget quanto para a de Freud, embora seja evidente que as seqüências propostas pelas duas teorias sejam diferentes. (*Ver* **também invariância**.)

SEXUALIDADE INFANTIL
A teoria freudiana da infância, segundo a qual as crianças têm impulsos sexuais (**libido**) que, embora não sendo ainda maduros, são dirigidos à figura paterna de sexo oposto ao da criança.

SÍMBOLO (teoria de Freud)
Uma palavra, imagem, coisa ou atividade que **inconscientemente** substitui alguma outra, que foi reprimida.

SOCIALIZAÇÃO
A modelagem do comportamento e das atitudes de um indivíduo, de modo a conformarem-se às convenções sociais.

SUPEREGO (teoria de Freud)
A parte da personalidade que contém a consciência moral. Freqüentemente entra em conflito com as necessidades do **id**; cabe então ao **ego** a tarefa de encontrar uma atividade (conciliatória) bem-sucedida no mundo exterior.

TEORIA
Um conjunto organizado de **conceitos**. Para a avaliação das teorias, os cientistas dão grande peso à capacidade de previsão das mesmas: por exemplo, demonstra-se que, se a teoria X for verdadeira, Y deverá necessariamente acontecer; depois, faz-se um experimento para ver se Y acontece mesmo.

TERAPIA COMPORTAMENTAL
Método terapêutico baseado na teoria da aprendizagem. Usa técnicas de **aprendizagem por observação, modelagem do comportamento e reforço** para modificar o comportamento.

TRAUMA (teoria de Freud)
Literalmente, uma ferida psicológica.

BIBLIOGRAFIA

Capítulo 1
1. Opie, I. and Opie, P., *Lore and Language of Schoolchildren* (Radlett: Granada, 1977)
2. Skinner, B. F., *Science and Human Behavior* (New York: Macmillan, 1953)

Capítulo 2
1. Freud, A. e Dann, S., An experiment in group upbringing, *The Psychoanalytic-Study of the Child*, 1951, Vol. VI.
2. Harlow, H. F., Love in infant monkeys, *Scientific American*, 1959, vol. 200, n? 6, 68-74.
3. Harlow, H. F. e Harlow, M. K., Social deprivation in monkeys, *Scientific American*, 1962, vol. 203.

Capítulo 3
1. Bowlby, J., *Attachment and Loss*, Vol. 1 (Harmondsworth: Penguin, 1971)
2. Spitz, R. A. e Wolf, K. M., Anaclitic depression, *The Psychoanalytic Study of the Child*, 1946, Vol. 2, 313-42.
3. Lorenz, K., *Studies in Animal and Human Behavior*, Vol. 1 (Cambridge, Mass.: Harvard University Press, 1970)
4. Hess, E. H., Imprinting: an effect of early experience, Science, 1959, 130: 133-41
5. Goldfarb, W., The effects of early institutional care on adolescent personality, *Journal of Experimental Education*, 1943, 12, 106-29
6. Rutter, M., *Maternal Deprivation Reassessed* (Harmondsworth: Penguin, 1972)

7. Clarke, A. M. e Clark, A. D. B., *Early Experience: Myth and Evidence* (Londres: Open Books, 1976).

Capítulo 4

1. Schaffer, H. R., *Mothering* (Londres: Fontana/Open Books, 1977)
2. Richards, M. P. M. e Bernal, J. F., An observational study of mother-infant interaction. In N. J. Blurton-Jones (ed.) *Ethological Studies of Child Behaviour* (Londres: C. U. P., 1972)
3. Stern, D. N., *The First Relationship: Infant and Mother* (Londres: Fontana/Open Books, 1977)
4. Macfarlane, J. A., *The Psychology of Childbirth* (Londres: Fontana/Open Books, 1977).
5. Ainsworth, M. D. S. e Bell, S. M., Attachment, exploration and separation: illustrated by the behaviour of one-year-olds in a strange situation, *Child Development*, 1970, 41, 49-67.
6. Klaus, H. M. e Kennel, J. H., *Maternal Infant Bonding* (St. Louis: Mosby, 1976)
7. Schaffer, H. R. e Emerson, P. E., *The Development of Social Attachments in Infancy*, Monographs of Social Research in Child Development, 1964, 29, n° 94
8. Ainsworth, M. D. S., *Infancy in Uganda* (Baltimore: Johns Hopkins University Press, 1967)
9. Schaffer, H. R., *Mothering* (Londres: Fontana/Open Books, 1977)

Capítulo 5

1. Freud, S., *Three Essays on the Theory of Sexuality. Standard Edition of Complete Psychological Works of Sigmund Freud*, Vol. 6 (Londres: Hogarth Press, 1962)
2. Freud, S., *Introductory Lectures on Psychoanalysis. Standard Edition of the Complete Psychological Works of Sigmund Freud*, Vols. 15-16 (Londres: Hogarth Press, 1963)
3. Freud, S., *Analysis of a Phobia in a Five Year Bold Boy. Standart Edition of the Complete Psychological Works of Sigmund Freud*, Vol. 10 (Londres: Hogarth Press, 1955)
4. Brown, R., *Social Psychology* (Chicago: Free Press, 1965)
5. Yarrow, L., The relationship between nutritive sucking experiences in infancy and non-nutritive sucking childhood. In H.

J. Eysenck e G. D. Wilson (eds.) *The Experimental Study of Freudian Theories* (Londres: Methuen, 1973)

Capítulo 6

1. Fantz, R., The origin of form perception, *Scientific American*, 1961, 204, 66-72
2. Gibson, E. e Walk, R. D., The visual cliff, *Scientific American*, 1960, 202, 64-71
3. Bower, T. G. R., *The Perceptual World of the Child* (Londres: Fontana/Open Books, 1977)
4. Vurpillot, E., *The Visual World of the Child* (Londres: Allen & Unwin, 1976)

Capítulo 7

1. Piaget, J., *The Child's Conception of the World* (Nova York: Harcourt, Brace and World, 1929)
2. Piaget, J., *The Origins of Intelligence in Children* (Nova York: Norton, 1963)
3. Piaget, J., *Play, Dreams and Imitation in Childhood* (Londres, Routledge, 1951)
4. Piaget, J., *The Moral Judgement of the Child* (Nova York: Harcourt, Brace and World, 1932)
5. Ginsburg, H. e Opper, S., *Piaget's Theory of Intellectual Development* (Nova Jersey: Prentice Hall, 1979)
6. Piaget, J., *The Child's Conception of Number* (Londres: Routledge and Kegan, 1952)
7. Bryant, P. E., *Perception and Understanding in Young Children* (Londres: Methuen, 1974)
8. Donaldson, M., *Children's Minds* (Londres: Fontana, 1978)

Capítulo 9

1. Snow, C. E., The development of conversation between mothers and babies, *Journal of Child Language*, 1977, vol. 4.
2. Bruner, J. S., Learning how to do things with words. In J. S. Bruner and A. Garton (eds.), *Human Growth and Development* (Oxford: Oxford University Press, 1976)
3. Bloom, L., *Language Development: Form and Function in Emerging Grammar* (Cambridge, Mass.: M. I. T. Press, 1970)

4. Clark, H. H. e Clark, E. V., Meaning in children's language. In *Psychology and Language* (Nova York: Harcourt Brace Jovanovich, 1977)
5. Brown, R. e Bellugi-Klima, U., Language and learning (a special issue of *Harvard Educational Review*), Spring 1964, 34, 135-55
6. de Villiers, P. e de Villiers, J. G., *Early Language* (Londres: Fontana/Open Books, 1979)
7. Cazden, C. B., Play with language and meta-linguistic awareness. In J. S. Bruner, A. Jolly e K. Sylva (eds.) *Play: Its Role in Development and Evolution* (Harmondsworth: Penguin, 1976)

Capítulo 10

1. Triseliotis, J. (1980) Growing up in foster care and after. In J. Triseliotis (Ed.) *New Developments in Foster Care and Adoption.* Londres: Routledge and Kegan Paul.
2. Tizard, B. e Rees, J., A comparison of effects of adoption, restoration to the natural mother, and continued institucionalization on the cognitive development of four-year-old children, *Child Development*, 1974, 45, 92-9
3. Tizard, B. e Hodges, J., The effect of early institutional rearing on the development of eight-year-old children, *Journal of Child Psychology and Psychiatry* 1978, 12, 99-118
4. Mayal, B. e Petrie, P., *Minider, Mother and Child* (Londres: University of London Institute of Education, 1977)
5. Bryant, B., Harris, M. e Newton, D., *Children and Minders* (Londres: Grant McIntyre, 1980)
6. Garland, C. e White, S., *Children and Day Nurseries* (Londres: Grant McIntyre, 1980)

Capítulo 11

1. Piaget, J., *Play, Dreams and Imitation in Childhood* (Londres: Routledge, 1951)
2. Garvey, C., *Play* (Londres: Fontana/Open Books, 1977)
3. Sylva, K. D., Roy, C. e Painter, M., *Chilwatching at Playgroup and Nursery School* (Londres: Grant McIntyre, 1980)

Capítulo 12

1. Bandura, A., Ross D. e Ross, S. A., *Imitation of film-mediated aggressive models, Journal of Abnormal Social Psychology*, 1963, 66, 3-11
2. Webb, L., *Purpose and Practice in Nursery Education* (Oxford: Basil Blackwell, 1974)
3. Smith, P. K. e Connolly, K. J., *The Ecology of Pre-school Behavior* (Cambridge: Cambridge University Press, 1980)
4. Hutt, C., *Males and Females* (Harmondsworth: Penguin Books, 1972)

Capítulo 14

1. Brown, R. e Herrnstein, R. J., *Psychology* (Londres: Methuren, 1975)
2. Watson, J. B., *Behaviourism* (Chicago: University of Chicago Press, 1924)
3. McAuley, R. e McAuley, P., *Child Behaviour Problems* (Macmillan, 1977)
4. Axline, V., *Dibs: In Search of Self* (Harmondsworth: Penguin, 1971)

Capítulo 15

1. Brown, R. e Herrnstein, R. J., *Psychology* (Londres: Methuen, 1975)
2. Burt, C., *The Factors of the Mind* (Londres: University of London Press, 1940)
3. Gilham, W. E. C. (ed.), *Reconstructing Educational Psychology* (Londres: Croom Helm, 1978)